U0113730

历史可以更好看

唐史并不如烟

武后当国

第三部

修订版

曲昌春 著

中国文史出版社
CHINA CULTURAL AND HISTORICAL PRESS

图书在版编目（CIP）数据

唐史并不如烟．第 3 部，武后当国 ／ 曲昌春著．——
修订版．—— 北京：中国文史出版社，2015（2022.8 重印）
ISBN 978-7-5034-5606-0

Ⅰ．①唐… Ⅱ．①曲… Ⅲ．①中国历史－唐代－通俗
读物 Ⅳ．① K242.09

中国版本图书馆 CIP 数据核字 (2022) 第 132653 号

责任编辑：梁玉梅

出版发行：中国文史出版社

社　　　址：北京市海淀区西八里庄路 69 号院　　邮编：100142

电　　　话：010-81136606　81136602　81136603（发行部）

传　　　真：010-81136655

印　　　装：北京新华印刷有限公司

经　　　销：全国新华书店

开　　　本：16 开

印　　　张：19.25

字　　　数：288 千字

版　　　次：2015 年 1 月北京第 1 版

印　　　次：2022 年 8 月第 3 次印刷

定　　　价：56.00 元

目　录

第一章　二进宫

王　皇　后

永徽五年七月，有小鸟如雀，却生大鸟如鸠于万年宫皇帝旧宅，这一奇怪的现象意味着什么呢？

鸠占鹊巢！

看到这个地方，熟悉中国历史的人都知道，武则天要隆重出场了。

那只叫作武则天的鸠其实早早地二进宫了，并没有等到永徽五年，早在永徽元年，她就被皇帝李治接回了皇宫，从此开始了她二进宫的生活，而那双在背后凝视长孙无忌的眼睛正是来自武则天。

为什么说武则天是二进宫呢？

因为，早在唐太宗贞观十一年，武则天就进宫了。

那一年，李世民听闻原荆州总管武士彟有一个貌美如花的女儿，远近闻名，本着多多益善的原则，李世民这个合法的"采花大盗"一招手就把这位姓武的女孩召入宫中，从此开始了小女孩的宫廷生活，这一年小女孩十四岁。

小女孩在宫廷的起点很低，职称为"才人"，在后宫中，"才人"是什么级别呢？

按照唐朝制度，皇帝的嫡妻，叫皇后，在皇后之下，为妃嫔，妃嫔也分等级，而且每个等级有编制限制。第一等叫妃，编制四人，一品；妃之下为二品的嫔，编制九人；嫔之下，为婕妤，编制九人，三品；婕妤之下是四品的美人，编制也是九人；再往下为五品的才人，编制还是九人。

才人与皇后差了整整五级，差距之大，如同村长与总统的区别，看着挺近，走起来却挺远。

小女孩在历史上没有留下最初的名字，她的名字都是后来取的，李世民叫她"武媚娘"，她自己称自己"武曌"，她的儿子追认她为"则天大圣皇后"，因此后世的人们都叫她"武则天"。

唐太宗驾崩之后，所有曾经侍奉过唐太宗而又未生育过的嫔妃集体到感业寺出家，武则天也被迫出宫削发为尼，跟随大家一起过青灯黄卷的日子。如果没有奇迹发生，等待她的只是平淡如水的一生修行。

机会总是垂青有准备的人，武则天还是等到了机会。

这一切，还得从那位贤淑的王皇后说起，正是这位王皇后，被李治和武则天双双利用，进而造成了集全天下所有的铁都无法铸成的大错。

说起王皇后，这是一个有来头的人。

王皇后，出身并州（今山西太原）豪门望族，在讲究门第的南北朝以及隋唐，王皇后出身的太原王姓是绝对的名门望族。北魏孝文帝时定下了四大姓，分别是"卢、崔、郑、王"，这四姓是连皇帝都高看一眼的姓。这四大姓的家族之间崇尚相互通婚，其他姓氏想要跟这四姓通婚，无论是嫁还是娶，都需要交一笔不菲的费用，即便交费，人家也未必愿意搭理你。

王皇后就出自这样的名门望族。

王皇后进入李世民的视线，缘于一个人的引荐，这个人正是李世民的姑妈、高祖李渊的亲妹妹，同安长公主。

同安长公主在隋朝时嫁到太原王家，以祖父李虎的声望，估计她嫁入王家不需要花钱，李虎位列北周八柱国，柱国的孙女嫁太原王家，应该是不需要缴纳入会费的。

许多年过去了，同安长公主多年媳妇熬成了婆，这时有一个小姑娘进入了她的视野，小姑娘就是日后的王皇后。

王姑娘长得很俊俏，而且知书达礼，跟同安长公主的关系也很近。王姑娘是同安长公主的侄孙女，换句话说，王姑娘的祖父跟同安长公主的丈夫是亲兄弟，这样王姑娘就跟大唐皇室扯上了关系。

后来，同安长公主把王姑娘推荐给了李世民，经过李世民的考察，完全合格，由此，王姑娘就成了晋王妃。

不知道是不是王姑娘给晋王李治带来了好运，在王姑娘嫁给李治几年后，李治出人意料地从储位之争中胜出。他的两个哥哥李承乾和李泰因为争储双双被废，长孙皇后一脉所出的嫡传皇子只剩下李治一人。在舅舅长孙无忌的帮助下，李治得到了众皇子都眼热的太子之位，而王姑娘妻以夫贵，得立为太子妃。

如果按照童话的结尾，王姑娘从此与李治过上了幸福的生活，然而生活终究不是童话。

贞观十七年，王姑娘成为太子妃，按说太子妃与母仪天下的皇后只有一步之遥，然而王姑娘知道，看似一步之遥，实则千里之外，立为太子妃只是万里长征走完了一小步，要成为皇后，她要做的事还有很多。

首先，她得给李治生下一个儿子，没有儿子，一切都是白搭，尽管可以认养其他妃嫔的儿子，然而隔肚如隔山，到什么时候，还是有自己的儿子心里才能踏实。

生儿子看起来简单，做起来却很难，尽管繁衍后代是人类的本能，然而能不能生出儿子，还得看运气，毕竟生男生女，各有百分之五十的概率。

很不幸，王姑娘的概率为百分之零。

从嫁给李治开始，王姑娘就开始为生儿子努力，但是努力归努力，生儿子这种事情仅靠勤奋和努力是不够的。俗语说，一分耕耘一分收获，那说的是庄稼，不是生儿子。

一晃七八年过去了，王姑娘的肚子还是没有反应，而在这期间，李治却已经到了丰收的季节。

到贞观二十三年，李治名下已有四个儿子：长子李忠，次子李孝，三子李上金，四子李素节。四位皇子每人对应一位母亲，然而四位英雄的母亲当中，没有王姑娘。

在四位英雄的母亲之中，李治最宠爱的是萧氏。萧氏的儿子是四子李素节，另外萧氏还包办了两位公主，终李治一生，名下只有三位公主，其中两位都是出自英雄的母亲萧氏，而另外一位则是武则天出品的太平公主。

一男两女，受尽恩宠的萧氏一人就包办了李治一半子女，而从子女数量就

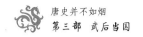

能看出受恩宠的程度：一般而言，受恩宠越多的，其名下的子女也相应较多，当然前提是有生育能力。

那么王姑娘究竟有没有生育能力呢？史无明载。

或许有，或许没有，总之王姑娘没有为李治生下一男半女，用现在的话说，她疑似不孕不育。"不孕不育"对一般人而言最多是留下人生的遗憾，而对于一个皇后而言，这就是无法治愈的绝症，同时更是一颗定时炸弹，古往今来，有多少皇后的废黜便是以"无子"之名！

贞观二十三年，李治只有二十一岁，王姑娘也不过二十上下的年纪。二十上下正是充满想象的年龄，而王姑娘却被恐惧包围了，因为那个为李治生下一男两女的萧氏已经呈现出咄咄逼人之势。

一年后，也就是永徽元年，王姑娘被册立为皇后，萧氏则被册立为淑妃。在唐代后宫中，皇后为第一，皇后之下有贵妃、淑妃、德妃、贤妃，四妃统称为夫人，正一品。从淑妃到皇后，其实只有一步之遥，膝下无子的王皇后总感到芒刺在背，想起萧淑妃眼中那道阴冷的寒光，王皇后不寒而栗。

不能让萧淑妃再受宠下去了，再这么下去，迟早要被她扳倒。

如果有这样一个人，她既听从我的指挥，又能把皇帝的恩宠从萧淑妃那里夺回来，这样对于我是不是更好呢？

至少不会让姓萧的那只骚狐狸得逞！

又到哪里找那样的一个人呢？

姐　弟　恋

就在王皇后苦苦寻觅自己的理想替身时，长安感业寺里一位年轻俊俏的尼姑正在暗自神伤。

一年来，她一直在焦急地等待，她把今生的希望都寄托在那个人身上：如果那个人能把她从感业寺接走，或许她的今生还有意义；如果那个人将之前的感情已经抛诸脑后，那么她的余生，就将在青灯黄卷中度过。

这个尼姑就是武则天，从太宗李世民驾崩后，她就跟其他未生育过的嫔妃一起来到了感业寺，如果没有天大的意外发生，感业寺就是她们人生的归宿。

武则天进入感业寺后，她在心中暗暗庆幸，幸亏自己预先埋下了伏笔，或许今生还有翻盘的机会。

武则天翻盘的机会来自哪里呢？来自李治。

在遇到李治之前，武则天在后宫的境遇只能用"失败"两个字形容：从贞观十一年进宫，到贞观二十三年太宗李世民驾崩，武则天始终没有得到李世民的恩宠，她能用来向后人炫耀的只有"狮子骢事件"。

"狮子骢事件"的来龙去脉是这样的：

李世民有一匹马，鬃毛很长，像狮子一样，由此得名"狮子骢"。狮子骢好是好，但是性格刚烈，不容易驯服，李世民想了很多方法，都没有将它驯服。

一天，李世民又带着诸多嫔妃来看狮子骢，看着看着不由叹息一声："这么好的马，可惜无人能将它驯服。"

这时，身为才人的武则天站了出来，说道："陛下，我有办法。"

李世民闻言，看了看武则天，问道："你有什么办法？"

武则天回应道："请陛下赐予我三样东西，有这三样东西，我准保将它驯服！"李世民问道："哪三样？"

"铁鞭，铁锤，匕首！"

"这三样似乎不是驯马的东西啊！"

"陛下，是这样的，如果狮子骢不受管教，我先用铁鞭抽它，如果它还不驯服，我就用铁锤敲它的脑袋，如果到这时还不驯服，我就用匕首捅了它！"

武则天满怀信心地说完，李世民只回了一句："你真了不起。"

从此再无下文。

无疑，武则天的这次表现以失败告终，贞观十一年她进宫时是才人，正五品，苦苦奋斗了十二年，到贞观二十三年，她还是才人，完全是原地踏步。

为什么青春貌美的武则天在长达十二年的时间里原地踏步呢？或许是因为她不对李世民的胃口。

贞观十一年，李世民听说武则天貌美如花，将她召入宫中，此时的李世民刚刚丧妻一年（长孙皇后在一年前去世），他召武则天入宫是想填充后宫，应对寂寞，另外想找一个长孙皇后的替身。

然而，长孙皇后留给李世民的印象太深刻了，用后来诗人元稹的话说，

"曾经沧海难为水，除却巫山不是云"。后宫的嫔妃都生活在长孙皇后的阴影之下，刚刚十四岁的武则天想替代长孙皇后更是痴人说梦，因为李世民想要的感觉，在武则天的身上永远找不到。

李世民是一个雄才大略的人，一个真正的男人，他需要的女人既要聪明，又要有女人味，而武则天不是。"狮子骢事件"说明，这个女人聪明有余，但是女人味不足，尤其是居然想用"铁鞭、铁锤、匕首"驯马，可见她的心够狠。李世民在后宫需要的是温柔乡，而不是武则天的铁石心肠。

如此一来，那个刚进宫时还能引起皇帝兴趣的武媚娘被无情地抛弃了。在李世民的后宫，她只是一个可有可无的人，反正一个才人，品级很低，多她不多，少她不少。

随着时间的推移，武则天渐渐想明白了，此生在李世民身上求富贵已经不可能了，因为李世民的年纪已经大了，又有病在身，即便为他生下一男半女又能怎样，将来她也不过是一个亲王或者公主的娘亲，又有多大的意思呢？

前途似乎已无光亮，这与贞观十一年进宫时大相径庭，当初自己还安慰母亲，"得见天子，焉知非福"，然而十年过去了，自己还是牢牢定格在才人的位置上。

早知道这样，或许就不应该入宫来。

在武则天渐渐心灰意冷时，太子李治出现在武则天的视线里。这个太子与李承乾、李泰似乎不太一样，李承乾和李泰已经是成人，李治却还有些孩子气，这与他的年龄有关，与他的性格有关，也与他的成长背景有关。

贞观十年长孙皇后去世时，李治只有八岁，从此母亲就活在他的记忆里。由于童年的经历，李治可能是一个有"恋母"情结的人，他渴望得到别人的保护，因此在骨子里，他是一个可以接受"姐弟恋"的人。

正是因为这些经历，当李治遭遇武则天时，他不可救药地爱上了武则天，因为武则天身上有着其他女人没有的东西。

八岁丧母，长于后宫，长于妇人之手，李治一路走来，遇到的女人都是大家闺秀，温文尔雅型，武则天却与那些女人不同，她有着成熟女人独有的气质，更有一种李治无法抗拒的磁场。

其他女人吸引李治的或许是美色，或许是知书达礼，武则天吸引李治的则是她的睿智和成熟，同时还有丰富的社会阅历。

不要忘了，武则天的父亲是武士彟，武士彟曾经先后在利州、荆州为官，武则天跟随父亲不仅读了"万卷书"，而且行过"万里路"，这些经历增长了她的见识，拓宽了她的视野，这些都是王皇后那些大家闺秀永远无法企及的。

武则天比李治足足大了五岁，又在人际关系复杂的后宫历练了十余年。年龄的优势加上人情的练达，注定使武则天在举手投足之间，有一种不同于别的女人的味道。

当李治遇到武则天时，李治的人生还是一张白纸，而武则天的人生已经是一张经历过多年沧桑的复写纸了。

至于李治与武则天是否在贞观年间就发生过关系，史无明载，骆宾王在《讨武曌檄》中写到"泊乎晚节，秽乱春宫"，是不能作为发生关系的依据的，因为檄文本来就是极尽骂人之能事，很多骂人的话并不可信。

其实拴住一个男人的心，未必靠性。以武则天的睿智，或许一个眼神就足够了，而生性感情细腻的李治，或许就是被一个眼神轻轻击倒。

感 业 寺

永徽元年五月二十六日，武则天迎来了一生的转机。

这一天是唐太宗李世民的忌日，李治与王皇后一起前往感业寺上香，祭奠李世民。

上香仪式上，李治看到了已落发为尼的武则天，武则天自然也看到了李治，四目相对，遥遥相望，此处无声，已胜有声。感怀身世，感慨一年来的遭遇，武则天止不住悲伤的泪水，皇帝李治远远地看着，揪心的感觉从心头而起。虽然他与武则天从名分上是儿子与庶母的关系，然而从情分上，却是心心相印的爱人，难道就让这位爱人长久地留在感业寺自己却无动于衷吗？

李治轻微地摇了一下头，暂时没有答案。

感业寺相遇，让李治动了心，同时也让王皇后看到了希望，原来她也注意到了李治与武则天的四目相对，莫非这两人早有私情？如果有，那么这个人不正是自己苦苦寻觅的替身吗？

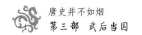
经过探听，王皇后得知，武则天与李治的确早有私情，至于从何时开始，已经无从知晓。

剩下的事情就好办了，只要把武则天从感业寺里捞出来，那么她这一辈子都会对我死心塌地感恩戴德，毕竟如果没有我出手，她只能一辈子与木鱼做伴，王皇后心中打好了算盘。

写到这里，不禁一声叹息，如果忌妒中的女人也有智商，那么猪也能够获得诺贝尔奖。

正是王皇后一心为了打压竞争对手萧淑妃，才想到找一个替身李代桃僵，进而把皇帝的恩宠从萧淑妃那里夺回来。按照王皇后的如意算盘，武则天是自己从感业寺里捞出来的人，又是自己派到皇帝身边的，于情于理她都会忠于自己，守住自己的本分，毕竟她只是先帝的一个才人，是王皇后给了她二进宫的机会，她不能忘本。王皇后没有想到，这个武则天看似柔弱，实则坚强，看似低眉顺眼，实则内心有一团久久升腾的火，这不是一个一般人。

当时的王皇后什么都没看出来。

当王皇后向李治说出准备接武则天进宫时，李治心花怒放，到底是母仪天下的皇后，做事就是有胸怀，能想到替朕解忧，真是难为你了。

那么接武则天入宫是否会引起舆论哗然呢？李治思索了一下。

他想到了自己的父亲李世民，先帝那么英明神武，不也将元吉叔叔的正妃杨氏发展为自己的嫔妃，而且还生下了一个皇子吗？按理说，杨氏是先帝的弟媳，于礼是不应该纳为嫔妃的，先帝不是同样做了吗？看来，只要是真心喜欢，没什么大不了的，规矩毕竟都是人定的！

皇帝点头，皇后出面，先帝才人武则天终于从待了一年多的感业寺重新回到了皇宫，这是她人生中的第二次进宫。这次进宫，为她赢得了一生的富贵。

从终点又回到起点

再进皇宫，如梦一场，从贞观十一年第一次进宫算起，到现在已有十三年。十三年中，自己从十四岁的女孩已经成为二十七岁的女人，而一个女人的一生中，能有几个十三年？

初进宫时自己是才人，现在什么名号都没有，生活就是一个圈，自己转了十三年又转回到原地，所有的一切必须重新开始。

幸好，自己抓住了那个人，只要牢牢抓住那个人，这一生就不会白活。

孑然一身的武则天从此开始了自己的二次奋斗。这一次，她的姿态更低，目标却更明确，尽管她两手空空，尽管她没有任何封号，但只要能够等待和忍耐，该有的，迟早都会有的。

武则天放下了自己的身段，也放低了自己的姿态，二十七岁的年纪，却以一个新人的标准要求自己，在王皇后那里她比谁都谦卑，她做出的种种卑微举动，让王皇后产生了一个错觉：这是一个值得信赖的人。

在王皇后的力荐下，李治顺水推舟，将自己的恩宠从萧淑妃那里收回，一股脑地倾泻在武则天身上。或许是为了补偿武则天在感业寺的坎坷遭遇，或许是为了延续始于贞观年间的"姐弟恋"，从武则天二进宫开始，皇帝的雨露都倾注到武则天的责任田里。原来恩宠无边的萧淑妃遭到冷遇，在武则天进宫之后，萧淑妃再也没能为李治生下一男半女，她的生育记录也就定格在一男两女。

一切都在朝着王皇后希望的那样发展，萧淑妃的恩宠被剥夺了，武则天正在承受着皇帝的恩宠，而皇上似乎也对自己心存感激，这不正是自己想要的结果吗？

李弘出生

凡事都有个度，过了这个度，好事便成了坏事。

渐渐地，王皇后开始怀疑自己当初的决定，她发现，武则天得到的恩宠太多了，较之萧淑妃，有过之无不及，后宫中的恩宠，都被她一个人占了，恩宠比当初的萧淑妃更甚。尽管此时的武则天还保持着自己的谦卑，而王皇后已经感觉到危险正向自己逼近。

永徽二年，武则天进位昭仪，昭仪为九嫔之一，正二品，比萧淑妃只差一级，比王皇后只差两级。

永徽三年，一声婴儿的啼哭惊醒了王皇后的美梦，威胁真的说来就来了。

呱呱坠地的婴儿就是李治与武则天的第一个儿子，武则天为这个孩子起名为"李弘"。听到这个名字，王皇后猛然意识到，自己遇上了一个比萧淑妃更难缠的对手。因为从"李弘"这个名字，她已经看到了名字背后的野心。

武则天是个识文断字的人，给儿子起名为"李弘"，其实有着非同寻常的深意。

东晋以来，道教图谶中一直流传着一句话：老君当治，李弘应出。按照道教图谶的解释，李弘便是太上老君转世到人间后的名字，而这个叫李弘的人是要统治天下的。

从公元322年到公元416年，前后不到一百年，竟然有十次以李弘之名的起义，无一例外，每次起义的领袖都自称"李弘"。甚至到隋末，还有人以李弘的名义起义，由此可见，"李弘"这个名字多么深入人心。

现在武则天给自己的儿子起名为"李弘"，她想做什么呢？

王皇后忙乱之中理不出头绪，只能悄悄求助自己的舅舅，时任中书令的柳奭。柳奭这个名字或许大家感到陌生，那么柳宗元大家都很熟悉吧，柳宗元和柳奭是同宗，柳宗元是柳奭的族孙。

中书令柳奭随着外甥女王皇后步步高升，在贞观十七年前，他不过是中书舍人，在外甥女嫁给李治后，他开始平步青云。

外甥女成为太子妃，他升任兵部侍郎；外甥女成为皇后，他升任中书侍郎。永徽三年，他更是取代褚遂良成为中书令，成为朝中的正三品高官。

外甥女求助到自己头上，柳奭连忙开动脑筋想对策，无论如何也要保住外甥女的皇后之位，无论对外甥女，还是对自己，抑或是对王家和柳家，都有着莫大的干系。

不过皇后无子是铁一般的事实，再着急也变不出个儿子来。

怎么办？结婚已经十年，还是无子，看来靠皇后自己生是不靠谱了，比较靠谱的是认养别的嫔妃的儿子。

那么认养谁呢？

柳奭想了一下，立储一般讲究立嫡立长，既然要认养，那就认养年龄最大的那个，只要把这个孩子归到皇后的名下，那么嫡和长都占了，将来立储必定是第一顺位。

李治长子李忠就这样进入了王皇后的视野，他将化解王皇后的燃眉之急。

只要王皇后把李忠归到自己名下，名下无子的尴尬就宣告结束，或许皇后之位也会更加稳固。

至于李忠生母那边，也很好解决，李忠的生母刘氏在后宫地位很低，皇后能认养自己的儿子更是求之不得，将来如果能荣登大宝，生母自然也能"母凭子贵"，求之不得，求之不得。

在中书令柳奭的运作下，太尉长孙无忌也加入到这个阵营，他们一起向皇帝李治建议：立李忠为太子。

此时的武则天一定知道王皇后的用意，同时李治也看出了立储背后的玄机，不过他没有反对，反而点头同意了，王皇后的自救行动似乎成功了一小步。

就在王皇后为此感到心安时，武则天却在心中暗暗发誓：总有一天，要把你们这些人统统扳倒。

一个螟蛉太子就想挡住武则天前进的脚步？太天真了！

第二章 废 立

前 奏

世界上没有永远的敌人，也没有永远的朋友，只有永远的利益。

永徽元年，为了打压萧淑妃，王皇后将武则天接入宫中，从此开始了她与武则天同仇敌忾对付萧淑妃的日子。

如今，形势急转直下，所有恩宠都集中到了武则天的头上，于是到了王皇后与萧淑妃联手作战的时候。

按照一般情况，一个皇后加一个淑妃联起手来，没有理由对付不了一个昭仪，然而现实的情况是，昭仪的背后站着皇帝。

纵使王皇后与萧淑妃同仇敌忾，纵使王皇后与萧淑妃抓紧一切时机在皇帝面前诋毁武则天，然而一切都是白费，皇帝李治已经完全站到了武则天一边，跟武则天斗，其实就是跟皇帝斗。

如此这般，等待王皇后和萧淑妃的又会是什么呢？

永徽五年三月，皇帝李治突然下了一道奇怪的诏书，追赠屈突通等十三名开国功臣官职。

永徽五年已经是公元654年，距离618年的大唐开国已经过去了三十六年，此时追赠屈突通这些开国功臣，李治的葫芦里卖的是什么药呢？

当看到武士彟（武则天之父）这个名字时，众人恍然大悟，原来醉翁之意不在酒，而在武士彟，至于屈突通那些人，原来都是陪武士彟这个老头读书的。

李治此举是为了提高武则天的地位，为日后的立后埋下伏笔。

杀 婴 疑 案

武则天与王皇后的缠斗还在继续，只是双方都没有撕破脸皮，见了面还是姐姐长妹妹短的寒暄，内心里尽管诅咒了对方一万遍，而反映到脸上的，却始终是笑容可掬加春风拂面，她们都是国家一级演员。

与此同时，暗战还在升级，尤其是武则天对王皇后的暗战。

随着暗战的进行，王皇后的优势被武则天一点点蚕食，而说到底，这一切还是王皇后自己造成的。

因为她的贵族身份。

王皇后的祖上是太原的名门望族，她的母亲和舅舅柳奭则来自同样是名门望族的柳家，王柳两家都是一等一贵族。

什么是贵族？著名导演冯小刚说，就是放在你那算天大的事，放在人家那里根本不算事。

不过贵族也有贵族的毛病，那就是自视甚高，这一点在王皇后母亲柳氏身上体现得淋漓尽致。柳氏进入皇宫始终保持着目中无人的姿态，在她看来，自己出身名门，女儿又是当朝皇后，所有人见到自己自然应该低三分。

的确，后宫之中，所有人见到她都低眉顺眼，不过在低眉顺眼的同时却有些不忿：皇后虽是你的女儿，但你又不是皇后。

很多人在不经意间被柳氏的姿态和言语伤害，他们的心中充满了委屈，也充满了怨恨。

这个时候，武则天出现了，虽然她受到的恩宠已经无边，但她还是照样礼贤下士，对每个人都非常客气，这与柳氏以及王皇后形成了鲜明对比。一方平易近人、和蔼可亲，一方高高在上、目中无人，后宫的人心渐渐产生分野，内心向着武则天的人越来越多，而诸多讨厌皇后以及皇后母亲的人更是彻底站到了武则天一边，她们愿意看到武则天在这场竞争中胜出，同时也愿意为武则天

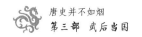

通风报信。

在武则天的布局下，皇后的身边布满了武则天的眼线，从此皇后就成了一个透明人，她的一举一动都在武则天的掌控之中。

被监控的王皇后不会想到，在她毫无觉察之际，陷阱已经挖好了，只等她一纵身，自己跳下去。

不久，机会来了，武则天为王皇后准备的陷阱张开了血盆大口。

这一年，武则天生下了一个女孩，这个女孩的背后就是武则天为王皇后准备好的陷阱。

本着"母仪天下"的原则，王皇后来到了武则天的寝宫，新出生的小公主正安静地睡着，武则天却不知道去了哪里。

看着小公主，王皇后心中百感交集，如果自己能够生养，何至于当初走出感业寺那步错棋，现在看着人家接连开花结果，自己却只能用一个抱养的李忠聊以自慰，同样是女人，怎么在这方面的境遇竟是如此不同？

王皇后又坐了一会儿，见武则天还没有回来，就径自返回了宫中。

没想到，就是这次探望，让王皇后跌入万劫不复的深渊。

在王皇后回宫不久，武则天回来了，她惊讶地"发现"，小公主已经死了！

谁干的？谁这么没有人性？

下人回答：皇后刚才来过。

王皇后跳到黄河也洗不清了，她在错误的时间，在错误的地点出现，就是浑身是嘴也说不清楚，为什么你前脚刚走，小公主就夭折了呢？

莫非你动了手脚？

王皇后极力辩解：我没有！

可是有谁信呢？那段时间内只有你在，除了你还会是谁呢？是不是你出于忌妒残害了小公主呢？

皇帝李治尽管不太相信皇后会残害小公主，但是现实是小公主死了，而皇后的嫌疑最大。

莫非多年无子让皇后心理有些失衡了？

自此，李治对王皇后有了看法，在他眼中，王皇后已经不再是当初那个温婉可人的皇后了，她已经是一个怨妇，一个内心充满了忌妒的怨妇。

一个怨妇还能母仪天下吗？

李治心中产生了疑惑。

王皇后究竟有没有对小公主下手呢？史无明载。

从王皇后的性格来看，她应该干不出那么残忍的事情，更关键的是，但凡有智商的人都不会跑到武则天的寝宫里去杀人，那样杀人是最笨的，等于不打自招，自动昭告天下。

那么小公主到底是怎么死的呢？

一种说法是自然夭折，一种说法是死于武则天之手。

《旧唐书》和《新唐书》都没有记载小公主夭折的事情，而司马光编撰的《资治通鉴》一针见血地指出：武则天亲手杀死了自己的女儿，然后嫁祸给王皇后。

从日后武则天杀兄、逼子、杀女婿、杀外甥、杀孙子的举动来看，没有什么事情她做不出来。

这一切都是逼出来的，从贞观十一年开始的十二年宫廷憋屈的生活，再加上一年感业寺的坎坷遭遇，十三年的扭曲生活已经足以将一个花季少女改造得物是人非。到这个时候，她眼中已经没有正常的人伦和是非，任何挡在她前进道路上的障碍都会被她毫不迟疑地清除掉，在以后的数十年里，她不断地印证着这一点。

所以说，轻易别惹女人，尤其是像武则天这样的女人。

试　探

废后的心思一起，想压已经压不住了。

李治仔细想了一下，目前朝堂之上，一切都是舅舅长孙无忌说了算，废立皇后这么大的事情，一定要取得他的同意，如果他这一关过不去，那么废后的难度一定非常大。

永徽五年年底，李治与武则天一起到长孙无忌家里串了一个门。古代皇帝不是随便串门的，到谁家串门，那是给谁家长脸。

李治与武则天的突然来访让长孙无忌有些诧异，不过瞬间就明白了来者不

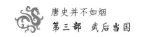

善，此次御驾亲临，一定有着不可告人的目的。

皇帝冲后面一挥手，满满十车金银财宝、绫罗绸缎运进了长孙无忌的院落里，长孙无忌一看，皇帝这是在给自己送礼呢，是想让自己支持他的"废后"主张。

长孙无忌没有言语，只是恭敬地将皇帝和昭仪让进了自己的家中。

宴席上，李治和武则天兴致很高，一起营造出其乐融融的场面，李治更是当起了送官童子，即席封长孙无忌小妾生的三个儿子为朝散大夫，从五品，相当于副厅局级。

礼送到这个份上，该差不多了。

李治趁热打铁，似是无意，提起了皇后无子的话头。按照惯例，长孙无忌应该顺着这个话头往下说，毕竟皇帝起了头。

然而这一次，长孙无忌没有接茬，他装作没听见，自顾自地起了另外一个话头，愣是让李治"废后"的话题如同一个石子扔进大海，却没有激起一点浪花。

聪明人过招讲究点到为止，到这时李治已经知道长孙无忌的态度，他知道他这个舅舅，倔强起来十头牛都拉不回，再啰唆下去也毫无意义，索性草草收场，与武则天一起悻悻离去。

在这之后，对于长孙无忌的游说还没有结束，武则天的母亲杨氏也亲自上阵，先后几次前往长孙无忌的家中寻求支持，然而还是被长孙无忌拒绝了：皇帝的面子都不给，皇帝的歪把丈母娘同样没有面子给。

不过，皇帝想立武则天为皇后的消息由此传播开来，朝廷上下议论纷纷，这时有人看到了这里面的商机，于是紧紧地盯住了这次商机，期待利用这次商机给自己的仕途来一次提升。

盯住商机的人确实不少，许敬宗就是其中的一个。

说起这个许敬宗，其实也是老资格了，宇文化及在江都兵变时，他就是隋朝的一个小官，不过江都兵变时，他的表现一塌糊涂。

宇文化及征召许敬宗的父亲许善心，许善心没有理睬，最终许善心被失去耐性的宇文化及杀害。杀许善心时，宇文化及本来还准备连许敬宗一起杀了，然而架不住许敬宗跪在地上拼命求饶，宇文化及心一软，便放过了许敬宗。

这件囧事一直困扰了许敬宗很多年，同朝为官的封德彝经常拿这件囧事戏弄许敬宗：人家虞世南能大义凛然地恳求替哥哥虞世基死，而你许敬宗眼睁睁看着老爹被杀，却只顾自己求饶，什么人品！

封德彝的话，让许敬宗很多年抬不起头。

许敬宗的人品暂且放在一边，公平地说，这个人非常有才，李世民旗下有"十八学士"，许敬宗名列其中。

现在"废立皇后"让许敬宗看到了机会，他决定押一回宝，把宝押在武则天身上，如果武则天得立皇后，那自己不就是奇功一件吗？

由此，卫尉卿许敬宗自动加入游说长孙无忌的行列，没想到居然受到长孙无忌的严厉斥责，碰了一鼻子灰的许敬宗悻悻而去，却在心中种下了对长孙无忌的诅咒。

长孙无忌怎么也不会想到，这个始终被自己看不起、动辄斥责得面红耳赤的人，竟是日后对自己痛下杀手的人。

胶　着

暗战还在继续，战争的主导权已经完全落入武则天的手中，而王皇后只能被动防御。面对武则天的咄咄逼人，她已没有还手之力。

永徽六年六月，武则天出招，指控王皇后与母亲柳氏使用巫术妖法，行为不端。对于皇室而言，最怕的就是巫术妖法，西汉时汉武帝刘彻为了追查皇宫内外的巫术妖法曾经处死过几万人，因为巫术妖法是皇室最忌讳的。

现在，武则天将"使用巫术妖法"的铁帽子扣到了王皇后头上，王皇后即便想摘，也有心无力了。因为她知道，皇帝已经完全倒向了武则天一边，武则天无论说什么，皇帝都认为是对的。

伴随着武则天的指控，王皇后的境遇越来越差，更可怕的是，她已经失去了所有的外援。王皇后的母亲柳氏因为武则天的指控，被永远禁止入宫，她的舅舅柳奭因为武则天的指控，从中书令自动辞职改任吏部尚书，又从吏部尚书一下子被贬成了遂州州长，并在上任的路上再次被贬，从遂州又贬到了荣州。

外援已经剪除，后宫之中的王皇后只是一个孤立无援的小女人，皇帝已经站到了武则天一边，顶着皇后空头衔的王皇后便成为跌入水中的骆驼，只要再

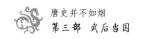

加上最后一根稻草，她就将陷入万劫不复的万丈深渊。

悲剧即将发生，只是时间的早晚。

与此同时，朝廷内的分野也在继续，以长孙无忌、褚遂良、韩瑗为首的一干老臣是坚定的反对派，而以许敬宗为首的一拨人则成了拥护派。

原本籍籍无名的中书舍人李义府便在此时混进了拥护派的行列中，从此在唐朝的史册上留下了自己的昭著臭名。

本来李义府没有机会臭名昭著，因为机缘的巧合，他混入了拥护派的行列。

作为长孙无忌最反感的人，李义府在大唐的前景已经黯淡无光，长孙无忌更是准备把他赶出长安，从中书舍人贬到壁州（今四川省通江县）做一个小小的司马。

由长孙无忌起草的诏书已经出台，只是还没有下达到门下省，一旦诏书下达，李义府就得乖乖地收拾行李前往壁州做一个可有可无的司马。

就在这个节骨眼上，李义府的人脉帮了他的忙。他居然早早知道了诏书的内容，这个时间差为他赢得了喘息的机会。

怎么办？如何才能不去壁州那个鬼地方呢？

李义府找来同为中书舍人的王德俭，向他咨询避难的方法。

王德俭思索了一番，给李义府支了一招：现在皇上想立武昭仪为后，如果你能上书力挺武昭仪，管保你不用去壁州那个鬼地方！

哦，只要支持武昭仪成为皇后就能不去壁州？那太简单了。

随后李义府与王德俭达成协议，由李义府替王德俭值当天的夜班，就在这个夜班里连夜写好奏疏，然后到内宫大门投递。

奏疏的内容很简单：废黜王皇后，拥立武昭仪，请陛下满足天下百姓的愿望。

这封颠倒黑白、厚颜无耻的奏疏能起到什么效果呢？

龙颜大悦！

接到奏疏的李治随即召见了李义府，君臣二人进行了一番热烈的讨论。从李义府那里，李治得到了莫大的支持，让原本内心忐忑不安的他吃下了一颗定心丸，看来事在人为。

接见完毕，李义府得到了赏赐：珍珠一斗。

不久，李义府又得到了赏赐：越级擢升为中书侍郎，以前想都不敢想的职位居然就这样得到了，看来这一步棋走对了。

不过，并非所有官员都像李义府这般没有立场，托孤重臣褚遂良始终是坚定的反对派。在他看来，废王皇后，立武昭仪，万万不可！

永徽六年九月的一天，褚遂良与长孙无忌等人一起参加朝会。下朝之后，李治示意太尉长孙无忌、中书令褚遂良、司空李勣、左仆射于志宁留下来，进入内殿议事。

看看这个阵容，褚遂良知道，皇帝是要讨论废后的事情，让四位重臣留下，无非是试探重臣的口风。

褚遂良慨然说道："皇上留下我们，就是为了讨论废后的事情，看样子皇上主意已决，这时谁要反对，可能就要遭到诛杀。你们几位，长孙大人是国家重臣，又是皇帝的舅舅，李勣是国家的功臣，如果你们出头，皇上盛怒之下将你们诛杀，皇帝就将背上杀舅、杀功臣的骂名，与其这样，不如由我来出头吧。反正我出身茅庐，于国家也没有功劳，就算被诛杀，也无所谓。"

商量完毕，四人一起向内殿走去，在这个节骨眼上，李勣溜了，借口居然是"有病"。

剩下三人一起进入了内殿，话题果然如褚遂良所料：废后！

李治冲着舅舅长孙无忌说道："皇后无子，而武昭仪已经有两个儿子，朕想废王皇后，立武昭仪为皇后，卿等意下如何？"

李治说完，眼巴巴地看着舅舅长孙无忌，褚遂良"腾"地站了出来，说道："皇后出身名门望族，是先帝为陛下娶的。先帝去世时，曾经拉着陛下的手对臣说：'好儿子和好儿媳就托付给你了。'先帝说这句话时，陛下也在场，如今声犹在耳，难道陛下忘了吗？如今陛下想要废皇后，恕臣不能遵从陛下的意思，因为那样臣将违背先帝的遗命！"

谈话不欢而散，李治心中怏怏，不过他并不着急，他准备第二天继续努力。

第二天散朝后，李治旧话重提，这一次又是褚遂良站了出来。

"陛下如果真想立新皇后，那么也请从天下的名门望族中挑选，为什么非武昭仪不可呢？武昭仪是先帝的才人，侍奉过先帝的，陛下一定要立武昭仪为皇后，天下人会怎么评价陛下？后世的人将怎么评价陛下？所以请陛下一定要

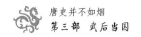

三思。臣今天冒犯陛下了，罪该诛杀！"

说完，褚遂良将手中的笏板放在台阶上，解下了自己的帽巾，向李治叩头，一直叩出了血。

褚遂良接着说道："今天臣把笏板还给陛下，恳请陛下准许我告老还乡！"

尴尬，无边的尴尬。

褚遂良的硬碰硬让李治尴尬到了极点，又恼羞到了极点。褚遂良说的都是事实，他比谁都清楚，可你褚遂良不说，也没人当你是哑巴啊！

这个老家伙！

李治一挥手，拉出去！

一直在偷听的武则天闪了出来，大声喝道："为什么不杀了他？"

关键时刻，长孙无忌护住了褚遂良，正色说道："褚遂良乃先帝托孤重臣，纵使有罪，也不应该加刑！"

左仆射于志宁被眼前的一切惊呆了，他没想到褚遂良与皇帝的冲突会如此激烈，他呆在原地，一言不发。

又一次不欢而散。

随后侍中韩瑗也加入到反对的行列，理由是武昭仪不配母仪天下，然而李治还是听不进去，他已经吃了无数个秤砣，他的心已经成了一块铁。

到现在为止，除了司空李勣装病，剩余的重臣全都反对，"废后"陷入僵局。

转　机

重臣一起反对，李治也有些束手无策。

为了减轻阻力，他曾经试过变通的方法。

按照唐朝后宫的惯例，皇后以下有贵妃、淑妃、德妃、贤妃，四妃均为正一品。李治为了提升武则天的地位，别出心裁地想了一个新名词——"宸妃"，"宸妃"位于皇后之下、贵妃之上，换句话说，就是不是皇后的皇后，准皇后。

然而这个变通还是没能行得通，侍中韩瑗和中书令来济给驳了回来，理由是"没有先例"。看来，"立后"没有中间道路可走。

李治感觉自己走进了死胡同。

难道这个死胡同就不通吗？他的心中没有答案。

几天后，他在李勣那里找到了答案。

李勣进宫朝见，李治留下他单独谈话。李治先起了话头："我打算立武昭仪为皇后，可褚遂良坚决反对，他是先帝的托孤重臣，我是不是该听他的话，就这么算了呢？"

这时李勣说出了一句让后世诟病不已的话："这是陛下的家事，何必去问别人呢？"

"立后"真是皇帝自己的家事吗？其实不是，对于皇帝而言，国即是家，家即是国，"立后"看似家事，其实却是国事。

那么李勣为什么要说这么一句不负责任的话呢？

因为他看透了"立后"背后的局。

李治仅仅是为了立武昭仪为皇后吗？其实不然。

所谓"立后"，是以"立后"之名，实际却是皇帝与以长孙无忌为首的权臣之间的一场皇权和相权的博弈。

李治立后，不是单纯的立后，他要把武则天升级为自己的帮手，进而对以长孙无忌为首的宰相集团进行打压；所谓"立后"，其实是为了收权，压缩长孙无忌等人手中的相权。至于废王皇后，立武皇后，那是因为武皇后比王皇后更有政治才能。

李勣看透了这个局，长孙无忌也看透了这个局，但是他没有退路，他退无可退，他退就意味着武则天进，所以尽管长孙无忌知道武则天背后站着皇帝李治，他还是要把抵制进行到底，因为他别无选择。

谁也不愿意放弃手中的权力，长孙无忌更不愿意。

长孙无忌心中闪过一丝寒意，他苦心积虑将这个外甥扶上皇位，又手把手帮他清除了异己，现在，他还是要从自己手中把权力收走，转而信任那个曾经做过先帝才人的女人。

唉，自己一生算计，最后又算计出什么呢？

到这时，先帝李世民的三位托孤重臣产生了分野，褚遂良坚决抵制，长孙无忌表面中立实则抵制，李勣则选择圆滑地站在了皇帝的一边，而皇帝李治就

此找到了答案。

回过头看，李世民托孤是有深意的，他同时指定长孙无忌、褚遂良、李勣为托孤重臣，长孙无忌代表文官，李勣代表武将，褚遂良居中调停，就是为了防止将来出现纷争。

如果三个托孤大臣铁板一块，那么皇帝李治的日子就难过了，而长孙无忌与李勣素来不睦，他俩注定不是一个阵营，在关键的时刻，必定分崩离析，而这样皇帝就可以居中制衡。

现在代表武将的李勣倒向了李治一边，文官集团又产生了以许敬宗为代表的分支，李治的心中有了底，死胡同的前方，闪出了一丝光亮。

不久，许敬宗在大庭广众之下谈论道："种田的人多收了十斛麦子，还考虑换个媳妇，何况是富有四海的天子？天子废立皇后都是天子的家事，外人有什么资格妄加议论呢？"

此言一出，武则天大喜，密令左右奏报李治，李治得报，同样大喜。

一切朝着有利于李治和武则天的方向发展。

立　后

永徽六年十月十三日，废后成为现实。

皇帝李治下诏：王皇后、萧淑妃密谋以鸩酒毒害皇帝，一并废为庶人，其母及兄弟一并除名，流放岭南。

六天后，文武百官上疏：请册立武昭仪为皇后。李治顺水推舟马上同意，他等这一天已经很久了。

永徽六年十月十九日，对于武则天而言，这是一个刻骨铭心的日子。经过十八年的奋斗，经过两次进宫的波折，她终于成为大唐王朝的皇后，十八年前那句"得见天子，焉知非福"真的应验了。

只不过此时天子，已非彼时天子。

鉴于武则天过去的复杂经历，李治在册立皇后的诏书上还不忘为武则天辩解：武则天确实是先帝的才人，她是因为才华出众被挑选入宫。入宫之后，表现得体，举止得当，在嫔妃之间从没闹出不愉快，为此先帝对她非常赏识。后来先帝就把她赏赐给我，她的经历跟汉代王政君是一样的。

哦，原来是先帝赏赐!

那感业寺那一年又作何解释?

但凡有思维逻辑的人都不会相信李治的鬼话，不过不相信又能怎样呢? 皇帝已经对武则天王八看绿豆对上了眼，其他人又能如何呢?

此时，李治以为自己赢了，其实他输了，他费尽心机拥立的新皇后并不是王朝的福祉，却恰恰是这个王朝的祸。

李治以为武则天是"神仙姐姐"，是亘古少有的才女，他不知道，武则天有两张面孔，一张是才女，一张则是"豺"女。

两天后，武则天非常善解人意地给李治上了一道奏章: 前些日子，皇上准备册立我为"宸妃"，侍中韩瑗和中书令来济坚决反对。他们的反对是需要勇气的，这说明他们心中对皇室充满忠诚，为此，请皇上给他们两人赏赐褒奖!

奏章让李治心花怒放，皇后的心胸果然广阔，居然为反对自己的人请赏，真是贤良淑德。

然而，受褒奖的韩瑗和来济看透了背后的杀机，奏章表面说是褒奖，实际却暗藏着包袱，这说明先前的反对已经被武则天记在了心里，在将来的某个时刻一定会以某种形式爆发出来。这个女人太可怕了。

从此，侍中韩瑗不断请求辞职，以此表明自己无意与武则天为敌，然而已经晚了，武则天已经在心中给韩瑗定了性: 该你受的，无论如何你也跑不掉。

等着瞧。

回 心 院

皇宫似海，玄机几多深。

从古到今，皇宫中不断上演着喜剧，也不断上演着悲剧，只是由来只看新人笑，很少有人再去理会旧人哭。

无论笑与哭，都是皇家争宠的组成部分。

皇家的争宠，主要集中于争储和争后，争储是争夺未来的皇位，争后则是争夺母仪天下的权力。这两项争夺历来在皇宫内非常激烈，无论如何掩饰，血

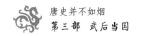

淋淋的争斗始终无法避免。

同争储一样，在争后的道路上没有并列第一，要么母仪天下，要么残宫冷月，争到最后，都逃不过这两个结局。

现在，王皇后和萧淑妃就落到了残宫冷月，而且是仅能通过洞口观看的残宫冷月。

被废为庶人之后，王皇后和萧淑妃被关到了皇宫内一个偏僻的别院中，所有的门窗都被钉上了，从此不知是日是夜。

聊以慰藉的是，墙壁上还留出一个小洞口，这个洞口用来给她俩送饭，同时也是她俩与外界沟通的唯一渠道。

很多天过去了，除了送饭的人，再无他人。

突然有一天，她们听到了一个熟悉的声音：皇后，淑妃，你们在哪里？

是李治，他因为想念皇后和萧淑妃来到了这里。

以李治的本意，他只是想扶武则天上位，对于王皇后和萧淑妃，他并不想将事情做绝，只想把她们从皇后和淑妃的高位上拿下而已，至于其他待遇，他愿意一切照旧。

然而，来到关押地一看，这里与他想象的完全不一样，不仅院落狭小，而且门窗紧闭，只有一个小洞与外界相通，而他趴在小洞口，映入眼帘的只有漆黑一片。

境遇天差地别。

身处黑暗之中的王皇后和萧淑妃一下子哭了出来，她们没想到，皇帝居然还想着她们。

王皇后哭着说道："我俩犯了罪，已经成了奴婢，哪里还配得上皇后和淑妃的尊称啊？"

王皇后接着恳求道："如果皇上念及旧情，求皇上让我们重见天日，同时把我们住的这个院子赐名'回心院'吧！"

屋外的李治答应了，得到密报的武则天却不答应。

不久，王皇后和萧淑妃在黑暗中等来了一群人，她们满心以为她们的境遇会变好，没想到，没有更好，只有更差。

她们等来的是一场酷刑，以皇帝敕书为名的酷刑。

王皇后在听完敕书后，趴在地上，说道："愿皇上永远健康，武昭仪永受恩宠。死，是我的本分。"

萧淑妃在听完敕书后，则完全是另外一种反应，她咬牙切齿地说道："姓武的居然狡诈到这个程度，但愿来生我是猫，她是鼠，我生生世世都咬断她的喉咙！"

两人表态完毕，酷刑开始，每人一百大棍，然后砍掉手脚，扔入酒缸，按照武则天的说法，让两位老婆娘尝尝骨头酥麻的滋味。

哀号数天，曾经高高在上、恩宠无边的王皇后、萧淑妃在酒缸中死去，她俩成为武则天树威的第一道祭品。

随后李治下诏，将王皇后家的王姓改为蟒，将萧皇后家的萧姓改为枭，至此，武则天取得对王皇后和萧淑妃的完胜。

然而酒缸事件对武则天的一生影响也很大，从此她经常做噩梦，在梦中王皇后和萧淑妃拖着血淋淋的肢体向她扑来，她经常在梦中惊醒。

从此，武则天害怕见到猫，皇宫内再也不养猫，她怕猫身上有萧淑妃灵魂附体。

在高宗李治驾崩之后，武则天只回过一次长安，从此长期定居洛阳，可能便是因为长安皇宫的别院里，曾经有两个幽怨惨死的女人。

在王皇后和萧淑妃受到清算后，她们名下的子女也没有逃脱，他们跟他们的母亲一样，被武则天玩弄于股掌之间。

王皇后认养的太子李忠在王皇后被废后地位一落千丈，太子身份被废，改封梁王，又从梁王被废为庶人，最终被诬告，勒令自杀。

萧淑妃的两个女儿到了出嫁年龄不让出嫁，还是经过太子李弘的求情，两个大龄公主才得以匆忙出嫁；而萧淑妃原来引以为傲的儿子李素节在担惊受怕三十多年后，还是被武则天绞死于洛阳南门之外。

此时我想起了一句话：你们在人间尽情地斗吧，我在五指山上看着你们。

与武则天、王皇后、萧淑妃共勉。

第三章　清　算

太　子

一切尽在武则天的掌握之中，包括皇帝李治。

不知为什么，在武则天成为皇后之后，李治简直就成了武则天的工具，无论何种建议，几乎都会不打折扣地予以执行，难道李治就心甘情愿听任武则天摆布？

后世有专家指出，李治其实没有那么无能，史书上的李治那么软弱无能，主要是因为武则天修改了史书，便呈现给我们一个软弱无能的李治。然而，不管怎样，李治这个皇帝是不称职的，都说虎父无犬子，而李世民这个虎父恰恰生出了李治这样的犬子。

比如在王皇后和萧淑妃死后，他居然听从武则天的建议，将王皇后家姓改为蟒，将萧淑妃家姓改为枭，而在此前，他却亲口答应要让她们重见天日，安居"回心院"！

这是一个言而无信的皇帝，一个不靠谱的皇帝。

有这样不靠谱的皇帝，自然就会有不靠谱的大臣，在贞观一朝表现中规中矩的许敬宗，此时变得异常活跃。

永徽六年十一月三日，已经由卫尉卿升任礼部尚书的许敬宗上疏：陛下登基时，国本（这里指代李弘）还没有出生，因而李忠成为太子。现在正宫皇后已经就位，皇后的嫡子也应该被立为太子。

一句话，李忠该废了，李弘该立了。

这句话又递到了李治的心坎里，当初在立李忠时他就不太满意，只是碍于长孙无忌和柳奭的情面，他点头同意了。现在李忠对应的王皇后倒台了，李忠这个太子也就没有了意义，他所占据的太子之位也该让给武则天的儿子了。

永徽七年正月六日，李治下诏，废李忠太子之位，改封为梁王，同时改立李弘为太子，这一年李弘四岁。

在李忠被废之后，几乎所有的部属都不辞而别，唯恐避之不及，反正他已经是废太子，礼数也用不上了。只有懂礼的名臣李纲的孙子、太子右庶子李安仁单独进见了李忠，依然行叩拜之礼，痛哭流涕，叩拜而去。

李忠是不幸的，他不幸地被别人当成了工具。

四年前，他被王皇后推上了太子之位，四年后，他又被武皇后从太子之位拉了下来，一切的过程他都是懵懂的，受人摆布的，然而最后还是被盖上了王皇后的烙印，种下了一生的祸根。

如果不是遇上武则天，或许李忠会在王皇后的庇护下成为大唐王朝的天子，可惜他们碰上了武则天。

时也？命也？

旧太子已废，新太子已立，看似简单的一废一立，背后却暗藏着重重玄机。

褚遂良

公元 656 年正月初七，李治做出了一个出人意料的举动：改元。

改元就是更改年号，李治下令，正月初七之前为永徽七年，正月初七之后为显庆元年，从此永徽成为过去，显庆已经来临。

长孙无忌在听到改元的诏令之后，心头一颤，他知道这是皇帝改弦易辙的开始，他的好日子到头了。长孙无忌为什么会这么想呢？

这还得从"永徽"这个年号说起。

"永徽"这个年号是在贞观二十三年之后起用的，"永徽"的永是永远的意思，"永徽"的徽是标志、旗帜的意思，永徽组合到一起，其实就是继承、延续、发扬，说白了，就是继续贞观年间的事业，坚持贞观年间的道路。因此，在中国历史上，永徽年间的统治也被视为"贞观之治"的延续。

现在，年号改了，长孙无忌从中嗅出了不同的味道，看来，自己过时了。

从李治改元之后，长孙无忌便将自己的精力转移到监修国史之上，他知道李治与武则天的双剑合璧已经不可阻挡，他这个舅舅还是知趣点，远远地走开吧。

在贞观一朝以及永徽年间红了三十年的长孙无忌不会想到，他的刻意远离并没有帮他躲开祸端，相反，针对他的祸端正在慢慢酝酿。

武则天的追讨开始了，她要清算那些曾经反对立后的人。

清算从褚遂良开始，然后由褚遂良波及其他人。

褚遂良在两次激烈冒犯李治后就遭到了打击，从中书令一下子被贬为潭州都督，中书令是正三品的京城高官，而潭州都督则是总部位于今天湖南长沙的地方官而已。

对褚遂良的打击还远远没有结束，不久他又被从潭州赶到了桂州，桂州在今天的广西桂林市。

贬到桂州还不是结束，而是开始。

显庆二年，褚遂良的桂州都督身份被许敬宗和李义府解释为另外一种意思：侍中韩瑗和中书令来济联合褚遂良意图政变，褚遂良所在的桂州是军事重地，可以用作韩瑗和来济的外援。

欲加之罪，何患无辞。

本来是对反对立后的重臣进行打压，现在却以意图谋反之名。

在"意图谋反"的罪名下，侍中韩瑗被贬为振州刺史，中书令来济被贬为台州刺史，终生不准到长安朝见。振州是今天的海南三亚，那个年代没有今天的海景房，有的只是一地蛮荒；台州是今天的浙江临海，那时同样是欠发达地区。

不幸的人总是相似的，与韩瑗、来济一样，褚遂良和柳奭也被贬了。

褚遂良由桂州都督被贬为爱州刺史，柳奭由荣州刺史被贬为象州刺史，两人的被贬都是折腾死人不偿命。褚遂良的爱州在今天越南的清化市，柳奭的象州在广西象州县，一个从广西前往越南，一个从四川前往广西，在交通基本靠走的年代，可以想象路途上的艰辛。

褚遂良辗转从桂州到了爱州，从此长安已是千里之外。

委屈的褚遂良给皇帝李治写了一封信，信中追忆了自己对李治的忠心：

> 昔日李泰和李承乾争储时，臣不顾危险，归心陛下。当时岑文本和刘洎向先帝力荐李泰，又是臣挺身而出，竭力争取，这些都是陛下亲眼看到的。最后我和长孙无忌等四人一起拥立，先帝最终同意。
>
> 等到先帝驾崩时，臣和长孙无忌一起在病榻之前接受遗诏。陛下您当时突遭巨变，伤心不已，臣以"社稷为重"宽慰陛下，当时陛下手抱着我的脖子，痛哭不已。后来臣与长孙无忌一起处理国家大事，毫无纰漏，数日之内，内外平静。
>
> 然而，臣毕竟力量太小，而责任太重，一举一动，都容易犯错。臣就像一只蚂蚁，剩下的生命是有限的，恳请陛下可怜！

褚遂良这封信写得呕心沥血，既陈述了自己的忠心，又向皇帝俯首乞怜，尤其是信的结尾写得声泪俱下，我见犹怜。

褚遂良写信的目的很简单，就是想终老长安，然而就是这个小得不能再小的愿望也没能实现，接到信的李治居然视而不见，不作回应。

一年后，褚遂良在爱州病逝，享年六十三岁，那个被李世民称为"小鸟依人"的托孤重臣就这样在远隔长安数千里的爱州离开人世。

在褚遂良生命的最后时刻，或许他是遗憾的，不过如果他地下有知，他应该感到欣慰，至少他可以带着自己的脑袋平静地入土为安。

升　级

褚遂良死了，韩瑗、来济、柳奭也被贬了，长孙无忌依然待在长安城，依然位居太尉高位。

难道武则天已经放过了他？

不！如果说全世界谁都可以放过，这个长孙无忌是最不可能放过的，此人在贞观、永徽两朝为官三十多年，关系盘根错节，此人不除，日后武则天焉能

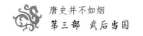
放开手脚?

不是不针对长孙无忌,而是慢慢来,一步一步为他编织一张大网,然后将他一网打尽。

在打击长孙无忌的道路上,武则天并不孤独,因为她还有一个得力的盟友,这个人就是随着武则天步步高升的许敬宗。

到显庆四年,许敬宗已经升到了中书令,风头压过了长孙无忌,他同时得到了皇帝和皇后的信任,而长孙无忌虽然位居太尉高位,然而饱受皇后的猜忌,同时皇帝李治与他渐行渐远。

此消彼长,许敬宗没有理由不针对长孙无忌,曾经在长孙无忌面前遭受的屈辱他要一点点还回去,他要让不可一世的长孙无忌知道,什么叫三十年河东,三十年河西。

在武则天的授意下,许敬宗积极行动起来,他努力地寻找着长孙无忌的破绽。不久,他得到了一个"灵感"。

许敬宗的"灵感"来自一次控告。

当时洛阳人李奉节控告太子洗马韦季方与监察御史李巢结党,这一下捅到了皇帝李治的痒处,历来"结党"都是皇帝非常忌讳的事情,这两个人居然在皇帝的眼皮底下结党,必须严查,加以审理。

审理工作便落到了中书令许敬宗和兼任侍中的辛茂将头上,许敬宗唱主角,担任主审。为了获得口供,许敬宗严刑逼供,肆意拷打,即使如此,也没能敲开韦季方的嘴,韦季方居然自杀了。

想死?没那么容易。

许敬宗下令抢救,又生生把韦季方给抢救了过来。

折腾了半天,依然一无所获,许敬宗有些失望。然而就在此时,许敬宗的"灵感"迸发了,谁说一无所获,眼前这个韦季方不正是最大的收获吗?如果把这个人跟长孙无忌扯上关系,那该是多么惊人的丰收啊。

随即许敬宗给李治上了一道奏疏,这道奏疏的内容把李治惊着了。

许敬宗的奏疏大体内容是这样的:韦季方与长孙无忌相互勾结,图谋残害宗室和大臣,将权柄抢回手中,然后伺机发动政变。他们的阴谋被我发现,韦季方畏罪自杀,不过又被我救活了。

长孙无忌与韦季方意图谋反,事大了!

李治惊讶地说道："怎么会有这样的事？舅舅被小人离间，对我小的怨恨可能是有的，但是谋反不至于吧！"

这时许敬宗回话："陛下，长孙无忌意图谋反的事，臣已经前前后后仔仔细细查过了，证据非常明显，到现在陛下还不信，恐怕并非社稷之福！"

闻听此言，李治哭了："朕家门不幸，亲戚中总有叛逆的，前些年有房遗爱和高阳公主谋反，现在舅舅也要谋反，这让我有何颜面见天下人。如果谋反属实，我该怎么办呢？"

看着相关的记录，实在是对李治的智商以及人品产生怀疑：他与许敬宗的对话如果是发自肺腑的，那么他的智商有问题；如果是虚张声势的，那么他的人品有问题。

总结陈词，他的智商和人品都有问题。

仅仅凭许敬宗的捏造，他就相信了自己亲舅舅的"谋反"，全然忘记，如果没有长孙舅舅，他何德何能，能登上大唐皇位？现在他将舅舅的拥立之功一下子忘到脑后，一门心思就掉进了"谋反"两个字中。

其实，他又何尝不知，"谋反"二字实在太宽泛了，以前舅舅用这张网将吴王李恪等人装了进去，现在许敬宗又准备将长孙舅舅装进去，这就是一张无往不胜的网。

李治的态度是暧昧的，他并不相信舅舅谋反，但是他希望通过这次整肃将舅舅从高位上拉下来，从贞观二十三年到现在，已经有十个年头了，他已经不愿意再生活在舅舅的阴影之下。即便从显庆元年开始，舅舅已经刻意淡出，然而只要他在朝堂一天，李治就始终感觉有压力，舅舅的身影似乎一直在提醒着他：小子，你是我扶上来的！

我长大了，舅舅，你该走了！

显庆四年四月二十二日，距离太宗李世民去世已有整整十年。这一天，原本高高在上的太尉长孙无忌被剥夺太尉头衔以及封爵采邑，他的官职已经变为扬州都督，不过官职也是虚的，他的真正去处是黔州（今重庆市彭水县）。在那里他将享受与废太子李承乾一样的政治待遇：软禁，不过物质待遇一切不变，依然保持正一品高官待遇。

权力对于长孙无忌这样的人来说就是一剂春药，他的人生就靠这剂春药支撑，现在春药没了，他的人生还靠什么支撑？

做出这样的处罚之前，李治没有与舅舅长孙无忌见过面，他的智商不会低到相信舅舅谋反，只是他需要借这个机会把舅舅整倒。皇权面前没有父子，更遑论甥舅，只有到了这个时候，长孙无忌才发现，贞观十七年以来的努力都白费了，十六年，整整十六年，到这一天，全部清零。

在将长孙无忌仕途清零之后，许敬宗将清算的矛头再次指向了褚遂良、柳奭、韩瑷、于志宁，这四个人再次遭遇了打压。

褚遂良虽然已死，也被追夺官职爵位，从此在阴间，褚遂良也只是一个白丁小鬼；远在振州（今海南三亚）的韩瑷以及远在象州（今广西象州县）的柳奭一律从官籍中除名，从此你们只是阳间两白丁；至于于志宁，算是手下留情，不从官籍除名，但免去现有官职，从此你是一个还隶属于官籍的白丁。另外长孙无忌的儿子秘书监、驸马长孙冲被开除官籍，流放岭南。

褚遂良的儿子褚彦甫、褚彦冲流放爱州（今越南清化市），然而在流放的道路上惨遭杀害，即使想去爱州，也已是奢望。

还有比这更惨的结局吗？

这个可以有！

三个月后，迫害登峰造极。

李治派出御史分别前往象州和振州，在那里有他们逮捕的对象柳奭和韩瑷，李治下令，将两人戴上木枷，捆上铁链，先行羁押，择机押往长安受审。与此同时，以许敬宗为首的调查组成立，重新审理长孙无忌谋反一案。

是要翻案吗？不，做成铁案。

许敬宗向长孙无忌所在的黔州派出了一路使节，这一路带头的叫袁公瑜，他的任务是逼死长孙无忌。

袁公瑜果然不辱使命，在黔州他用严刑拷打将长孙无忌逼上了绝路。长孙无忌这位纵贯武德、贞观、永徽三朝的重臣就这样在拷打之下被逼上了绝路，他的结局是被迫上吊自杀。

此时距离永徽四年他诛杀吴王李恪仅仅六年，李恪在天地间种下的诅咒，经过六年的发酵，在这一年生效了。长孙无忌死了，谋反也就坐实了，韩瑷和柳奭也不必再押回长安了，就地处决吧。

曾经跟随外甥女步步高升的柳奭在象州被使节处斩，他在外甥女被废四年后，还是没有躲过武则天的报复；相比之下，韩瑷是幸运的，他没有给武则天羞辱自己的机会，在逮捕他的使节到振州之前，他已经去世了，总算将头带进了棺材。奉命前往的使节打开了他的棺木，验明正身，回京复命。

随后，长孙无忌、柳奭、韩瑗三家财产全部被没收，近亲全部流放岭南，男子为奴，女子为婢，曾经受尽恩宠，如今屈辱受尽。

曾经反对立后的人一一遭到了报复，不过还是漏过了一个人，这个人就是反对武则天升任"宸妃"的来济。

来济其实是个有身份的人，他的父亲是隋朝名将来护儿，而他本人也颇有才华，原本他凭借自己的努力已经做到了中书令，只是因为反对武则天升任"宸妃"，从此一落千丈，从中书令被贬为台州刺史，后来又被贬为庭州刺史。台州在现在浙江临海，庭州在新疆吉木萨尔县，武则天折腾人从来是折腾死人不偿命。

尽管受尽了折腾，来济却非常难得地保持了尊严，他的结局是所有反对立后的高官中最为壮烈的，也是最有尊严的。

公元662年，在长孙无忌等人屈死三年之后，庭州刺史来济迎来了一场战斗，前来犯边的敌人是西突厥人。

临上阵前，五十三岁的来济对下属说："我曾经冒犯皇后，早该有一死，而我侥幸活到现在，今天当牺牲我命，报效国家！"说完，来济脱掉铠甲，白衣飘飘杀向敌营，一番殊死拼杀之后，陨落乱军之中。

天王刘德华演过一部电影叫《见龙卸甲》，讲的是赵子龙最后不穿铠甲杀向敌营，其实刘德华演的是假的，而来济做的，却是真的。

收　权

长孙无忌被逼身死之后，李治对长孙无忌原有势力的打压并没有结束。

显庆四年八月十一日，姓长孙以及姓柳的官员受到打压，两姓总计有十一名官员被贬。随后贞观一朝高官高士廉的儿子高履行再次被贬，由洪州都督贬为永州刺史，洪州在今天的江西南昌，永州在今天湖南的永州市。与此同时，刚刚被起用的于志宁再次被贬为荣州（今四川荣县）刺史，与于志宁同姓的有九名官员被贬斥。

就这样，李世民留给李治的财富基本被折腾光了，长孙无忌、褚遂良、韩瑗、柳奭都死了，于志宁靠边站了，房玄龄一脉、杜如晦一脉、薛万彻、吴王李恪、荆王李元景则早在六年前死于长孙无忌之手。经过长孙无忌和李治的这两次整肃，李世民留下的重臣几乎消失殆尽。

贞观一朝所遗留下的，名头大的只剩下李勣和程知节，李勣凭借自己的圆滑保持三朝不倒，程知节则是遭到了李治的算计，愣是把他派上了征战西突厥的战场，然后借故将他免职。

与程知节同时代的武将当年还有秦琼和尉迟敬德，他们都曾是跟随李世民南征北战的名将，只是进入贞观年间之后，他们各有各的生活轨迹。

值得一提的是，在贞观年间他们均保持着惊人的低调，李世民虽然不杀功臣，但曾经建立大功的功臣都知道，危险无处不在。秦琼在贞观年间平静去世，尉迟敬德和程知节低调地挺到了高宗一朝。

最传奇的要属尉迟敬德，晚年的他将活动的重心牢牢地锁定在家中，他追求延年益寿，组织歌舞乐队，设计亭台楼阁，开建花园池塘，尽情享受，两耳不闻窗外之事，对外不与其他人往来长达十六年之久。

永徽三年，七十四岁的尉迟敬德在病榻上走完了自己的人生路，比完美战将李靖只少活了五岁。在他死后，政府赏赐优厚无比。

新陈代谢，万象更新，在李治和武则天的联手整肃之下，李世民和长孙无忌营造的"贞观之治"完全成为过去，李治终于可以放开手脚，迎接真正属于自己的时代。

然而，一个人能否开创属于自己的时代，一取决于自己的能力，二取决于自己的身体。很不幸，李治在这两方面，都是低能。

显庆五年，李治患病，这种病初期表现为昏眩头痛，后期则视力衰退，眼中的世界逐渐模糊。伴随着李治眼中世界的模糊，武则天逐渐走上了前台，在李治的授意下，她开始阅读奏章、处理政事。识文断字且才能出众的武则天由此取得李治的信任，并由此将大唐权柄一一抓在自己手中。

前门驱虎，后门入狼，刚赶走了舅舅长孙无忌，又迎来了妻子武则天，政治上低能的李治注定了不能自理的命运，倘若李世民地下有知，不知会对后来报到的长孙无忌作何处理？

第四章 新 贵

笑里藏刀

该杀的杀了，该贬的贬了，武则天立后之前的高官阵容遭遇大换血，换血上来的则是武则天和李治共同看重的人，这些人也就成了高宗一朝的新贵。

新贵之中，最得宠的有两个，一个是李义府，一个是许敬宗。这两个人便是李治和武则天面前最红的两个人，也是最没有道德底线的两个人，后世的人多把这两个人视为奸臣。

奸臣也不是一般人能当的，能成为奸臣的人一般都是有才的人，即便不是学富五车，也在某些方面有特殊才能，总之能够察言观色，投其所好，说白了还是有某种能力。

李义府和许敬宗这两个人也很有能力，只不过他俩都有才无德。

前面说过，在武则天立后的关键时刻，李义府有过一次连夜上书，由此得到了李治和武则天的信任。

如果仅仅看我之前的描述，或许很多人会以为李义府这个人不过如此，其实不然，在连夜上书之前他已经在李治身边混了有些年头。

那么李义府是如何起步，又是如何混到了李治身边呢？

这还要从贞观年间的一次举荐说起。

贞观八年，剑南道巡省大使李大亮向政府推荐了一个人，在李大亮的推荐表中写道，此人擅写文章，文采极好。李世民看完推荐，便安排人对这个人进行了考察，结果对答如流，言谈得当，于是便委任为门下省典仪，这个人就是青年李义府。

之后李义府又得到了黄门侍郎刘洎、侍书御史马周的推荐，好风凭借力，不久就升任监察御史。在监察御史任上，李义府做得也不错，后来又被李世民安排到晋王李治的身边，而监察御史的官职照样保留。

贞观十七年，李义府的运气来了，因为李治升任太子，他也跟着水涨船高，成为太子舍人。太子舍人品级并不高，但职位很重要，相当于太子的秘书，天天陪伴太子。不久李义府又成为崇贤馆直学士，与太子司议郎来济同样以文采见称，外界称他俩这个组合为"来、李"。

李治继位之后，李义府升任中书舍人。永徽二年，受命兼修国史，并成为弘文馆学士，未来将受重用的痕迹非常明显。

不幸的是，偏偏当权的长孙无忌看李义府不顺眼，心里惦记着要整他。永徽六年，长孙无忌更是要把他赶出长安，贬往壁州（今四川省通江县）。

不在沉默中爆发，就在沉默中灭亡，关键时刻李义府选择了爆发，他一下子跳到了长孙无忌的对立面，高举拥立武则天为皇后的大旗。

李义府的宝押对了，因为皇帝李治已经从长孙无忌的背后站到了武则天的背后，如同一张跷跷板，原本跷跷板的两端是长孙无忌和武则天，现在李治坚定地坐到了武则天的一边。

在旗帜鲜明支持武则天之后，李义府的仕途走上了高速路，壁州也不必去了，照样留在长安，不久便从中书舍人升任中书侍郎。如此扎眼的升迁，让长孙无忌徒呼奈何。

长孙无忌的无奈还在继续，几个月后，李义府受诏参知政事。参知政事便意味着可以参与国家大事的决策，意味着李义府已经是宰相团的一员。

何止是红，而且红得发紫。

此时的李义府依旧相貌忠厚，与人谦卑，不知道的人都以为他没有架子，其实那只是看到他的表象。在李义府的心中，他把与他交往的人分为两类，一类是依附于他的，一类是与他疏远甚至有些对抗的，前者算是朋友，后者便是敌人，能打就打，能陷害就陷害，总之不能让他们好过。

在李义府的笑容之下，一出出背后下刀的黑招出现了，由此就诞生了后世脍炙人口的成语——笑里藏刀，说的就是李义府。

经吃过他苦头的人总结，这个人面相忠厚，却总是背后痛下黑手，于是又把他称为"李猫"。

是不是取"得意的狸猫凶似虎"之意？个人认为，糟践了狸猫。

淳于氏疑案

得势的李义府如同一只充了气的气球，在站队成功后节节攀升。显庆元年他兼任太子右庶子，并受封侯爵。太子右庶子是太子宫事务署署长，太子宫两大领导之一，能得到这个职位，说明皇帝对李义府无比信任，因此才会派给太子。

得势又得意的李义府由此忘了形，不久便制造了一出疑案。

他居然把手伸进了大理寺监狱。

事情的起因是这样的：显庆元年，大理寺监狱关押进一个女犯人，女犯人姓淳于，因为犯了案子被关进大理寺监狱。

淳于氏被关押不久，李义府就将手伸了进来，他授意大理寺丞毕正义将淳于氏无罪释放，然后接到了自己的一处别院。

李义府为什么会把淳于氏从大理寺的监狱里捞出来呢？因为淳于氏貌美如花，李义府起了色心，他想把淳于氏收为自己的偏房。

李义府以为自己做得神不知鬼不觉，可还是让人知道了，知道这个秘密的人是大理寺卿段宝玄。

段宝玄原本知道淳于氏犯案羁押狱中，没想到不久之后竟然被毕正义无罪释放，还被接到了一处别院，这里面藏着什么猫腻呢？段宝玄将自己的疑问写成奏章，上奏给皇帝李治，李治派人追查，案子由此发了。

不过李义府并不慌乱，反正到目前为止，只是追查到毕正义这一环，要查到他，还早着呢。

可是，如果毕正义指证李义府呢？

不必着急，你见过死人指证吗？

在李义府的安排下，毕正义自杀了，从自杀的结果来看，可能是心里有鬼，畏罪自杀。然而，即便毕正义自杀，人们还是把矛头指向了李义府，他与毕正义以及淳于氏的关系已经成了众所周知的秘密，不是一个毕正义自杀，就可以掩盖所有的一切。

大家在等待李义府得到应有的惩罚，然而却迟迟没有动静，原来李治也知道其中的秘密，但是他护着李义府，并不想处罚，只想就这么算了。

皇帝装起了糊涂，御史们却不糊涂，侍御史王义方站了出来，对李义府进行弹劾。

朝堂之上，王义方与李义府对质起来，王义方义正词严，三次呵斥李义府退出，因为按照惯例，为了保证弹劾的效果，被弹劾的人需要离开现场。

李义府站在原地，赖着不走，他期待着李治发话让他留在原地，然而皇帝也要遵守规则，碍于规则，李治没有发话。无奈，李义府还是悻悻而去。

王义方开始自己的弹劾，说得义正词严，有理有据，不过在说到李义府仕途起步时，王义方的用词有些狠，他说李义府是因为容貌得到了马周和刘洎的宠幸，才得到重用。除此之外，王义方的弹劾还是言之有物的，在场大臣内心都赞同王义方，只是都没有表现出来。

弹劾完毕，李治出离愤怒：太不像话了，这样的人不处理怎么行！

王义方出言不逊，侮辱高官，即日起贬往莱州，出任司户（管理户籍的官员）。

闹了半天，被贬的居然是王义方。

黑白颠倒。

在王义方弹劾失败后，李义府还是没有忘了羞辱王义方一番。

李义府趾高气扬地问："王御史，你那么狂妄地弹劾我却没有任何结果，难道心里不惭愧吗？"

王义方针锋相对地回应："孔子在鲁国只担任了七天司寇，就能把少正卯诛杀，我王义方担任御史有些日子了，却不能为国铲除奸佞，这一点确实有愧！""你！"李义府被噎住了，不过转念一想又释然了，你王义方除了能逞口舌之快，还能做什么？反正我现在很红。

李义府确实很红，不久他又兼任太子左庶子，太子左庶子是太子宫政务署署长，太子宫最大的官员。

一年后，很红的李义府出任中书令，同时代理御史大夫，同时监修国史，同时还是弘文馆学士。不久又加官太子宾客，进封河间郡公。

显庆三年，李治又追赠其父李德晟为魏州刺史，所有儿子都位列高官，就连尚在怀抱的孩子，同样有一项官帽，同时李治下诏，为李义府在长安最好的地段盖一所房子。

恩宠无以复加，无人可比。

被　贬

一个人到底可以红多久？长孙无忌告诉你，可以红三十年；李义府则告诉你，其实也没有多少天。

显庆三年，原本红极一时的李义府栽了个跟头。

李义府的跟头栽在他的同事、同为中书令的杜正伦身上。

杜正伦是一个老资格的高官，贞观年间就曾经在魏征的推荐下受到李世民的重用，到了李治当皇帝，杜正伦同样受到重用，辗转升迁为中书令。

现在问题就来了，以杜正伦的资历，自然是老资格，因此不由得以前辈自居，在他眼中，李义府不过是个受到恩宠的新人，在他面前是没有资格摆谱的。然而在李义府的眼中，杜正伦不过是一个老资格，跟自己这个正受皇帝恩宠的新贵，是没法比的。

老资格遇到新贵，矛盾在所难免。

两人的龃龉不断升级，缠斗不已，甚至在李治的面前也不停争吵。日子一长，李治烦了，两个中书令怎么跟斗鸡一样。

大臣不和，非国家之福，还是把两人分开吧，一个去横州，一个去普州。

杜正伦被贬为横州刺史，横州是现在的广西横县，李义府被贬为普州刺史，普州是四川省的安岳县，山高水远，再也不用争吵了。

确实不用再争吵了。

这一去，杜正伦再也没回来，不久便在横州去世。

李义府呢？他还能回来吗？从中书令的高位摔下来，要回来，恐怕难吧？

很多人都在猜测，尤其是那些曾经跟李义府论过本家、称过兄道过弟的人。

李义府出身的李姓并非豪门大姓，他曾经迫切地想进入豪门大姓的行列，比如赵郡李姓。都是姓李，赵郡李姓可是北魏时的四大国姓，即便到唐朝时，也是豪门大姓，因此李义府想混入赵郡李姓的族谱。

为了巴结李义府，不少赵郡李姓子弟都称李义府为堂兄或者堂弟，给事中李崇德做得更彻底，他直接把李义府列入了家谱，这样李义府在赵郡李姓的家谱中就有了一席之地。现在李义府被贬了，李崇德陷入犹豫之中，还需要在家谱之中保留这个不伦不类的外来户吗？大概不用了吧，被贬到普州那个荒凉的地方，八成回不来了。

对，回不来了！李崇德随即将李义府的名字从家谱中剔除，跟这种落水狗趁早划清界限，省得"沾包"！

一年后，李崇德傻眼了，李义府又回来了，官职是吏部尚书，同中书门下三品，还是宰相，还是很红。

李崇德的苦日子来了，李义府不会放过他。

李义府这个人有恩不一定会报，有仇是一定会报的，而李崇德就是那个他不得不报的仇人。

很快李崇德被诬告下狱，在狱中自知无路可走，自杀身死。

谁说被贬了，就不能东山再起呢？

盛 极 必 衰

东山再起的李义府依然很红，他的红又持续了数年，到龙朔二年，李义府的红达到了顶点。

这一年，李义府做了一件大事：改葬祖父，为其祖父在李渊祖父李虎的陵墓侧营造了一座陵墓，这座陵墓造得相当体面。

为了造这座陵墓，三原县令李孝节动用了丁夫和车马，日夜不停，为李义府的祖父造坟。

村看村，户看户，群众看干部，干部还看其他干部。

在李孝节的动员下，高陵、栎阳、富平、云阳、华原、同官、泾阳等七县的县令也行动了起来，征集民夫和车马加入了为李大人祖上造坟的行列。

在这场轰轰烈烈的造坟运动中，高陵县令张敬业勤于职守，任劳任怨，终于不堪重负，过劳死。

坟成之后，王公以下高官纷纷向李义府赠送奠仪，场面宏大，送葬的羽仪、导从、器服都是穷奢极侈。等到安葬那一天，场面更是惊人，从灞桥到三原七十里间，相继不绝。武德年间以来，葬礼场面之宏大，李义府家数第一。明眼人都知道，哀荣是送给死人的，面子却是送给活人的，众人之所以这么做，是因为李义府确实很红。

然而红又能持续多久呢？李义府能逃得过盛极必衰的俗套吗？

他一样逃不过。

龙朔三年，李义府开始走下坡路，起因是一次谈话。

龙朔三年三月，李治与李义府进行了一次推心置腹的谈话。

李治对李义府说："朕听说你的儿子和女婿做事很不检点，做了很多不法的事情，弄得朕还要帮他们掩饰，只是一直没跟你说而已。你回去也教育教育他们，让他们别那么干了！"

按照常理，李义府这时应该叩头请罪，然后谢主隆恩，然而李义府没有这么做。他脸色突变，面部青筋暴胀，口气生硬地问道："这是谁跟陛下说的？"李治对李义府的反应颇感意外，颇为不快地回应道："只要朕说的是实情就行，你还追问朕是谁说的干吗？"令李治更加没有想到的是，李义府居然未作回应，反而作沉思状，晃晃悠悠自顾自地走了。

老虎不发威，把你当病猫了！

以上记录来自《旧唐书》和《资治通鉴》，对此我有所怀疑，纵使李义府红到了极点，难道他忘记了他只是皇帝面前的一条狗吗？

这次谈话记录，似有可疑。

在我看来，李义府最后会倒台，不是因为他无礼触怒了皇帝，而是因为长孙无忌等人已除，武则天位置已稳，李义府这样声名狼藉的狗已经不需要了，现在到了卸磨杀狗的时候。

李义府的倒台同样是因为别人告发，告发他的罪状主要有两条：一是占卜望气，图谋不轨；二是卖官鬻爵，勒索钱财。

如果李义府继续得到李治和武则天的信任，这两条扳不倒李义府，可惜此时的李义府已经失去了武则天和李治的信任，两顶大帽子扣下来，李义府不倒

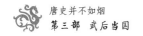

也得倒了。

龙朔四年四月初，李治下令成立李义府专案组，由德高望重的司空李勣担任组长，对李义府的各种罪行进行审判。

数天后，李勣等人向李治报告：所有罪行，均事实清楚、证据确凿！

红了八年的李义府就此倒了，他被从官籍中除名，并流放巂州。巂州在现在的四川省西昌市，那里有新中国的卫星发射中心，之所以把卫星发射中心建在那里，就是因为那里荒凉，地广，人稀。

与李义府一起倒台的还有他的儿子李津、李洋以及女婿柳元贞。

李治做事很绝，李义府居然和儿子、女婿流放的不是一个地方。李津流放到振州（今海南三亚），李洋和柳元贞流放到庭州（位于今天的新疆），而且李义府的流放不是暂时的，而是无期流放。

三年后，李治大赦天下，一般的囚犯都得到赦免，而李义府这种无期流放的人不在赦免之列。终老长安终成一梦，他只能老死在遥远的巂州。

回返长安无望，李义府忧愤成疾，郁郁而终，享年五十余岁。

在他死后，长安城中的一些人才长出了一口气，开始庆祝。为了这次庆祝，他们已经等了三年。三年前他们就想庆祝，可是害怕李义府杀回马枪，现在终于可以踏踏实实庆祝了，那个曾经很红的李义府死了。

盖棺定论，这是一个有才无德的人，他的德行遭人唾弃，但他的文才还是有的，他有文集三十卷传于后世，同时还有二十卷《宦游记》，可惜已亡失。

都说李义府是"李猫"，其实套用欧洲的谚语，他只是替人火中取栗的"猫爪"。

八年后，李治再次大赦天下，李义府的妻子和儿子得到赦免，回到洛阳。

后来武则天念及李义府在永徽年间拥立有功，追赠其为扬州大都督。

李义府一家与武则天的纠葛并没有就此结束，而是一直延续到武则天生命的最后一刻。

在武则天生命的最后一年，她已经病重，张柬之等人发动玄武门之变，诛杀武则天宠幸的张易之兄弟，逼迫武则天让位于太子李显。

在这个过程中，出力最多、身先士卒的便是李义府最小的儿子，左羽林将军李湛。

当武则天看到李湛时，惊讶地说道："你就是诛杀张易之的那位将军？我待你们父子不薄，何至于走到这一步？"

然而，到了这个时候，武则天说什么也没有用了，她已经落到了李湛的手里，从此时到最后病逝，她一直处于李湛的监视之下。

父亲李义府拥立有功，儿子李湛兵变有功，世事真是无常。

二 次 创 业

永徽五年，也就是公元 654 年，这一年，武则天与王皇后的矛盾已经升级，当长孙无忌和褚遂良这些老臣坚定地站到王皇后一边时，许敬宗却义无反顾地站到了武则天一边，这让很多人疑惑不解。

明明许敬宗也是贞观一朝的老臣，为什么不跟长孙无忌他们一起维护礼法尊严呢？毕竟谁都知道，武则天是先帝的才人，这样的人怎么能当皇后呢？与武则天相比，王皇后是皇帝的结发妻子，又出身名门望族，维护王皇后就是维护正道！

其实别人都不懂许敬宗的心，长孙无忌他们维护的是正道，而许敬宗要做的是个人的二次创业，一个六十二岁老头的二次创业。

六十二岁，按照孔子的标准该是耳顺的年纪了，然而许敬宗开始了二次创业，这一切既是许敬宗的性格使然，也是环境使然。

相比其他同时代的大臣，他活得憋屈。

论资格，许敬宗的资格很老：早在隋朝末年，他就步入仕途，江都兵变时，逃过了宇文化及的屠刀，后来还跟魏征一起给李密担任过书记工作，李密败亡后，便投奔了唐朝。

武德年间，李渊本来准备将许敬宗下派到涟州出任别驾，这时李世民横插了一杠子，把许敬宗要到了秦王府，与长孙无忌他们一起并列"十八学士"。进入贞观年间，长孙无忌、房玄龄、杜如晦都成为当朝重臣，而许敬宗的升迁速度则慢多了，到贞观八年，也只是升到中书舍人，而同为十八学士的长孙无忌、房玄龄、杜如晦已经担任宰相多年了。

贞观十年，许敬宗已经四十二岁了，这一年仕途不顺的他又栽了个大跟头。

在这一年长孙皇后的葬礼上，所有官员都白衣白服列队出席，许敬宗也在其中。这时唐初四大书法家之一的欧阳询出现了，他的官职为率更令（主管宫殿门户以及赏罚事），因为欧阳询这个人丑得有点过分，在场的官员指指点点。许敬宗顺着别人的指头，看到了奇丑无比的欧阳询。

闹剧就此发生。

在这个肃穆的葬礼上，许敬宗居然被欧阳询的相貌逗笑了，他可能把欧阳询看成了一只猴，因为在此之前，长孙无忌就曾经戏弄过欧阳询，说他长得像一只猴。

许敬宗被这只"猴子"逗笑了，也把自己的仕途笑出了一个跟头。在御史的弹劾下，许敬宗的中书舍人做不成了，被贬到洪州做都督府司马。

后来，许敬宗辗转回到长安，仕途再次起步，又升任给事中（御前监督官），同时监修国史。

贞观十七年，是许敬宗转折的一年，他因修成《武德实录》和《贞观实录》而受到李世民的赏赐，不仅受赐八百匹绸缎，而且还被封为高阳县男，从此许敬宗也是有爵位的人了，虽然男爵只是"公侯伯子男"的最末一位。

在此之后，许敬宗代理黄门侍郎，李治成为太子之后，他又成为太子左庶子，就此成为储君的身边人。

贞观十九年，李世民远征辽东，许敬宗与高士廉一起辅佐李治镇守定州。等到中书令岑文本在辽东前线病逝后，李世民紧急征调许敬宗前去接班，代理中书侍郎。

驻跸山一役，李世民大获全胜，许敬宗也于此时向李世民显示了自己的功力。得胜之后，李世民在马上命令许敬宗草拟诏书，许敬宗便在马前领命，随即开写，不一会儿诏书写成。李世民接过一看，用词准确，辞藻华丽，一字一句颇显功力，李世民不禁点点头，今天算是见到了许敬宗的真功夫。

两年后，许敬宗加授银青光禄大夫（从三品，副部级）。

虽然许敬宗从贞观十七年后升迁的速度也不算慢，然而跟同期的马周和刘洎比，他几乎相当于原地踏步。马周和刘洎起步都比他晚，马周在贞观初年还是白丁，刘洎则是武德年间的降官，然而这两个人，都在李世民的提携下迅速攀升，最后都成为与长孙无忌、房玄龄并列的宰相团成员。

再看许敬宗，隋末就仕途起步，历经武德九年、贞观二十三年，光是在大唐王朝就混了整整三十二年，然而到李世民驾崩，他连个正三品都没混上。

跟同为十八学士的长孙无忌没法比，跟马周和刘洎这些平步青云的人也没法比，三十多年宦海沉浮的许敬宗，心中有比他人更多的失落。

进入高宗一朝，许敬宗总算借着皇帝的光，升任礼部尚书，这一年许敬宗已经五十七岁了。

由礼部尚书进位宰相团并非难事，然而在这个关键的时刻，许敬宗又栽了一个跟头。

起因是他嫁了一个女儿。

许敬宗把女儿嫁给了岭南部落酋长冯盎的儿子。冯盎虽然已经归顺唐朝，但他的身份还是岭南部落酋长，在正统读书人看来，这就是蛮酋，有身份的家庭是不会跟蛮酋通婚的，他们认为这样跌份，有失体统。

许敬宗毅然决然地将女儿嫁了过去，为了民族的融合，为了国家的统一，当然更多是为了钱，因为冯盎给的钱很多，让许敬宗动了心。

延伸说一句，玄宗朝那位有名的太监高力士是冯盎的后人，只是高力士从小被姓高的宦官收养，便姓了高，其实他祖上姓冯。

许敬宗贪财嫁女迅速被御史弹劾，于是再次被贬，从礼部尚书被贬为郑州刺史。

两年后，许敬宗总算回来了，出任卫尉卿，这个职务是管理宫廷军械，品级从三品，与礼部尚书的正三品还有差距。

略让他欣慰的是，他还能监修国史，同时还是弘文馆学士。

朝廷大权依然掌握在长孙无忌手中，长孙无忌从贞观初年一直红到了现在，差不多有三十年了；许敬宗呢，除了短暂地出任过礼部尚书，多数时间他连正三品都不是，更谈不上成为宰相了。

时间走到了永徽五年，黑暗的天空中终于出现一丝光亮，武则天与王皇后的争宠让许敬宗看到了希望。他希望变革，他希望易后，只有改变现状，他才有扬眉吐气的机会。

永徽五年，他六十二岁，渴望变革本应该是年轻人的专利，而六十二岁的许敬宗时刻在渴望着变革。

他看透了易后背后的局，这次易后表面上争夺的是皇后之位，实际上却是李治和武则天的一箭双雕：他们希望通过易后，既把现在的王皇后拿下，同时

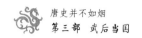
将权倾朝野的长孙无忌放倒。

这是李治和武则天的如意算盘，同时也是许敬宗的算盘，现在他们把算盘珠子拨到了一起，一拍即合，各取所需。

在许敬宗自发对长孙无忌游说时，他还只是从三品的卫尉卿，不久他的心迹被李治和武则天知晓。永徽六年九月，许敬宗由卫尉卿升任礼部尚书，重回正三品的行列。

在他的鼓吹之下，李治坚定了换后决心，并在李勣的默默支持下，成功将王皇后废黜，由武则天继任皇后。

易后大获成功，许敬宗站对了队。

得偿所愿

在册立皇后、拥立太子的过程中，许敬宗处处敢为人先，深得李治和武则天的信任。

无利不起早，起早必有利，许敬宗的尽心尽力很快收到回报，公元656年，六十五岁的许敬宗被擢升为侍中（最高监督长），这标志着他终于成为真正的大唐高官，终于成为宰相团的一员。

为了这一天，许敬宗已经奋斗了四十多年。

一年后，原中书令李义府被贬出长安，空出来的中书令职位由许敬宗接任。此时，朝中已无长孙无忌、褚遂良、于志宁、柳奭、来济、韩瑗的踪迹，他们或死或贬，而那个曾经被长孙无忌当面多次呵斥的人成为皇帝的新宠，他所受的恩宠，无人可比。

随后的十几年，许敬宗一直受尽恩宠，在此期间，曾经与他相提并论的李义府已经被流放巂州，老死在那里，而许敬宗在长安受到的恩宠一切如旧。

公元666年，许敬宗七十四岁，这一年他又得到了格外的恩宠，他与李勣因年老行动不便，李治格外恩准两人可以骑小马一直到禁宫门口，从而大大降低他们上朝的劳累程度。

恩宠便是如此扑面而来。

底　线

尽管许敬宗受尽恩宠，但他口碑不佳，人品遭到广泛质疑，与他同时代的人似乎都在问，这个受尽恩宠的人，有做人的底线吗？

事实证明，他这个人没有底线，人品成疑。

首先在监修国史方面，他居然没有一个史官应有的职业操守：身为史官，本应秉笔直书，是非曲直，实话实说，而他，没有客观标准，只有个人好恶。

封德彝本是隋唐两朝大臣，原本在历史上还是做过一些事情的，没有史书上写的那么不堪，然而在许敬宗的笔下，我们看到的封德彝就是一个老混子，老滑头。

为什么会这样呢？

这是因为封德彝与许敬宗的陈年恩怨。

封德彝不止一次说过，虞世南人品高尚，江都兵变时愿意替兄长虞世基去死，而许敬宗身为人子，眼看父亲许善心被杀却只顾自己跪地求饶保命。封德彝的话压了许敬宗很多年，因此等到许敬宗监修国史时，他就用笔压了封德彝几辈子。

除了个人好恶，许敬宗修史还收钱，如果打点到位，他可以保证在史书中把你的祖上写得好一点。

左监门大将军钱九陇是许敬宗的女婿，这段联姻也是因为钱，钱九陇出的钱多，许敬宗便把女儿嫁给了他。有了这层关系，本来只是皇家奴才的钱九陇被许敬宗修改为出身豪门望族，同时许无中生有地为钱九陇增加功绩，居然与开国有功的刘文静、长孙顺德相提并论。

许敬宗的儿子娶尉迟敬德的曾孙女为妻。在接受尉迟敬德儿子尉迟宝琳的贿赂后，在许敬宗的笔下，就出现了一个接近完美的尉迟敬德。

还有一个叫庞孝泰的人，本来是一个普普通通的蛮夷酋长，跟随唐军出征高句丽时被高句丽兵打得落花流水，不过在许敬宗的笔下，庞孝泰摇身一变，成为与苏定方并驾齐驱的威武汉将。

由此可见，许敬宗写的不是历史，而是企业家付费的有偿报告文学。

令人欣慰的是，许敬宗死后，由他监修的国史被重新整修，总算一定程度地恢复了历史的本来面目。

除了监修国史让人诟病，许敬宗对儿子的无情也让人诟病不已。

或许许敬宗会委屈，也会不服，因为他针对的不是儿子，而是情敌。

很不幸，在许敬宗家里，儿子和情敌合二为一。

妻子去世之后，许敬宗喜欢上妻子的一个婢女，便把婢女升级做了继室（第二任妻子），并让她姓虞，可能是取"虞姬"之意。

然而，许敬宗只知其一不知其二，他只知道"虞姬"颇有姿色，却不知道自己的长子许昂早跟"虞姬"有染，而且在"虞姬"成为继母之后，两人的不正当关系依然继续。

许敬宗终于知道了真相，他没想到儿子竟然把绿帽子戴到了自己头上。盛怒之下，许敬宗将"虞姬"休掉，然后上书皇帝，以"不孝"之名将许昂流放岭南。多年之后，许敬宗才回心转意，上书请求皇帝将儿子从岭南召回。

许昂从岭南回来后担任过一个小小的县令，不久就死在县令任上，而他与父亲的结却永远解不开了。

从贪图钱财、嫁女给蛮夷酋长之子，到收受贿赂篡改历史，再到冷酷无情将亲生儿子流放岭南，都说明一个问题：许敬宗做人没有底线，人品有问题。

关于许敬宗的人品问题，太宗李世民看得比谁都透。

《贞观政要》中有这样一个记载：

> 唐太宗问许敬宗："朕观群臣之中，你算很贤能的一个，但是有很多人说你的不是，这是为什么？"许敬宗回答说："春雨如膏脂，农夫喜欢它的润泽，行人却厌恶它使道路变得泥泞；秋月明亮如镜，佳人喜欢赏月观赏，而盗贼却嫌它太亮。天地之大还有人抱怨它们的缺憾，何况为臣？我没有肥羊美酒来调和众人口中的是非，所以是非不可听，听了也不能说。皇帝听了，臣子就要受戮；父亲听了，儿子就要遭殃；夫妻听了就会离婚；朋友听了就会绝交；亲戚听了就会疏远；乡邻听了就会远离。人生有七尺之躯，却需要谨防三寸之舌，舌上有可怕的龙泉，杀人不见血。谁人背后不说人？谁人背后无人说？"

对答如流，有理有据，巧舌如簧，许敬宗的才气确实不是盖的。

纵使许敬宗对答得体，也没有得到李世民的信任，终贞观一朝，许敬宗始终没有得到重用，症结就在于他的人品让李世民很是质疑。

回望贞观一朝，重臣之中除了长孙无忌外，房玄龄、杜如晦、魏征、岑文本、马周、于志宁、李靖、李世勣（即李勣，避唐太宗李世民讳而改名）等人的人品都广受赞扬，有才的许敬宗身为根正苗红的"十八学士"之一，却没有在贞观一朝受到重用，根本原因还是人品一项拖了后腿。

到了高宗朝，许敬宗风生水起，二次创业成功，究其原因是李治和武则天已无李世民的道德判断标准，他们需要的是一个人的能力，一个人的术，因此有才无德、做人没有底线的许敬宗得到重用。在这一点上，武则天的用人标准跟刘邦以及曹操如出一辙：但求有才，不求有德！

谬 与 恭

公元 670 年，七十八岁的许敬宗请求退休，皇帝李治恩准，同时擢升许敬宗为特进，享受正二品待遇。

两年后，许敬宗走完人生路，享年八十岁。

许敬宗身后，关于他的谥号又起风波。

太常博士（祭祀部礼仪官）袁思古给出了一个谥号——"谬"。按照谥法规定：名实不符为谬。

理由呢？

许敬宗贪财将女儿嫁到岭南蛮夷部落，同时又冷酷无情地将亲生之子长期流放岭南，如此名实不符，是为"谬"。

对于这个不体面的谥号，许敬宗的孙子许彦伯提出抗议，他认为袁思古是出于与许家有旧怨，所以用这个谥号来报复。

这时初唐四杰之一王勃的父亲、同为太常博士的王福畤出来说话了："谥号，是一个人盖棺定论之后的称谓，如果说得失只是一朝一夕的事情，那么荣辱可是关系到千古的事。如果袁思古与许家的私怨属实，那么自当依法查处，看袁思古究竟有无挟私报复。如果袁思古没有，那么已经定案的就无法更改，就是'谬'。"王福畤话说得很硬气，在他心中，早就将"谬"字刻在了许敬宗的身上。此人不"谬"，何人"谬"？

户部尚书戴至德出来过问:"许敬宗受恩宠到如此程度,你们怎么能给他定个'谬'字呢?"王福畤正色道:"晋朝的司空何曾忠孝两全,只是因为每天在饮食上的费用超过一万,由此就定为'谬'。许敬宗忠孝跟何曾没法比,饮食男女问题上又比何曾严重得多,定一个'谬'字,对得起许家了!"

到这个时候,李治不出来过问不行了,他命令尚书省五品以上的高官就许敬宗的谥号重新进行审议。

礼部尚书袁思敬出来打了一个圆场:按照谥法,既过能改为恭,那么就给许敬宗定为"恭"吧。

恭,既过能改,就是它了。

李治下诏,准奏。

自此,许敬宗被盖棺定论:恭!

一个有才无德之人,一个做人没有底线的人,尽管生前受尽恩宠,死后却躲不过道德的审判。有人说他在宇文化及的刀锋下苦苦求饶是"能屈能伸",有人说他极力鼓吹立武则天为皇后是"审时度势",同样的事情,居然会有截然不同的两种解释,这就是历史的玄妙。

如果许敬宗地下有知,他可以学一学他的后生晚辈狄仁杰,学一学人家如何能在武则天面前受尽恩宠,同时留下千古盛名。

狄仁杰的谥号为"文惠":文,经天纬地为文,道德博厚为文;惠,柔质慈民为惠。

两相对比,人比人得死!

第五章　名将辈出的时代

提起大唐名将，很多人会想起李世民手下的李靖、李世勣、侯君集等人，也有很多人会想起玄宗朝的哥舒翰、郭子仪。其实唐高宗李治时期，也是一个名将辈出的时代。

对于封建王朝而言，最重要的就是两件事，一件是国内生产，一件是对外扩张。在李治和武则天的统治之下，两件大事一样没有耽误。

大唐国力没有因为长孙无忌等人的离开而停滞不前，相反一直保持着增长势头，为后来的开元盛世打下了基础。或许正应了那句话，地球离了谁都转，大唐政坛离了长孙无忌这棵常青树也照转不误。

天行有常，不为尧生，不为桀亡。

在唐朝国内正常运转的同时，对外征战翻开了新的一页，而在这一系列征战中也催生了诸多大唐名将。

这是一个名将辈出的时代。

苏　定　方

提起苏定方，多数人感到陌生，他的名字没有李靖、李世勣响亮，也没有与他同时代的薛仁贵响亮，但他的历史功绩远在薛仁贵之上，论起来是可以与李靖、李世勣相提并论。

唐高宗李治时代的苏定方，已是一张老面孔，他的资格很老，老到可以追

溯到隋朝末年。

出生于公元 592 年的苏定方成名于隋末天下大乱，不过他不是叛乱，而是自发组织乡亲与四处骚乱的流寇作战。

按照革命的观念，天下大乱时起义造反的都是好汉，实则不然：天下大乱之际，起事的人有一部分确实是过不下去了，有一部分则是纯粹希望天下大乱，进而趁火打劫。

当两部分人鱼龙混杂到一起，起事的性质很复杂。

二十出头的苏定方跟父亲苏邕一起组织了数千名乡亲，团结起来抵御那些动机不纯的起事者，此时的苏定方是在保卫自己的家园，此时的他骁勇善战，胆气绝伦，每次征战，他第一个冲锋陷阵。

父亲去世后，苏定方成为这支队伍的领袖，在他的带领下，进入苏定方家乡滋扰的流寇没有一个好下场：横行一时的张金称最终败在了苏定方的手下，苏定方亲手将其斩杀；名噪一时的杨公卿也不是苏定方的对手，他被苏定方打得满地找牙，还被苏定方狼撵兔子般追杀了二十余里，最终仅仅捡了一条命。

苏定方的战功在不断地积累，然而世道让他有些看不懂了，在保证家园不受侵犯的同时，他惊奇地发现，起事的人越来越多了。

难道这个王朝气数已尽？

后来苏定方遇到了一个人，这个人就是隋末农民起义的著名领袖窦建德。

此时的窦建德已经脱离了起事的低级趣味，转而以收服民心、夺取天下为己任。苏定方看到了曙光，他加入了窦建德的队伍，想跟着窦建德一起做大事。

如果没有李世民，或许窦建德的大业就成了，然而窦建德是不幸的，偏偏他遭遇了李世民。

虎牢关一战，窦建德兵败如山倒，自己被俘，余众纷纷散去，苏定方怏怏回到乡里。

不久，李渊忌惮于窦建德在河北的威望，竟然将窦建德公开处斩，这一下寒了窦建德旧部的心。

本已投降，为什么还要赶尽杀绝呢？

窦建德旧部再次揭竿而起，以刘黑闼为首再次吹响了造反的号角，得到消息的苏定方再次看到了希望，火速归到刘黑闼的帐下。

起事持续了几年，最终还是失败了，苏定方向政府军投降后便重回乡里，在李渊的武德年间，他一直默默无闻。

时间走到了贞观年间，苏定方的生活出现了转机。

贞观四年，李靖率军出击东突厥，身为匡道府折冲的苏定方参加了这次战役。

匡道府折冲只是府兵制体系下的一个底层将领，三十八岁的苏定方熬到这一年，也不过是一个小小的折冲将。不过能够参加这次战役，苏定方也知足了，最起码他能够名正言顺地为国效力。

这一年二月，主帅李靖交给苏定方一个特殊的任务：率领二百骑兵充当全军的先锋！

沧海横流方显英雄本色，接受任务的苏定方没让李靖失望，他率领二百骑兵借着大雾掩护，向东突厥可汗颉利的大营逼去。离大营还有七里，雾散，图穷匕见，苏定方看到颉利的牙帐，颉利的护卫也看见了苏定方。

电光火石一瞬间，苏定方率领二百骑兵冲杀过去，他们与颉利可汗已近在咫尺，最终还是差了一小步，颉利可汗骑着千里马跑了。

跑了颉利，却跑不了牙帐，苏定方左右冲杀，斩杀数百人，主帅李靖大军赶到，斩杀一万余人，俘虏十万余人。

不久，颉利可汗被唐军抓获，东突厥汗国就此灭亡。这次战役是主帅李靖一生辉煌的顶点，同时也是苏定方跻身名将的起点。

战后论功行赏，苏定方从折冲将升任左武候中郎将。

成为中郎将的苏定方本以为自己将走上一条高速路，没想到等来的却是长达二十五年的原地踏步。从三十八岁到六十三岁，他居然像一根钉子一样，牢牢固定在中郎将的位置上。

这是为什么呢？

因为他是降将，而且降晚了。

翻开唐朝的史书不难发现，李靖、李世勣、秦琼、程咬金、尉迟敬德都是降将，他们在李世民手下都得到重用，而苏定方这个降将却没有受到李世民重用，原因便是他降晚了，位置已经被别人占满了。

生活就像挤地铁，只有占着座的人起身离开了，站着的人才有可能抢到一个座。

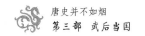
在贞观年间，苏定方始终得不到重用，他的职位始终定格在中郎将上。

难道就这样在中郎将位置上终老吗？

永徽六年（655 年），六十三岁的苏定方终于迎来了转机。这一年他由左武候中郎将转任左卫勋一府中郎将，虽然还是中郎将，但转机就此来临。

这一年二月，皇帝李治命苏定方与营州都督程名振一起进攻高句丽，这次进攻只是一次小规模进攻，却从此开始了苏定方波澜壮阔的征战大戏。

进攻高句丽在三个月后取得了一场小胜，苏定方由此被李治认定为可用之将。一年后，六十四岁的苏定方迎来了一次飞越，他成为西征西突厥远征军的前锋总司令。

那么远征军的最高统帅是谁呢？说起来让人唏嘘，竟然是六十三岁的程知节，也就是民间津津乐道的三板斧程咬金。

为什么李治会想起起用程知节与苏定方这一对双老组合呢？

因为他已经无人可用。

名将如李靖、侯君集、秦琼、段志玄等人已经作古，李勣则因为统兵时间过久，为避免皇帝猜忌，在永徽初年意志坚定地交出兵权。

屈指算来，西征西突厥能用的也就是老将程知节和"新"老将苏定方。

将程知节派上前线，李治还有一个不可告人的目的，那就是为废后做最后的准备。在李治心中，对程知节还是很忌惮，虽然这名老将忠心可鉴，但是他的出身和职位太敏感了。论出身，程知节是秦王府旧将，他与长孙无忌的多年同事关系是李治所忌讳的；论职位，他是右屯卫大将军，手握一支禁军，如果长孙无忌和他联手，后果不堪设想。

为了以防万一，还是将程知节派上征战西突厥的前线，一为调虎离山，二为发挥余热。

西 突 厥

如果给老年的苏定方办一个颁奖礼，他一定会感谢两个人，第一个人是给予他充分信任的皇帝李治，第二个人就应该是西突厥可汗阿史那贺鲁。没有他的捣乱，或许苏定方这辈子就要平淡收场了。

阿史那贺鲁为何成为唐朝死敌呢？

这还要从贞观年间说起。

众所周知，东突厥、西突厥都是唐朝的心腹大患，在东突厥颉利可汗被生擒之后，西突厥便成了唐朝的心腹大患。

由于西突厥内部纷争不断，他们一直没能对唐朝构成太大威胁，贞观二十二年，时任西突厥亲王的阿史那贺鲁在走投无路的情况下向唐朝投降，被李世民委任为左骁卫将军。

后来唐朝发动了对龟兹的进攻，阿史那贺鲁主动担任起唐朝进攻向导，此举赢得了李世民的信任，不久，阿史那贺鲁便被委任为泥伏沙钵罗亲王。

令李世民没想到的是，阿史那贺鲁其实不是忠顺的牧羊犬，而是一只翻脸不认主人的白眼狼。

贞观二十三年，李世民逝世，身为左骁卫将军、瑶池都督的阿史那贺鲁动了心思，他想叛唐自立。得知消息的李治对阿史那贺鲁进行了一番紧急安抚，这番安抚的有效期为两年。

两年后，也就是永徽二年，喂不熟的阿史那贺鲁还是反了，自立为沙钵罗可汗，从此他不再是唐朝左骁卫将军、瑶池都督，摇身一变成为西突厥的大可汗。

从前的下属，今日的死敌。

唐朝与西突厥再次进入战争状态，对于西突厥的打击，一波接着一波。

第一波攻击由左武卫大将军梁建方、右骁卫大将军契苾何力执行，这一波的战果是斩杀西突厥九千人。

第二波进攻便是由右屯卫大将军程知节和苏定方共同执行。

天壤之别

当六十四岁的苏定方与六十三岁的程知节一起出发远征西突厥时，他们不会想到，这次远征，两人得到的结果竟然有天壤之别。

西征大军一路下来比较顺利，公元655年八月，程知节大军斩杀西突厥三万余人。

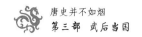

四个月后，程知节的大军再次与西突厥的两万骑兵遭遇，双方交战进入胶着状态。前锋总司令苏定方带领五百骑兵与程知节大军保持着十余里距离，他们有特殊任务。

远处沙尘四起，西突厥两万余人的骑兵增援而至，不出意外的话，他们将与之前的两万骑兵对程知节大军形成包夹之势，形势万分紧急。

苏定方吹响了进攻号角，他率领本部骑兵，绕过一道小岭，如同从天而降一般冲击西突厥骑兵的侧翼，他们的出现让西突厥骑兵大出意料。

原本他们以为只有程知节一支孤军，怎么又来了一支？看来唐军早有准备。

猝不及防的西突厥骑兵乱了阵脚，乱哄哄地向后退去，苏定方和他的五百骑兵却来了精神，连追二十余里，以五百人杀敌一千五百人，顺带截获两千匹战马，至于死马、甲仗更是漫山遍野。

不出手则已，一出手就是奇迹。

令苏定方没有想到的是，这次大捷居然让大军副统帅王文度起了忌妒之心，本来宜将剩勇追穷寇，王文度却给出了两字：不追！

为什么？

王文度对程知节说道："虽然大胜西突厥人，但我们也有损伤，如果冒险追击的话，胜负难料。不如我们结成方阵，把辎重放在方阵中央，人马都披上重甲在四周围护，遇到敌人就以方阵对抗，遇不到的话，就这么向前推进！"

运动战变成阵地战。

身为大军统帅的程知节没有反对，他居然听从了王文度的安排，主帅居然听副帅的？为什么？

因为王文度说，他有皇帝口谕。

皇帝口谕说，程知节恃勇轻敌，容易犯错，军中大事还是由王文度节制。

口谕是真的吗？

王文度自称是真的，程知节也相信是真的，因为他早就看透了李治布下的棋局：远征并不指望你立功，而是防止你留在长安生事！

程知节的血还是热的，但心已经冷了。

远征大军结成了一个奇怪的方阵，人马都披上重甲，缓缓地向前蠕动，造成的结果是，马累死了不少，人消瘦了很多。身为前锋总司令的苏定方看不下去了，戎马一生的程知节怎么能犯这种低级错误呢？

苏定方对程知节说："我们出征是为了讨贼，现在却摆出防守的架势，弄得马饿兵疲，逢贼即败。胆小懦弱到这个地步，还能立什么功？你是主帅，军中的事你说了不算，副帅却说了算，这不合情理。还是先把王文度关起来，然后飞表上奏皇上，把事说清楚！"

程知节摇了摇头，忍不住叹息一声，苏定方说的在情在理，程知节并非不知。然而他已经看透了李治设下的局，如果按照苏定方说的去做，到头来，死路一条。

既然皇帝要拿远征开玩笑，那我们就跟着一起笑吧！

诡异的方阵还在继续，唐军已经人困马乏，他们逶迤来到恒笃城。在恒笃城下，他们遇到了一群胡人，胡人看到唐军阵势，马上向唐军投降。

副统帅王文度又说话了："这些胡人啊，等我们回军之后，他们肯定又成了贼寇，不如现在就把他们杀了，然后把他们的财产分了！"

苏定方简直不敢相信自己的耳朵，怒冲冲地向王文度说道："如此一来，跟贼有什么区别？我们还出来讨什么贼！"

王文度没有理会苏定方，一声令下，胡人成了刀下之鬼，他们的财产被分成了数份，其中有一份是留给苏定方的。

"我不要，谁爱要谁要！"苏定方拂袖而去。

班师回朝之后，远征军三位主要将领的境遇是天壤之别。

苏定方因战功卓著，深受李治赏识，从此成为李治手下不可或缺的重将。

王文度因假传圣旨，按律当斩，但皇帝慈悲为怀，仅给予开除官职的处分。然而这次开除，只是作秀，数年后王文度再次被起用为熊津都督，前往百济，安抚百济亡国军民，只可惜刚渡过海，就告病逝。

从王文度所受的处分来看，王文度并没有假传圣旨，而是忠实执行了李治的圣旨，他们联手给程知节做了一个局。

被做进局的程知节因"逗留不前，贻误战机"，被判处死刑，后罪减一等，开除官职。

后来，程知节被委任为岐州刺史，然身未动，心已远，程知节去意已决。

不久，程知节的退休报告批复了下来，从此程知节退出了唐朝的政治舞台。

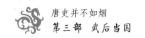

九年后，程知节在家中病逝，享年七十二岁。

第二次西征之后，苏定方成为独当一面的唐朝主将。与他一起成为主将的还有一位名将，这个人就是与他同时代的薛仁贵。

薛 仁 贵

相比于苏定方的大器晚成，薛仁贵的成名算早的。成名那年，他三十一岁。

贞观十九年，李世民发动远征高句丽之战，平民薛仁贵主动找到将军张士贵请战，平民薛仁贵就变成了士兵薛仁贵。

其实在从军之前，薛仁贵已经穷困潦倒到了极点，尽管他是北魏名将薛安都的后人，但到他父亲那一辈，家里的日子已经很惨淡了，到了他这一辈，日子更加惨淡。

百无聊赖的薛仁贵成天琢磨着如何改变自己的命运，他甚至想到了搬迁祖坟给自己转运。这时妻子说了一句话，点醒了薛仁贵："皇上将要远征高句丽，你有一身的本领为什么不去从军?"

一语惊醒梦中人。

薛仁贵从军之后跟随大军来到了辽东，不久就在一场遭遇战中一战成名。

大军前往安市城的途中，郎将刘君邛遭到一股高句丽士兵袭击。情况万分紧急，这时救世主出现了，一个叫作薛仁贵的小兵。

只见薛仁贵手握长戟，纵马直前，冲着领头的敌将直撞过去，手起戟落，敌将被薛仁贵斩于马下。

薛仁贵抬手割下敌将的首级，挂到了战马脖子上，然后拨马向剩余的高句丽士兵冲了过去，一下子吓破了敌兵的胆。剩下的高句丽兵能跑的都跑了，不能跑的都降了，小兵薛仁贵手刃敌将，救出本方郎将，由此一战知名。

几天后，薛仁贵这个名字传遍了整个远征大军。

贞观十九年六月二十二日，唐军向高句丽军发起总攻，天公不作美，电闪雷鸣，雷雨交加。

对于薛仁贵来说，他这一生都要感谢这场雷阵雨。

为了让自己引起皇帝李世民的注意，薛仁贵偷偷换了一身衣服，在冲锋号角吹响之前，他换上了一身白衣。在电闪雷鸣的雷阵雨中，白衣白袍的薛仁贵手持长戟，腰背良弓，大声呼号着向高句丽阵营杀去。

薛仁贵长戟挥舞，势不可当，所到之处敌兵纷纷退去，他一个人居然打开了一个缺口，身后的唐军跟随着呼啸而上。

漫天风雨中，一个白衣白袍的人挥舞着长戟，多么好的一道风景！

风景被很多人看在眼里，其中包括御驾亲征的李世民。

白袍小将是谁？有人告诉李世民说，这个人叫薛礼，别名薛仁贵。

李世民将薛仁贵这个名字记在了心里。

战后，李世民召见了薛仁贵，火线提拔他为游击将军，品级从五品，相当于副局级。

雨前，薛仁贵还是小兵，雨后，薛小兵已经不再是薛小兵，而是薛将军。

班师回朝路上，李世民又跟薛仁贵说了一句话，这句话让薛仁贵感动得泪流满面。

李世民语重心长地对薛仁贵说（注意，按照《艺术人生》的模式，钢琴声该起了）："我手下的将领们都年迈了，我一直在寻找能够替代他们的人。这次远征得到了辽东并不让我欣慰，让我最欣慰的是，得到了你！"

一辈子，一句话，足矣！

在李世民的安排下，薛仁贵留在长安，担任右领军郎将。九年后，他又用自己的举动，赢得了新皇帝李治的心。

永徽五年闰五月三日夜，大雨倾盆，山洪暴发，凶猛的洪水涌向万年宫的玄武门，一时间，守门士兵四处逃生，薛仁贵却定在原地，没有走。

皇帝李治正在万年宫的寝宫中熟睡。

薛仁贵大喝一声："哪有天子遭难，皇家卫士却怕死四散逃窜的！"

薛仁贵奋力登上玄武门上的横梁，扯着嗓子向皇帝呼号报警。熟睡的李治被惊醒后，慌乱地跑到地势高处躲避，而就在李治转移后不久，他的寝宫即被淹没。

事后，李治派人对薛仁贵说了一句话："赖得卿呼，方免沦溺，始知有忠臣也！"

一句话，没有你，皇帝就到水里喂王八了。

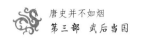

为了表示对薛仁贵的感谢，李治钦赐薛仁贵御马一匹，从此之后，卿就是朕的宝马良驹。

三年后，在苏定方即将对西突厥发起第三次远征之际，薛仁贵给皇帝李治上了一封奏疏：

> 西突厥泥孰部落酋长向来不服阿史那贺鲁，为此阿史那贺鲁发兵攻打泥孰部，并俘虏了酋长的妻子儿女。此次我军远征西突厥攻打其各部落，如果俘虏了泥孰部酋长的妻子儿女，不妨把他们送还给泥孰部酋长，这样泥孰部就会感受到大唐的恩德，百姓也会知道阿史那贺鲁是贼，一定会愿意为大唐牺牲，全力以赴。

攻城为下，攻心为上，三国时马谡的建议，就这样被薛仁贵移植到了西突厥身上。

李治看罢，心中颇多感慨，看来薛仁贵确实不是一个凡人，在将来某一天，这个人将派上大用场。

灭国西突厥

显庆二年（657年），六十五岁的苏定方迎来了一场巅峰之战，他率领唐军对西突厥进行了第三次远征。在现在中亚额尔齐斯河，苏定方与阿史那贺鲁不期而遇。

阿史那贺鲁率领十姓部落联军共计十万人，苏定方率领远征军以及回纥部落军总计一万余人。

敌我兵力比，十比一，平均十个西突厥士兵对付一个唐兵，这仗还用打吗？

阿史那贺鲁没有把苏定方的一万人放在眼里，在他看来，只需要一次冲锋，唐军就会土崩瓦解，他一挥手，十万联军向唐军逼了过去。

苏定方不慌不忙，他指挥唐军按部就班地布好了阵势：步兵列阵于平地的南端，长矛插地，密密麻麻排列，矛尖一律对外；骑兵列阵于平地的北端，由苏定方亲自率领。

阿史那贺鲁没见识过长矛阵，他没有把苏定方的长矛阵放在眼里，便驱动西突厥骑兵向唐军的长矛阵冲来。

第一次冲锋，失败了。

第二次冲锋，失败了。

第三次冲锋，还是失败了。

阿史那贺鲁这才意识到，苏定方的长矛阵不是摆设，那矛尖是真扎人。

就在阿史那贺鲁开动脑筋想对策时，他发现苏定方的长矛阵打开了一条大大的口子。阿史那贺鲁还没有看明白时，苏定方的骑兵部队已经向阿史那贺鲁发起了猛烈的进攻。

双方已经不在同一条起跑线上，阿史那贺鲁三次冲锋失败，士气低落，阵型涣散，苏定方的骑兵部队已等待多时，此时已经压抑不住冲杀的心。

苏定方率领骑兵对阿史那贺鲁冲杀，阿史那贺鲁兵败如山倒，被苏定方足足追杀了三十里，连斩带俘虏总计一万余人。

第二天，苏定方整顿部队，继续追击。这时他发现，阿史那贺鲁的十姓部落联军已经联不起来了，十姓联军开始向唐军投降。

西部五姓部落在五位防区司令的带领下向苏定方投降，东部五姓部落则向忠于唐朝的阿史那步真投降，总之十姓部落不再给阿史那贺鲁打工，阿史那贺鲁从十万兵马元帅，成了孤家寡人。

人心散了，阿史那贺鲁只能单枪匹马逃命，令他欣慰的是，还有几百个忠于他的骑兵，还不算真正的孤家寡人。

如果按照以前的远征标准，到此时苏定方可以宣布得胜回朝了，然而他并不准备收手，他还要继续追杀下去。

苏定方兵分两路，一路继续追杀阿史那贺鲁，一路由自己带领，按原计划向前推进，沿途收服西突厥的各部落。

天公再次不作美，下起了漫天大雪，平地雪深竟然达到两尺。

下雪了，别追了，等天好了再追吧！

苏定方摇了摇头，不，越是下雪，越要追，等天晴了，他早就跑远了。

漫天飞雪中，苏定方率领着自己这一路大军踏雪而行，不断推进，日夜不停，一直挺进到博尔塔拉河，这里距离阿史那贺鲁的大营还有二百里，那里有阿史那贺鲁最后的家当。

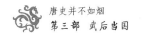

苏定方整顿队伍，列阵出发，阿史那贺鲁还陶醉于大雪之中。他以为苏定方一定不会在冰天雪地里出兵，所以他不作防备，而是享受生活，率领人马在雪地上打猎。

出其不意，攻其不备，阿史那贺鲁一定没有读过中原的兵法，他不知道中原兵法如此玄妙，也不知道那个叫苏定方的人竟然如此执着。

等到苏定方如同神兵天降一般现身时，阿史那贺鲁傻眼了，赶忙催动马匹开始逃命。

这次长途奔袭让阿史那贺鲁赔大发了，除了把儿子和女婿带出来了，剩下的什么都没带出来，只能两手空空奔向石国（今乌兹别克斯坦首都塔什干），但愿那里能有他的藏身之所。

到了这时，苏定方倒不着急了，他一边命令副将萧嗣业继续追赶，一边在西突厥境内进行安抚，迅速恢复当地的社会秩序。

安抚得差不多了，苏定方班师回朝，还剩下点儿收尾工作，就让萧嗣业完成吧。

如同丧家之犬的阿史那贺鲁一路跑到了石国西北的苏咄城，人困马乏，筋疲力尽，即便人挺得住，马已经挺不住了。

还是到苏咄城里买几匹马吧！

如果阿史那贺鲁能够预知未来，估计他宁愿自己步行累死，也会放弃这次买马计划。

苏咄城外，阿史那贺鲁见到了城主伊沮贵族，伊沮贵族不仅给阿史那贺鲁带来了酒肉，还盛情邀请他进城休整。

本来阿史那贺鲁还保持警惕，可架不住城主的热情，还是跟着城主进了苏咄城。

接下来，关门，放狗！

等到苏定方的副将萧嗣业到达石国时，阿史那贺鲁已经在那里"等待"多时了，苏咄城主将他捆成了粽子然后送到了这里，是死是活，全听唐朝发落。

萧嗣业笑纳了石国的礼物，押送着阿史那贺鲁回到了长安，阿史那贺鲁的西突厥就此灭国。

需要说明的是，东突厥、西突厥这些国家其实是松散的联邦体制，我们所说的灭国指的是突厥大可汗的王庭被捣毁，上层政府被推翻，而其加盟的各部落其实受影响不大，所不同的是，以前听命于大可汗，从此之后，要听命于唐朝委任的新可汗。

这一年十二月十一日，李治将西突厥原来的土地一分为二，分设两个都护府，一个位于今天咸海及伊塞克湖之间，一个位于今天巴尔喀什湖与伊犁河之间，两个都护府都督分别由效忠于唐朝的阿史那弥射和阿史那步真担任。

阿史那贺鲁那个与唐朝作对的西突厥汗国消失了，取而代之的是两个忠于唐朝的都护府，这是苏定方写进史册的第一项重大功绩，后面还有两个。

一年后，阿史那贺鲁被押往长安，李治在李世民的昭陵举行了盛大的献俘仪式，鉴于阿史那贺鲁有悔过表现，李治饶其不死，于长安城内安置。

不久之后，阿史那贺鲁还是死了，憋屈死了。

在他死后，他被李治安葬，墓的邻居是东突厥颉利可汗阿史那咄苾，也是憋屈死的。

第 二 功

显庆二年的远征让苏定方功成名就，战后他被擢升为左骁卫大将军，品级正三品，正部级，封邢国公。

这一年苏定方六十五岁了。

六十五岁本应该是安享晚年的时候，然而苏定方还不准备退休，因为还有仗等着他打。

两年后，战事又起。

思结部落（位于今蒙古国巴彦洪格尔市）司令都曼率领疏勒、硃俱波、葱岭三国背叛唐朝，并向忠于唐朝的于阗王国（位于今新疆和田市）发动了攻击。

六十七岁的苏定方又有仗打了，他被委任为安抚特使，前去平叛。

苏定方大军抵达叶叶水之后，都曼见势不妙，退保马头川。

马头川具体在今天的什么地方，已不可考，我们只知道，在这里，有一个叫苏定方的唐朝名将把反叛的都曼逼得无路可走。

都曼听说过苏定方行兵很快，但没想到他行兵那么快。

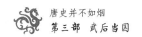

苏定方从远征军中挑出了精锐步兵一万、骑兵三千，亲自带领这一万三千人，一日一夜急行军三百里。

二十四小时之后，苏定方兵临马头川城下，都曼傻眼了。

都曼硬着头皮出战，没一会儿工夫就被苏定方打回到城内，此后不久，苏定方的后续人马陆续抵达，远征军将马头川城团团围住。

想出城？

除非你有一双隐形的翅膀。

都曼没有隐形的翅膀，只能选择投降，他的叛乱，刚开头就结了尾。

至此，葱岭以西全部平定，功劳最大的非苏定方莫属。

显庆五年（660年）正月，苏定方在东都洛阳向皇帝李治献俘，俘虏就是那个自缚投降的都曼。

司法官员要求按照惯例将反叛的都曼诛杀，这时苏定方说话了："我曾经承诺过他不死，因此他才出城投降，希望陛下能饶他不死。"

李治看着六十八岁的苏定方，郑重地点了点头："好，我就违反一次法律，饶他不死，以成全你的承诺！"

灭国百济

六十三岁之前，苏定方闲人一个，六十三岁之后，大唐王朝没有谁比苏定方更忙。

显庆五年正月，苏定方刚刚向皇帝李治献过战俘，两个月后，任务又来了，百济又不消停了，准备出兵百济。

当时辽东半岛以及朝鲜半岛的形势是这样的：高句丽最强，占有辽东半岛以及今天的朝鲜；新罗次之，占有今天韩国版图的东部；百济的版图最小，他们占据的是今天韩国的西部。

以版图面积而言，百济没有新罗大，然而百济却接连不断地向新罗发起进攻，侵占新罗的领土，莫非百济头脑发热？

百济不是头脑发热，而是上面有人。

百济的上面，有高句丽撑腰，而新罗的上面其实也有人，给他们撑腰的是唐朝。新罗把状告到了李治那里，李治作出部署：苏定方任熊津道总管，率领十万人，水陆并进，出兵百济；新罗国王金春秋任嵎夷道行军总管，率领新罗兵，对百济进行夹击。

百济的苦日子来了。

苏定方率领十万大军从今天烟台荣成的成山角（民间以前称这里为天尽头，近些年为了讨吉利，又称之为天无尽头）出发，横渡黄海，直航朝鲜半岛。

百济王国知道苏定方不好惹，提前在熊津江口布防，想要阻止苏定方登岸。一切都是徒劳，苏定方率领大军强行登岸成功，顺便还斩杀了数千百济兵。

苏定方十万大军水陆并进，兵锋直指百济王国王城泗沘城，大军一直推进到距离王城不足三十里的地方。

百济王国全国总动员，企图阻挡苏定方进攻的脚步，但一切还是徒劳。苏定方大军势如破竹，在斩杀一万余人后推进到百济王城的外围。

唐军兵临城下，百济王国内部也发生了微妙变化。

国王扶余义慈和太子扶余隆保命心切，一路狂奔跑到了北方的边城，苏定方不去理会逃跑的国王，挥军层层包围了王城泗沘城。

意想不到的事情发生了，留在王城之中的扶余义慈次子扶余泰居然自行宣布继位，号令全城百姓一起坚守王城。

国王健在，太子也在，次子却自立为王，这唱的是哪出呢？

自立为王的国王能信任吗？人们产生了怀疑。

太子扶余隆的儿子扶余文思也产生了怀疑，他对叔叔扶余泰的自立为王反应更加强烈：爷爷和父亲都在，叔叔就自立为王，就算跟叔叔一起击退唐军，日后还会有我们父子的好果子吃吗？

两害相较取其轻，还是出城投降唐军吧。

扶余文思率领亲信跳下城墙向唐军投降，在他的带动下，跳墙投降的越来越多，扶余泰已无法控制。

苏定方趁乱派兵爬上了王城城墙，将唐军旗帜插上了城墙墙头。

扶余泰已经没有了选择，他只能步侄子的后尘，向唐军投降，所不同的是他不需要跳城墙，只需要打开城门。

王城沦陷，国王扶余义慈和太子扶余隆没了指望，也一并向唐军投降，百

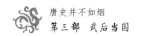

济境内的所有城池接连打开城门，宣布投降。

百济就此平定，国土纳入唐朝版图。

三个月后，苏定方在东都洛阳向皇帝李治献俘，这是他人生中第三次向皇帝献俘，他先后征服三个国家，生擒三位元首。

被苏定方生擒的有西突厥沙钵罗可汗阿史那贺鲁、思结部落司令都曼、百济国王扶余义慈，三位元首被俘，前后相隔不过三年。

显庆五年，苏定方六十八岁，六十三岁那年才步入名将行列，仅仅五年，他达到了名将的巅峰。以征服三国、生擒三元首的战绩，苏定方是可以与李靖、李世勣相提并论一番的。

名将余生

平定百济一年后，皇帝李治将重点打击对象锁定了高句丽。这个高句丽曾经让杨广抱恨终生，也曾经让李世民懊恼不已，现在李治准备啃一啃这块难啃的骨头。

或许是受到接连不断的利好消息冲击，李治居然萌发了御驾亲征的念头，他委任苏定方、契苾何力、任雅相、萧嗣业分别担任四个方面军的行军总管，而他自己准备亲自担任全军统帅。

武则天站了出来，上疏极力劝阻，李治也是一时心血来潮，想想武则天说的有道理，御驾亲征也就是说说而已，过了嘴瘾，不见下文。

征战高句丽，还是要靠苏定方这些人。

显庆六年八月，苏定方率领海军横渡渤海海峡，连战连捷，一路高歌猛进，包围了高句丽的首都平壤。

然而，高句丽并不好打，首都平壤虽然已经被围，但想要攻克，难度却非常大。

高句丽权臣渊盖苏文一面率兵坚守，一面派自己的儿子渊盖男生率领数万精锐坚守鸭绿江，务必将唐军挡在鸭绿江边，避免与苏定方形成合围之势。

在渊盖男生的抵御下，唐军的强行登陆没有成功，战争陷入僵局。

这时契苾何力赶到了，眼看着渊盖男生的层层防御，也是干着急没有办法。这时老天开眼了，气温骤降，鸭绿江结冰了。

这样契苾何力就不需要坐船摆渡过江，只需要踏着厚厚的冰层就能冲向对岸。

形势就此逆转，唐军踏着鸭绿江上的冰层向渊盖男生的江防部队发起了冲击，天险已经不在，高句丽军队根本挡不住唐军进攻的兵锋。

契苾何力乘胜追击，连追数十里，三万高句丽士兵倒在了唐军的刀锋之下，剩下的全部投降。

如果契苾何力乘胜进军，便能与苏定方形成对平壤的合围之势，然而就在这时，李治的诏书到了，居然让契苾何力的大军班师回朝。

李治究竟是怎么想的，没有人能说清楚，总之契苾何力没能继续前进，而是掉头返回了国内。

高句丽境内的征战进入了胶着状态，双方交战互有胜负。

沃沮道行军总管庞孝泰在朝鲜合井江与高句丽军队进行了一场血战，这一仗打得非常惨烈，庞孝泰与他的十三个儿子全部战死，最终这一路唐军大败。

此时在高句丽境内占有优势的只有苏定方的部队，然而他们也遇到了难题。尽管已经将平壤团团围住，但攻城并不顺利，几个月下来没有进展。

就在这时，天空又下起了漫天大雪，形势对苏定方更加不利，这样的大雪对守方有利，对攻方却非常不利。

没有办法，苏定方只能班师回朝，远征高句丽就这样不情不愿地结束了。他心有不甘，总有一天，他还是要回来的。

或许是上天不让他过于完美，从此之后他与高句丽再无交集，灭国高句丽在不久之后将由唐朝另外一位名将完成，而苏定方却在唐朝的西线战场上终老。

从高句丽撤军之后，皇帝李治将苏定方从东线调往西线，出任唐朝西征远征军安集大使，统御西征各军，同时安抚吐谷浑各部，防御对唐朝虎视眈眈的吐蕃。

在安集大使任上，苏定方依然上演着名将传奇，曾经创下以八千唐军大破吐蕃十万大军的佳绩，一仗打得吐蕃十万大军只剩八千。

然而，皇帝李治的目光牢牢地锁定在高句丽身上。身处西线的苏定方渐渐被边缘化了，在很长一段时间内，李治已经将苏定方这个名字淡忘了。

乾封二年（667年），苏定方在军中去世，享年七十五岁。

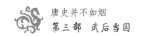

苏定方病逝的消息传到长安，李治的心被狠狠地揪了一下，这时他才想起，已经将这位名将淡忘很久了。

李治将怒气发泄到大臣身上，他埋怨道："苏定方于国有功，应该褒奖追赠，你们居然没有提醒我，以至于没有让苏定方享受他应得的哀荣。一想到这一层，朕就不免有些伤心！"

李治下诏，追赠苏定方为幽州都督，谥号曰"庄"。

根据谥法，"胜敌克强"为"庄"，对于武将而言，算是褒美的谥号。

屈指算来，苏定方六十岁前平平淡淡，六十三岁一战成名，六十八岁达到人生顶峰。孔子说，三十而立，放在苏定方身上，需要乘上一个系数：2。

无论早也好，晚也罢，大器晚成的苏定方还是在唐朝的功劳簿上写下了自己的名字，虽然在后世的名头没有薛仁贵响亮。其实，有唐一代，他的功绩比薛仁贵大得多。

薛仁贵的结局

说完苏定方，再来说薛仁贵，这位白袍小将在中国的知名度实在太高了，写唐史不说薛仁贵是不可能的。

论战功，薛仁贵并没有苏定方大，为什么薛仁贵在后世的声名要远远高于苏定方呢？

主要因为两点，一是薛仁贵单兵作战能力在苏定方之上，二是薛仁贵的人生充满传奇。

薛仁贵之于苏定方，如同李广之于卫青、霍去病。论战功，前者无法与后者相提并论，然而论在民间的知名度，前者是远远高于后者，为什么？

因为前者的人生更加传奇。

薛仁贵成名于贞观十九年的远征辽东，后来又凭借耿耿忠心获得皇帝李治的信任。显庆二年（657年），四十三岁的薛仁贵被李治推上前台，从此唐朝东征西战的名单上有了薛仁贵的名字。

薛仁贵的单兵作战能力非一般的强，敌兵遇上他只能自认倒霉。

显庆三年，薛仁贵跟随梁建方、契苾何力征战辽东，他匹马单戟冲在最前面，手里还拿着一张弓。

薛仁贵策马高速向敌阵冲去，同时马上张弓搭箭，弦声响处，莫不应弦而倒。

高句丽阵中也有擅长射箭者，此人此前连续射杀了十余名唐军士兵，薛仁贵一听来了精神，他准备会一会这个人。

在士兵的指引之下，薛仁贵发现了高句丽这名射手，对方同时也发现了薛仁贵，高手过招就此开始。

可能是薛仁贵的声名太大了，当他向高句丽射手发起冲锋时，对方居然乱了手脚，慌乱中竟然把自己的弓和箭都掉到了地上，不争气的手居然在此时抽了筋。

薛仁贵直冲而上，手到擒来，将这个不可一世的神射手生擒回唐军大营。

百万军中取上将首级，莫非就是这样？

这次远征之后，薛仁贵善射的声名传遍了天下，也传进了皇帝李治的耳朵里。

为了检验薛仁贵的功力，李治从宫中找出了一副坚甲，对薛仁贵说道："古代名将养由基擅长射箭，能一下射穿七层铠甲，我不太相信，今天你射一下，看看能不能射穿五层。"

薛仁贵抬手就是一箭，坚甲顿时破了一个洞，别说五层，七层都洞穿了。

李治被这个洞惊着了，连忙又让人找出一副铠甲，赏赐给薛仁贵。虽然这副铠甲薛仁贵也能射穿，但是穿在他的身上还是安全的，毕竟当世除了薛仁贵，再无能射穿七层铠甲的人。

穿着李治钦赐的铠甲，薛仁贵再次踏上远征之路。这次远征的对象是铁勒九姓部落，他们聚集了十万余人，向唐朝挑衅。

平定这次挑衅，薛仁贵只用了三箭。

两军对阵，铁勒九姓部落挑出数十名精锐战士向唐军挑战。薛仁贵端坐马上，冷冷地看着，抬手，一箭，两箭，三箭。

一箭一个。

两箭两个。

三箭三个。

剩下的数十个人全被薛仁贵镇住了，纷纷下马请降，薛仁贵嘴里吐出两

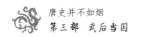
字："坑杀！"

三箭之后，铁勒九姓部落闻"薛"丧胆，纷纷退去。薛仁贵渡过沙漠，攻击残余，生擒铁勒九姓部落亲王三人，然后班师回朝。

从此军中流传一首歌谣：将军三箭定天山，壮士长歌入汉关。

此后，薛仁贵远征辽东，斩获颇丰，皇帝李治亲自写信以示慰问，薛仁贵的声名达到了人生的顶点。

同关羽一样，薛仁贵是人，不是神，有过五关斩六将的时候，也有交战不利走麦城的时候。

薛仁贵的麦城在大非川。

咸亨元年（670 年），吐蕃入侵，薛仁贵作为远征军统帅前去征讨。这次远征李治给他安排了一个副手，名叫郭待封。

相比于薛仁贵的白丁出身，郭待封是名将之后，他的父亲郭孝恪资格很老，早年曾是李勣的长史。李世民平定王世充时，正是郭孝恪给出了兵分两路的建议，从而将王世充和窦建德一举平定。贞观年间，郭孝恪官至安西都护，贞观二十二年在征战龟兹时不幸中冷箭身亡，身后留下了几个儿子，一个叫郭待诏，一个叫郭待封。他们的名字都很有讲究，象征着将来都要为君王重用。

郭待封心高气傲，自然不愿屈居薛仁贵之下，而且出征之前，他与薛仁贵平级，而出征之后，他却需要服从薛仁贵领导，这让郭待封非常不情愿。

大军抵达大非川（青海湖以南），在这里略作调整，然后将兵发乌海。

考虑到辎重众多，远征不利，薛仁贵安排郭待封在大非岭上安营扎寨，留下两万人保护辎重，薛仁贵自己亲率精锐骑兵追击吐蕃，寻求决战。

交代完毕，薛仁贵率部先行，果然与吐蕃一部遭遇，薛仁贵将敌兵击溃，俘获牛羊一万余头，然后驻扎到乌海，等待郭待封到来。

郭待封来了，带着全部辎重而来，他没有听从薛仁贵安排，居然像老鼠搬家一样，将全部辎重从大非岭搬到了乌海。

眼看离乌海城只有一步之遥，意外发生了，二十万吐蕃大军向郭待封发起攻击，唐军全部辎重居然落到了吐蕃人的手里。

薛仁贵快崩溃了，他没想到郭待封这位名将之后居然跟自己唱了这么一出反调。然而崩溃也没用了，辎重已经落入敌军之手，乌海一座孤城无法抵挡吐蕃进攻，薛仁贵考虑再三，率军离开乌海城，返回大非川驻扎。

人到走背运时，喝凉水也塞牙，就在薛仁贵人困马乏、粮草不济时，吐蕃人又来了，而且一下来了四十万。

名将薛仁贵就此败了，大非川就是他的麦城。

惨败之后，薛仁贵和吐蕃大将议和，双方各自收兵，西征以惨败收场。

因为这次惨败，薛仁贵被开除官职，再次成为一名白丁。这一年薛仁贵五十六岁，时隔二十五年之后，他又回到了白丁的起点。

此后，薛仁贵又经历宦海沉浮，曾经出任过鸡林道总管，经略高句丽，也曾经被贬出长安，迁徙象州。

开耀元年（681年），皇帝李治又想起薛仁贵的好，再次召见，说了一番肝胆相照的话：

> 当年九成宫遭遇洪水，没有卿，朕就成了鱼了。后来卿北伐九姓，东击高丽，汉北、辽东如今都遵从大唐的领导，这里面都有卿的功劳，卿虽有过，朕岂可相忘？有人说卿于乌海城下贻误战机，致使失利，朕所恨者，唯此事耳。今西边不静，卿岂可高枕乡邑，不为朕指挥耶？

薛仁贵听完，无言以对，君恩至此，为臣者只能鞠躬尽瘁、死而后已了。

随后薛仁贵官拜右领军卫将军、检校代州都督，再次踏上远征之路，突厥叛乱的部众听说他复出为将，很是忌惮，纷纷逃窜，躲避锋芒。

这一年薛仁贵六十七岁。

两年后，薛仁贵病逝，享年六十九岁。在他身后，李治追赠其为左骁卫将军，灵柩及墓地由朝廷一手包办。

白袍老将随风而去，后世长留他的传奇。

刘 仁 轨

相比于苏定方、薛仁贵，刘仁轨的名字更加陌生，难道此人也是唐朝名将吗？

从战功而言，刘仁轨算得上唐朝名将，不仅能文而且能武：文，他官至尚书左仆射；武，他平定百济叛乱，并赢得了中日交战史上的第一战，因此他又

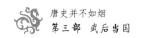

被称为"中国抗倭第一名将"。

要说刘仁轨，还得从贞观年间说起。

贞观十四年，时任陈仓县尉（正九品）的刘仁轨让李世民发了火，起因是刘仁轨居然将陈仓折冲都尉（从四品）鲁宁乱棍打死了。

李世民十分生气，当即下令将刘仁轨处斩，不过下令之后，李世民还是疑惑不解，究竟是什么原因导致县尉打死折冲都尉呢？

李世民下令将刘仁轨押解到长安，由他亲自审讯。

刘仁轨被押到了李世民面前，李世民铁青着脸问道："你算什么县尉，胆敢打死朕的折冲都尉？"

刘仁轨不卑不亢地回应道："鲁宁因犯法被羁押在陈仓监狱，但他自恃官阶高，经常出言不逊，而且当着我下属的面对我不断辱骂，所以我就把他乱棍打死了。"

刘仁轨说完，脸色平静如常。

李世民正想发火，魏征在一旁说话了："陛下知道隋朝为什么灭亡吗？"

李世民问："什么原因？"

魏征说道："隋朝末年，强人遍地，经常有人凌辱朝廷官员，这就是隋朝灭亡的原因，而鲁宁与他们一样。"

话说到这个份上，李世民明白了，魏征这是在保刘仁轨。

仔细想想，也有道理，如果纵容鲁宁这样的人凌辱朝廷官员，那么朝廷的颜面何在？不过乱棍打死还是有点过了，下次得注意了。

经过魏征的开脱，刘仁轨非但没死，反而调到另外一个县出任县丞，以前他是正九品（正股级），现在他是正八品（正科级）。

后来刘仁轨因为不断进谏，深得李世民和李治赏识，一路从县丞升任给事中，显庆四年，又出任青州刺史。

在青州刺史任上，刘仁轨栽了一个跟头。

显庆五年，刘仁轨受命组织海上运输，配合各路大军进攻高句丽，不料海上运输发生了意外，海上刮起了大风，大量船只倾覆，损失很大。

李治闻讯大怒，开除刘仁轨的所有官职，同时命令他以白丁身份在军中继续效力。

如果没有意外发生，刘仁轨这辈子无法翻身，不过意外很快发生了。

在苏定方征服百济之后，郎将刘仁愿奉命镇守百济王城泗沘城，中郎将王文度出任熊津都督，安抚百济亡国军民。

王文度渡海到达百济之后，便在军中去世，一时间军中无人做主，群龙无首。

这时，百济王国和尚道琛和前百济王国大将扶余福信产生了复国的念头，他们派人到倭国（日本）接回了原本在那里当人质的王子扶余丰，然后发动叛乱，将留守的刘仁愿包围在泗沘城中。

消息传到国内，李治想起了白丁从军的刘仁轨，此人不正是替代王文度的最佳人选吗？

李治下令，委任刘仁轨以白丁身份代理带方州刺史，统御王文度部队，另征调新罗部队，一起增援刘仁愿镇守的泗沘城。

刘仁轨高兴地跳了起来，嘴里说道："上天这是把荣华富贵赐予我老汉啊！"

刘仁轨渡海出发，在熊津江口与百济叛军遭遇，百济叛军自然不是刘仁轨的对手。刘仁轨与新罗军队两面夹击，叛军溃不成军，被唐军杀死以及赶到海里淹死的有一万多人。

消息传到叛乱和尚道琛耳朵里，道琛坐不住了，连忙解除了对泗沘城的包围，退守任存城（今朝鲜半岛大兴城）。

形势向有利于唐军的方向发展，如果新罗军队靠得住，刘仁轨便能带领本部人马与新罗军一起乘胜追击，没想到的是，新罗军队靠不住。

不久，新罗军队撤了，理由很奇葩，军粮吃完了。

李治得到消息，再次下令新罗军队增援刘仁轨，然而新罗军队走到半道遭遇了百济叛军阻击，被打得大败，便狼狈逃回自己的国内。

新罗靠不住了，想要平叛百济还得靠刘仁轨自己，不过此时百济叛军势力已经大增，单靠刘仁轨的兵力还远远不够。刘仁轨索性进入泗沘城与刘仁愿会师，按兵不动，休养生息，以静制动。

很快，百济叛军发生了内讧，和尚道琛和大将扶余福信打了起来，最终扶余福信诛杀了道琛，自己掌握了兵权。

随着时间推移，刘仁轨的压力越来越大，原本还有几路唐军在高句丽境内作战，如今苏定方和契苾何力已经收兵班师回朝，整个朝鲜半岛只有刘仁轨一支孤军，守着一座孤城。

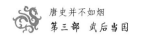

考虑到如此危急，李治下诏给刘仁轨：最好全军移师新罗境内，暂避百济叛军锋芒，如果新罗国王需要唐军协防，那么留在新罗境内，如果不需要，那么渡海返航。

接到诏书，刘仁轨犹豫了，是听从诏令渡海返航，还是原地坚守呢？

考虑再三，刘仁轨决定留下来，他知道一旦返航，那么平定百济将毁于一旦，更别说日后对高句丽的征战了。

不，我们要留下来。

其实，以当时刘仁轨的处境，他们已经很难坚守了，对手扶余丰和扶余福信已经看出他们的窘境，甚至派人送信：你们什么时候走啊，我们一定给你们送行！

刘仁轨和刘仁愿就此断定，百济叛军必定以为唐军归心似箭，已无战意，这时出其不意攻其不备，应能收到奇效。

刘仁轨率部发动突袭，连败百济叛军，攻陷真岘城，打通了与新罗运输粮草的通道，这下粮草问题解决了。

随后刘仁轨上书李治，请求往百济增兵，李治立刻下令征调民兵七千人前往增援刘仁轨。

在刘仁轨请求增援的同时，百济叛军内部又发生了变化。

大将扶余福信自恃拥立有功，大权独揽，与新国王扶余丰渐渐产生了矛盾，两个人都开始算计对方。

扶余福信对外宣称有病，睡到了一个地窖里，他的理想算盘是，等扶余丰前来探望时将其斩于地窖之中。

不料，扶余福信的暗杀计划泄露了，扶余丰索性一不做二不休，带领亲信向扶余福信发动突袭，抢先一步将扶余福信诛杀，然后派人向高句丽和倭国请求增援。

大战一触即发。

白江口之战

龙朔三年（663 年）九月，唐朝增援刘仁轨的大军赶到，远征军士气大振。

此时远征军有两个选择，一是攻打百济的加林城，二是攻打百济叛军的临时都城周留城，众将纷纷主张攻打加林城，因为那里是水陆交通要道，兵家必争。

刘仁轨摇了摇头，加林城确实重要，但地势险要，城防坚固，攻打不易，硬攻会给大军造成很大损伤，而周留城是百济叛军的临时都城，国王扶余丰就在里面，拿下周留城，加林城不在话下。

在刘仁轨的主张下，刘仁愿率一部人马由陆路挺进，刘仁轨率另一部人马由海上挺进，双方在白江会师，然后一同进军周留城。

刘仁轨不会想到，就是这次进军，让他永载史册，他率军打赢了中日交战史上的第一仗。

白江口，刘仁轨率领的唐军与倭国军队遭遇，双方展开交战。

一天之内，双方连续交战四次，唐军水陆联合，四战四捷，焚毁倭国战船四百余艘，火光冲天，蓝色的海水被染红，倭国援军溃不成军。白江口之战，唐军获得全胜。

凭借此胜，刘仁轨被称为"中国抗倭第一名将"。

白江口之战对于中日两国的影响都是深远的，有唐一代，日本遣唐使络绎不绝，为什么？

理由就是白江口之战。

正是白江口之战打出了大唐威风，也打出了倭国的求学之心。白江口海战之后，倭国开始向唐朝学习，并对后世的日本产生了深远影响，影响一直延续到今天，比如日本文字，比如日本的建筑布局等。

刘仁轨在白江口把倭国援军打得落花流水时，感到情况不妙的扶余丰已经逃到了高句丽，他的儿子扶余忠胜走投无路，只得向刘仁轨投降，百济境内基本平定，只剩下一个任存城在坚守。

这时，唐朝历史上另外一位名将出现了，此人就是百济人黑齿常之。有唐一代，黑齿常之与哥舒翰一样都是有名的外籍名将，黑齿常之投入唐朝怀抱，正是从跟随刘仁轨开始。

原本黑齿常之与唐军誓不两立，他跟苏定方的部队还有过交战，而且不落下风。如今百济全国基本平定，黑齿常之看出百济气数已尽，便向刘仁轨

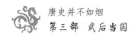

投降。

收降黑齿常之之前，刘仁轨给黑齿常之出了一道难题：率领所部人马攻打任存城。

刘仁轨随后补充了一句：所需粮草由唐军提供。

刘仁轨此举是有风险的，倘若黑齿常之拿着粮草跑了呢？那不成了以粮资敌了吗？

有属下劝告刘仁轨，夷狄人面兽心，不能信任。

刘仁轨摇了摇头，说道："我看他们忠勇智谋，可以信任。"

果然不出刘仁轨所料，黑齿常之很快便替唐军打下了坚守的任存城，并从此成为对唐朝忠心耿耿的一代名将。

百济的叛乱完全平定，征伐的矛头该指向高句丽了，这一次不打则已，一打就要让高句丽灭国。

第六章　灭国高句丽

内　讧

刘仁轨平定百济叛乱三年后，高句丽国内发生了内讧，渊盖苏文的三个儿子发生了内讧。

身为高句丽中央执政官的渊盖苏文去世了，长子渊男生继任中央执政官，继续掌握高句丽的权柄，主持国家政务。

渊男生身下还有两个弟弟，一个叫渊男建，一个叫渊男产，原本兄弟三人很和睦，不过三兄弟身边却遍布着很多别有用心的人。

乾封元年（666年）五月，渊男生离开平壤到各地视察，临走前委任两个弟弟留守，然后他就放心地踏上了巡查之路。

令渊男生没有想到的是，他前脚刚走，就有人开始离间他们兄弟。

离间的人对渊男建和渊男产说："你们大哥不能忍受你俩对他构成的威胁，想要除掉你们，不如你们先动手吧。"起初渊男建和渊男产并不相信，然而架不住离间的人忽悠，他俩越想越怕，越怕越想，越想越像真的。

与此同时，渊男生身边也出现了离间他们兄弟的人，这个人对渊男生说："你的两个弟弟害怕你夺取他们手中的权力，打算关上城门，不让你回平壤了。"

渊男生心里开始发毛，不会是真的吧？

越想越怕，越怕越想，渊男生派密使回平壤探听消息，没想到一进平壤，密使就被渊男建的人抓了起来，渊男建准备动手了。

渊男建以国王的名义召唤渊男生返回平壤，召唤遭到了渊男生的拒绝，渊男生不知道平壤城里发生了什么，自然不敢贸然回去。

双方矛盾在相互试探中升级，渊男建索性一不做二不休，自己当了中央执政官，然后发动军队，征讨大哥渊男生。

内讧就此爆发。

远离平壤的渊男生一路逃亡，暂时逃进一座城池保命，马上开动脑筋想对策。经过分析，他发现以自己现有实力，根本无法与盘踞在平壤城的两个弟弟抗衡，他们控制国王，手握全国兵权，自己呢，几乎两手空空，要对攻的话，无异于鸡蛋去碰石头。想来想去，只有一条路可走，那就是找外援。

渊男生想了一圈，最终无奈地选择了唐朝，在他看来，只有唐朝这个外援能够打败自己那两个弟弟，其他国家都不济事。

唐朝会答应吗？渊男生心里也没有底，不过事已至此，死马也得当活马医了。渊男生派出自己的儿子渊献诚向唐朝请求增援。

渊献诚这个名字起得真好。

出　兵

当渊献诚把父亲的请求通报给唐朝政府时，皇帝李治在心中写下了三个字：我愿意。

李治下诏，任命右骁卫大将军契苾何力为辽东安抚大使，渊献诚为右武卫将军担任大军向导，同时命庞同善和高侃一同出兵，讨伐高句丽。

两个月后，庞同善的大军大破高句丽军队，随后与渊男生的部队会师。

局势正在朝着有利于唐朝的方向发展，李治心里还是有些没底，想来想去他想到了一个人，如果让此人出山，远征高句丽必定大获全胜。

谁啊？李勣。

这一年十二月十八日，李勣接到了李治的召唤，这一年李勣七十二岁。

让一个七十二岁的老人出征，是不是有些不近人情？李勣却摆摆手，不，不，我愿意。

李勣一直对贞观十九年那次远征耿耿于怀，当时他们被阻挡于安市城下，本来有机会攻克安市城，这时李勣却说错了一句话。

李勣看到安市城的守军谩骂李世民，便请示李世民说："等攻下安市城后，男女老少一律坑杀。"李世民点头表示同意。就是这句话让安市城的男女老少众志成城，反正要被人家坑杀，那不如坚守城池，与他们血战到底。

这句话让贞观十九年的远征以失败收场，也让李勣一直耿耿于怀，现在皇帝把这个千载难逢的机会又交到他的手里，他忙不迭地说，我愿意。

随同李勣出征的还有郝处俊、郭待封等人，郝处俊担任副帅，郭待封负责运送粮草。李勣出征之前，还想把自己的女婿杜怀恭带上，指望通过这次远征让杜怀恭跟着建功立业。

令李勣没想到的是，他的安排却遭到了女婿的拒绝，理由是穷，没钱买装备；李勣连忙派人送去了钱，没想到杜怀恭又拒绝了，理由是没有奴仆和战马；李勣连忙又派人送去了奴仆和战马，这下杜怀恭无法拒绝了。

杜怀恭跑了，跑进山里躲了起来，然后跟别人抱怨道："老头子不过是想杀了我，以壮军威。"李勣哭了，他没想到自己的女婿居然荒唐到这个程度，让他建功立业都拒绝，太放荡不羁了。

我本将心向明月，奈何明月照沟渠。

带着少许遗憾，李勣踏上了远征高句丽之路，这是他人生中的最后一次出战，也是达到人生巅峰的一战。

插　　曲

重上战场，李勣威风不减当年，他从新城（今辽宁省抚顺市北）开始攻击，一路连克十六个城池，这时他收到了一封信。

信是郭待封写来的，信的内容是一首诗。

郭待封受命组织运输，为大军提供粮草，不过这些粮草都是给前线准备的，并没有郭待封他们自己的份。郭待封的粮草由另外的机动部队供应，没想到机动部队的运粮船在海上遇险，船只破碎，粮草无法按期提供给郭待封。

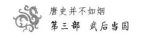

苦等粮草不来的郭待封只能向李勣求救，却又怕被高句丽士兵半路截获，便写了那首诗。

李勣一看，鼻子都快气歪了，大敌当前，还有心思写诗，非把他斩了不可。李勣刚想下令，被旁边的通事舍人元万顷给拦住了："等等，让我仔细看看。"看了几遍之后，元万顷发现，郭待封写的是一首离合诗，其表现形式跟今天的藏头诗有异曲同工之妙。

经过元万顷的诠释，李勣明白了，原来郭待封没米下锅了。

凭借这次机灵的解读，元万顷赢得了李勣的信任，然而没过多久，元万顷出事了。出事的起因是他写的一篇讨高句丽檄文。

檄文中，元万顷洋洋洒洒，把高句丽骂得体无完肤，不过其中一句引起了渊男建的注意：你们愚蠢至极，竟然不知道防守鸭绿江天险。

脏话骂多了，把实话骂出来了。

渊男建顿时一个激灵，马上派重兵守住了鸭绿江，然后还幽默地给唐军回了一封信："谢谢啊，谨遵您的教诲。"如此一来，李勣的远征大军受到了阻挡，一时无法突破鸭绿江天险，李勣的鼻子再次气歪了。

皇帝李治在得到报告之后，鼻子也气歪了，马上下了一道诏书，将元万顷从辽东前线贬往岭南。

让你瞎写。

攻陷平壤

两个月后，李勣攻克了鸭绿江边的大行城（今辽宁丹东），随后向高句丽的江防部队发起了进攻。

鸭绿江防线是高句丽最重要的一道防线，过了这道防线，首都平壤就处于唐军的刀锋之下，双方都意识到这条防线的重要性。

高句丽士兵死守，唐军猛攻，经过几轮冲锋，李勣终于冲破了高句丽的鸭绿江防线，平壤就在不远处。

乾封三年（668 年）八月，李勣乘胜推进二百余里，兵临平壤城下，此时另一路由契苾何力率领的大军已经提前抵达，两军会师，对平壤形成了合围之势。这一围就是一个多月，城外的李勣不着急，城内的高句丽国王高藏却很着急。在高藏看来，反正权柄早就落到了渊盖苏文父子手里，自己这个国王不过是傀儡，既然如此，不如早点向唐军投降。

高藏派出渊男产率领九十八名大臣向李勣投降，受到了李勣的热情欢迎。然而一根筋的渊男建还不准备放弃，他还在坚守，只是连战连败，连败连战，陷入了无尽的恶性循环。

渊男建有些烦了，索性将兵权交到了和尚信诚手里，他以为出家人无欲无求靠得住，没想到，关键时刻，和尚也靠不住。信诚见大势已去，也动了凡心，暗中派人向李勣投降，双方约定，五天后打开城门，迎接唐军入城。

九月十二日，城门准时开放，唐军一拥而上，攻上平壤城墙，将唐朝军旗插遍了平壤的城头。渊男建的路走到了尽头，他选择了自杀。不过自杀未遂，随后被救活，然后又被唐军押往长安献俘，高句丽王国自此灭亡。

巅　峰

公元 668 年十二月初，远征军统帅李勣向李世民的昭陵献俘，祭告李世民高句丽已经平定，您可以安息了。

此时距离李世民贞观十九年的御驾亲征已经过去了二十三年，距离隋炀帝杨广三征辽东已经过去了五十多年，杨坚、杨广、李世民想做而没有做到的事，终于在李治任上完成了，而完成最后一击的就是李勣。

凭借此战，李勣达到了人生的巅峰，在十二月十七日举行的祭天仪式上，皇帝李治第一个献祭，而他紧随李治之后，第二顺位献祭。（在儒家传统中，这是殊荣。）

这一年李勣七十四岁，他登上了人生的巅峰，同时也接近了人生的终点。

一年后，李勣患病，李治帮他召回了所有在外为官的儿子，然后不断地赏赐药物。对于皇帝李治和太子李弘赏赐的药物他张嘴就服，而对于自己家人请来的医生开出的药物，他一口不吃，因为他知道，一切都是他的命。对于自己的一生，李勣是这样总结的："我十二三岁时当无赖贼，见人就杀；十四五岁时当无敌贼，不高兴就杀；十七八岁时当上流贼，上战场才杀；二十岁时已不当

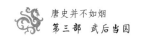
贼，而当大将，指挥军队，救人性命。"

公元 669 年十一月的一天，李勣召集起全家人，将家事托付给自己的弟弟李弼，总体要求只有一个，小心保存自家门户，如有子孙不肖，结交不法分子，先行打死，再报告皇上。

李勣说这话时，孙子李敬业（徐敬业）正站在面前，如果他有看到未来的第三只眼，他一定先吩咐李弼将徐敬业打死，可惜，他没有第三只眼。

十二月三日，李勣与世长辞，享年七十五岁。在他身后，哀荣极盛，皇帝李治恩准他陪葬昭陵，陵墓修筑得如同阴山、铁山、乌德鞬山，以表彰他攻破东突厥汗国、薛延陀汗国的不朽功绩，谥号"贞武"。

明末清初著名的思想家王夫之对李勣曾作出如此评价：

> 于李密，忠也；于单雄信，义也；于兵士，恤也；于唐朝，始终如一，灭之高句丽，功至高也。

此言不虚！

遗憾的是，尽管李勣一生功高至此、谨慎如是，他还是没有想到，自己的数十年功业就毁于小小的一根肇事火柴！

这根小小的肇事火柴就是他的孙子徐敬业！

在徐敬业反武之后，李勣的所有官职被追夺，棺木尸体被毁坏，同时被剥夺李姓，改回徐姓，此时他应该叫徐勣了；唐中宗李显复位后，徐勣得到平反，李显诏书曰：宜特垂恩礼，令所司速为起坟，所有官爵，并宜追复！

后来在《旧唐书·李靖李勣列传》中有如此评语：功定华夷，志怀忠义。白首平戎，贤哉英卫。

从徐世勣到李世勣，从李世勣到李勣，从李勣到徐勣，从恩宠到毁坟，从毁坟再到平反，生活对于李勣而言就是一张张票根，幸好他早有一颗"驿动的心"！

第七章　危险关系

陈　年　往　事

公元655年，武则天通过自己的奋斗终于当上了皇后，从此她一人之下、万人之上，从此她母仪天下。

然而，冷静下来，却总有一些事让她耿耿于怀。

什么事呢？

她和母亲在武家遭受了不公正待遇。

在《贞观长歌》一书中，我曾经提到过，武则天母亲杨女士并非武士彟的原配，而是武士彟的第二任妻子，据说杨女士四十岁时对武士彟一见钟情，然后义无反顾地投入了丧偶的武士彟怀抱。

令杨女士略有遗憾的是，她没能给武士彟生下一个儿子，而是连续生下了三个女儿。在三个女儿中，武则天排行老二，杨女士没有想到，就是这个二女儿改变了这个家族的命运。

在武则天改变家族命运之前，杨女士在武家的日子并不好过。

武士彟与前妻还育有两个儿子，一个叫武元庆，一个叫武元爽。两个儿子与继母杨女士的关系也只是马马虎虎，武士彟健在时关系尚能维持，而随着贞观九年武士彟病逝，杨女士与武元庆、武元爽的关系迅速降到了冰点。

武元庆和武元爽不仅没把杨女士放在心上，更没放在眼里，言语不敬更是

家常便饭，只有女儿却没有儿子撑腰的杨女士只能打掉了牙往肚子里咽。

与武元庆、武元爽一起对杨女士不敬的还有两个堂兄弟加一个堂嫂，堂兄弟名字分别叫武惟良、武怀运，而堂嫂则是已故堂兄武怀亮的妻子善女士，这五人一起构成了对杨女士不敬的团队。

当不敬团队开始欺负杨女士时，武则天还只是一个十一岁的少女，即便有心为母亲撑腰，还是底气不足。武则天在心中暗暗发誓，一定要改变命运，将来帮母亲翻身。

两年后，也就是贞观十一年，武则天的机会来了。李世民听说她貌美如花，才貌双全，下诏召她进宫。母亲杨女士为此非常忐忑，她担心女儿一入后宫深似海，非常忧虑。武则天非但没有忐忑，反过来安慰母亲，她说："得见天子，未尝不是一件幸事。"

显然她把进宫当成了改变自己命运的机会，后来的事实证明，她成功了。

从公元637年进宫到公元655年成为皇后，武则天用十八年的时间改变了自己的命运，原本她想对同母异父的哥哥以及两位堂兄表现自己的大度，没想到对方居然没有领她的情。

为了表示大度，武则天在升任皇后后便给四位哥哥升了官，而且基本上都是越级提拔。

武元庆由右卫郎将（正五品）升任宗正少卿（从四品）。

武元爽由安州户曹（正七品）升任少府少监（从四品）。

武惟良由始州长史（从五品）升任司尉少卿（从四品）。

武怀运由瀛州长史（从五品）升任淄州刺史（正四品）。

除了武元庆是从正五品升任从四品，其他三人都是越级提拔，武则天此举一是向四位哥哥显示自己大度，二是想缓和一下家族内部关系，毕竟皇后家族的内部关系还是有人指指点点的。

令武则天没有想到的是，热脸还是贴了冷屁股。

在一次由杨女士召集的家庭宴会上，杨女士首先挑起了话头："你们还记得当年那些事吧？今天跟皇后共享荣华富贵，感觉如何啊？"

杨女士也就是想显摆一下，顺便从武元庆他们那里听一些阿谀奉承的话，同时也有缓和双方关系、给对方一个台阶下的意图。

令杨女士没想到的是，武元庆等人非但没有对她阿谀奉承，反而冷言冷语，一如当年的冷漠。

武惟良先开口了："我们幸运的是以功臣子弟身份早早地进入了官场，不过按照我们各自的能力，并不幻想飞黄腾达。怎么会盼望借皇后的光，枉受朝廷的恩宠呢？我们日夜只有忧愁恐惧，并不以皇后为荣。"

如果说刀子杀人见血，那么武惟良的话杀了人，却不见血。

杨女士满心欢喜地想用女儿的地位为自己换来尊重，没想到对方依然不给面子，看自己的眼神居然与二十年前一样。

这就是传说中的敬酒不吃吃罚酒吧。

动　手

杨女士将消息反馈到武则天那里，武则天意识到，自己与这些哥哥注定是两条平行线，看起来很近，其实很远，过往的经历注定，他们不是一条线上的人。

既然对方并不领情，那么自己也不必手下留情。

公元 666 年，武则天开始动手，她以防止恩宠太盛为由，将几位哥哥从本来的高位上拉下，然后一一贬往外地。

武惟良由司尉少卿出任代理始州刺史。

武元庆由宗正少卿出任龙州（今四川平武）刺史。

武元爽由少府少监出任濠州（今安徽凤阳）刺史，后贬往振州（今海南三亚）。

武怀运由于原来就是淄州刺史，暂时留任。

武惟良、武元庆、武元爽由中央官员下放为地方官员，虽然看起来品级变化不大，但只有他们自己知道，生活的落差到底有多大。

在武则天的打压之下，武元庆和武元爽受到了前所未有的压力，他们已经见识过武则天报复长孙无忌的手段，现在，这个同父异母妹妹正拿着屠刀向自己身上砍来。

武元庆和武元爽的经历告诉我们，要么嘴别硬，要么身体能扛住事。

只可惜这两人恰恰相反，嘴硬，身体却扛不住事。

武元庆抵达龙州后便因忧愁过度,抑郁而死;武元爽也好不到哪里去,抵达振州之后,也没有活多久,便郁郁而终。他们的儿子武承嗣、武三思也只能流落当地。如果没有意外发生,他们或许就将在当地终老。

四个哥哥死了两个,现在还剩下武惟良和武怀运这两个堂哥,该如何处理这两个人呢?

武则天做了一个连环局。

武则天的连环局光有武惟良和武怀运还不够,还得扯上武则天的外甥女贺兰姑娘。

在武则天一母所出的姐妹中,大姐嫁给了贺兰越石,生下了一个儿子叫贺兰敏之,一个女儿就是贺兰姑娘;武则天的三妹嫁给了郭孝慎,结果夫妻俩双双早逝。

这个世界上与武则天最亲的娘家人就是大姐以及外甥、外甥女,武则天一度也把他们当成最亲的人。

好景总是不长,矛盾还是随着飞逝的时光出现了。

武则天的大姐夫贺兰越石早逝,大姐便经常带着女儿贺兰姑娘进宫找武则天聊天,日子一长,李治对这对母女的感情产生了微妙变化,进而很是宠爱。李治先是封武则天的大姐为韩国夫人,在韩国夫人去世后,他又封贺兰姑娘为魏国夫人,还想把贺兰姑娘留在宫中,至于名头,他还没有想好,正在犹豫之中。

就在这个时候,武则天已经看透了李治的意图,闹了半天,李治是在打外甥女的主意,这让武则天非常不安。

单论血缘关系,其实她应该为外甥女高兴,然而转念一想,她被自己的想法吓住了,自己当年能凭借手腕登上皇后宝座,那么比自己年轻又比自己貌美的外甥女会不会如法炮制呢?

一切皆有可能。

想到这一层,武则天意识到,到了将贺兰姑娘以及武惟良、武怀运一起处理掉的时候了,他们都将陷入自己设的连环局之中。

公元666年,李治和武则天举行了盛大的封禅仪式。仪式上,武则天展示了自己母仪天下的风采,让自己成为全天下女人最羡慕的女人,与此同时,连环局也在同步进行。

武惟良和武怀运同全国其他刺史一样，也参与了封禅，贺兰姑娘作为武则天的特邀嘉宾，同样参与了封禅。

一切都在正常运转，连环局也在步步紧逼。

连环局的源头是一张饼，一张抹上了有毒肉酱的饼。

抹上有毒肉酱的饼被武则天送给了贺兰姑娘，贺兰姑娘在吃之前或许还在感激二姨的恩宠，然而在吃下之后，就在心里埋下了对二姨武则天的诅咒。

饼里有毒，有剧毒。

贺兰姑娘很快就跟着那张有毒的饼去了，她的进宫梦想也就此烟消云散，而她的两个远房舅舅，也掉进了连环局。

几乎在贺兰姑娘毒发身亡的同一时刻，武则天便指出武惟良、武怀运是毒害贺兰姑娘的凶手，连环局就此形成。

皇后说你是，你就是，不用辩解，辩解没用。

这一年的八月十四日，武惟良和武怀运被处斩，同时他们在死后还被改了姓，以后你们不姓武了，姓"蝮"。

前面说过，对杨女士不敬的团队总共有五人，四个男人，一个女人，现在四个男人各就各位，剩下一个女人也在劫难逃。

在劫难逃的女人便是武则天的堂嫂善女士，她同样没有逃过武则天的报复。她先是被武则天以串通武惟良为名没收到宫中做了一名婢女，然后在进宫后的某一天遭到了鞭打，鞭子是用有刺的荆条做的。

善女士的皮肉被打得一块块脱落，露出了白骨，然后在哀号中断气死去。

到这个时候，武则天长长出了一口气，长达三十年的屈辱终于一一了结，别人曾经施加给她的，她加倍奉还了回去。

贺兰敏之

连环局结束了，武则天达到了自己的目的。

在大姐、三妹、外甥女去世之后，贺兰敏之和杨女士就成了武则天最亲的娘家人。一度，武则天也把贺兰敏之当成最亲的人。

公元666年，武元庆和武元爽在外地憋屈而死后，谁来继承武士彟的爵位

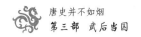

被提上了议事日程。

按照常理，武士彠的孙子武承嗣、武三思都有资格。然而武则天却不想让这样的好事落到他们头上，想来想去，最合适的人选还是外甥贺兰敏之。

不过还有一个问题，贺兰敏之姓贺兰，并不姓武。

这个很简单，把贺兰敏之列入武氏家谱，改姓武就可以了，让他作为武士彠的后嗣，继承武士彠的爵位。

从此，贺兰敏之不再是贺兰敏之，而是武敏之。

凭借这层特殊关系，武敏之仕途平步青云，很快便升迁为门下省弘文馆学士、左散骑常侍，在姨父和姨妈面前都是相当的红。

不过他的红，并没有维持多久，很快他就因为一次谈话被姨妈武则天怀恨在心。

谈话是在李治和武敏之两人之间进行，主题是贺兰姑娘的死因。

李治说："朕出去主持朝会时她还好好的，等我回来，她已经没得救了，怎么会死得这么快呢？"

武敏之没有回应，只是号啕大哭。

这一幕被武则天的眼线看到，转述给武则天。武则天仔细揣测了一番，得出了结论：这孩子看来是怀疑到我了。

武敏之什么都没说，武则天却认为他已经怀疑到自己，或许这就是做贼心虚吧。

如此一来，武则天对武敏之再也没有以往那样宠爱，而是越看越不顺眼，曾经最亲的人，现在渐行渐远。

四年后，武则天的母亲杨女士病逝，当武则天还沉浸在悲痛中时，她却听说，武敏之已经脱掉孝服，奏上了乐曲，与歌女纠缠在一起。

武则天的心深深地被刺痛了。

不久，更深的刺痛又来了，这一次比上一次放大了很多倍。

原本武则天和李治已经看上了司卫少卿杨思俭的女儿，准备让她做太子李弘的太子妃，结婚日期已经敲定，意外却发生了。

就在结婚之前，准太子妃居然被强暴了。

谁干的？武敏之。

硕大的一顶绿帽子居然要给太子戴上，武则天出离了愤怒，这个武敏之居然荒唐到这个地步，留他何用？

公元 671 年六月十一日，李治下诏将武敏之放逐到雷州（今广东雷州），同时剥夺武敏之姓武的权利，从此之后你还是贺兰敏之。

被放逐的贺兰敏之并没有走到雷州，当他走到韶关时，便抵达了人生终点，韶州地方官用一根马缰结束了他的人生路。

一根马缰结束了贺兰敏之的一生，同时也把意外的惊喜带给武元爽的儿子武承嗣，他被武则天恩准从岭南返回长安继承爷爷武士彟的爵位，与他同时得到解放的还有武元庆的儿子武三思。

上一代的恩怨已经终结了，武则天不想再跟侄子们过不去，从此对这两个侄子恩宠有加，甚至在自己称帝之后还徘徊于"传侄"还是"传子"，而这一切的起源，便是公元 671 年对武承嗣的重新起用。

倒霉的王勃

从公元 666 年到 671 年，李治一直冷眼旁观着武则天对娘家人的整肃，这些事并不是他关心的，他更关心皇子之间的关系。他曾亲眼目睹李承乾和李泰的争斗，也曾听说父亲当年的玄武门之变，他知道皇子之间的关系是最难处理的，因此他格外关注他们之间的关系，只要一有不好的苗头，便要扼杀在摇篮之中。

久而久之，对于皇子之间的关系，李治有些神经过敏。

这时一个倒霉蛋撞了上来，倒霉蛋就是"初唐四杰"之一王勃。

王勃倒霉之前的身份是沛王李贤府里的修撰，他倒霉是因为一篇恶搞檄文。

王勃檄文的写作背景是这样的，当时京城贵族圈里流行斗鸡，贵族们纷纷豢养斗鸡，以斗鸡为乐。沛王李贤和后来成为皇帝的英王李显也加入了养鸡行列，两人还约好来一场面对面的斗鸡大赛。

为了以壮鸡威，沛王李贤让王勃写一篇檄文，别人打仗有檄文，咱们斗鸡也得有檄文。

很快，王勃洋洋洒洒写好了一篇檄文，题目是《檄英王鸡》。

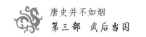

这篇檄文引经据典，妙语连珠，即便放在现在，也是一篇非常好的幽默文章，不信大家可以看看译文：

鸡啊，你在天上以昴日星君而著名于二十八宿，为太阳神所钟爱。在人间，你能沟通神明，显示国运兴衰的征兆。

黎明时分，雄鸡高叫，把人们从梦中叫醒。风雨之时，胶胶而鸣，诱发人的思乡之情。宋处宗窗下的长鸣鸡啊，与处宗舒心畅谈；祖逖床前的鸡，叫醒祖逖舞剑习武。头戴鸡帽打扮成鸡形的人，那是朝廷报时的官员；用鸡冠形头盔做帽子的，那是圣人孔门的弟子子路。秦国函谷关的夜鸣，使孟尝君安全离境；齐人百姓家鸡声的应和，让人们知道齐国的富裕。遇有疑问，人们用鸡卜卦，遇到大赦，人们把金鸡立于长杆之上。淮南王刘安的鸡跟随刘安得道升天，宋卿房梁鸡窝里的小儿是他说不清年龄的祖宗。

鸡啊，你是高德之禽鸟，决不是普通的凡鸟所能比。文有凤冠，武有利爪，你的五种美德借助于田饶昭示给国人。雌能称霸，雄能称王，你的祥瑞之气借助于二宝呈现给秦王。辛勤饲养你们，为你们起名的祝鸡翁，使你们有了朱朱的名字。苍蝇从此不能和你并列同类，蟋蟀也从此窃取不了你美好的名声。

看你那连续扑打、纵横跃击的气势，哪里会有自断其尾、逃避决斗的担心呢？身上涂有芥末，脚上武装金钩，你的装备之好已到极点，两翼张开，脚爪奋起，去与其他鸡搏斗吧。季平子和郈昭伯此时成了你的臣下，你雄立斗桩俨然具有国君一样的威风。两雄相斗必须决出胜负，一次啄击的胜利又怎能自夸呢？平常训练中养成优良的品性，在呼号争杀中才显示出真正神威。

初时看你似木头一般没有反应，关键时刻你却是铁爪横举、神志昂扬。应战时，反应机敏，神鬼莫测，冲杀中不由自主地尾巴高耸，俯首直击。无论是在村还是在店，碰到对手就攻击；无论生为鹳还是生为鹅，在同类中都要傲立群雄，凭借骁勇好斗的天性击退对手的攻击。即使力量大小悬殊，也敢于战斗；即使形势不利，也要用我的利喙战斗到底。

大胜之后，昂首挺胸，张开翅膀，俨然大鹏展翅。搏击中撕下的对方身上的肉，成了你口中的美食，对于败者你岂能容它有私下鸣叫的余地，不必等到交付厨房，你的铁口无异于滚水与烈火。

捷报快速传出，鹅鸭为你惊呼。胜利时刻，大家争睹你雄鹰般的矫健英姿。颁发旌旗，你依然只顾吞食对方而不害羞，用优美语言记述你的功绩时，你还把它的鸡肋放在嘴里而不吐出。

没有尽力战斗的鸡立即被拉到鸡坊行刑，表现懦弱如同母鸡的鸡就要格杀勿论，战场投降认输者更应斩尽杀绝。不能像对待其他家畜一样可怜它们，它们的存在只能是连累家族的祸根。

特此发布檄文。

王勃写檄文时只是为了好玩，却没有想到，这篇戏谑的檄文居然砸了自己的饭碗。

檄文有幸同时又不幸被高宗李治看到了，李治的鼻子差点被气歪了！

李治愤怒地说道："据此是交构之渐。"

李治的意思是说，王勃写这篇檄文会让皇子们之间产生矛盾，王勃本身作为王府修撰不去维护皇子们的和谐，反而写这种玩意儿破坏和谐！

赶出去！

本是一篇搞笑檄文，却落得一个不搞笑的结果，王勃觉得自己的人生很搞笑。

后来，仕途坎坷的王勃乘船前往交州（今越南）看望父亲，船进入南海，王勃落水而卒，时年二十七岁。

是主动赴水，还是失足落水，皆有可能！

船入汪洋大海，回想人生经历，最易引发人生感慨，当此时，生死其实只是一闪念！

有的人虽生犹死，有的人虽死犹生。

既然生，就生如夏花之绚烂；淡然死，却死若秋叶之静美！

而这一切，其实都始于李治的神经过敏。

多年以后，李治才发现，在他的皇帝生涯中，最危险的关系不是存在于父子之间，也不是存在于皇子之间，而是存在于母子之间。

第八章　母子之间

李　弘

永徽三年，武则天为李治生下了一个男孩，她给这个男孩起了个名字：李弘。

从后来的史实看，李弘是武则天的福星，也是武则天进攻的号角。

李弘出生之后，武则天原本与王皇后亲密无间的关系荡然无存，转而成为你死我活的竞争关系。为了抵御武则天携带李弘的进攻，王皇后采用了李代桃僵的办法，认下了后宫刘氏生下的皇长子李忠，企图用这个螟蛉之子对抗武则天的李弘。

事实证明，王皇后不是武则天的对手，李忠也终被李弘取代。

永徽六年，王皇后遭到废黜，李忠紧跟着遭殃，太子的接力棒交到了李弘手里。李治不会想到，他名下的八个儿子，居然五个有过当太子的经历，普及率达到了5/8，这个比例可够高的。

永徽七年正月六日，李忠的太子头衔过期了，李弘成为现任太子，为此李治专门改了一个年号：显庆。

显庆，发自肺腑的庆祝。

对于李弘这个儿子，李治和武则天倾注了很多心血。如同每对新婚夫妇都渴望白头到老，李治和武则天也渴望李弘这个太子将来能挑起王朝的重担。

令他们欣慰的是，李弘的表现堪称完美，这个完美从孩提时代一直延续到成年。

在李弘还是儿童的时候，他受命跟随率更令郭瑜学习《春秋左氏传》。讲到楚世子商臣弑君时，李弘感叹了一声，把书合上，对郭瑜说道："圣人亲自过目的书，怎么还写这些大逆不道的事情？"

郭瑜回应说："孔子作《春秋》，善恶必书，目的就是惩恶扬善，所以商臣弑君的罪虽然过了一千年，但劣迹还在。"

李弘则说道："我的眼睛不想看到，我的耳朵也不想听到，我想读别的书。"

说这话时，李弘不过是五六岁的儿童，是非观如此分明，令郭瑜顿时刮目相看。

郭瑜思考了一下，将《春秋左氏传》换成了《礼》。孔子说，不学礼，无以立，从今天开始改学《礼》了。

不久，李弘又做了一件事，让李治欢喜不已。

李弘做了一件什么事呢？他挂名主编了一本书，书的名字叫《瑶山玉彩》。

这本书由李弘任主编，太子宾客许敬宗、太子右庶子许圉师、中书侍郎上官仪、中舍人杨思俭担任编委，编委团队非常强大。

许敬宗在前面已经说过了，李世民旗下的十八学士之一，许圉师这个名字或许大家有点陌生，不过只要提一个人的名字，大家就会对他有似曾相识的感觉。

李白！

李白正是许圉师的孙女婿，曾经在许圉师的家乡安陆生活了十年，现在湖北安陆自称"李白故里"，正是因为李白曾经入赘许家，并在那里长期生活。

上官仪就是后来赫赫有名的上官婉儿的爷爷，而杨思俭后来差点儿做了李弘的岳父，结果被贺兰敏之给搅黄了，这个在前面已经说过。

四大编委都是当世的文学大家，他们奉李弘之命一起编著《瑶山玉彩》。他们在文思殿博采古今文章，摘取英词丽句，林林总总五百余篇，便编成了《瑶山玉彩》。

从《瑶山玉彩》的构成来看，无非是一些华美词句集合，看起来有些小

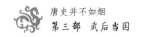
儿科，但不要忘了，这正是李弘这个六岁小儿干的。对于一个六岁的孩子，还要奢求什么呢？

等李弘将自己的劳动成果上报给李治时，李治大喜过望，喜好文学是李世民的传统，也是李治的最爱，现在这个优良传统又遗传到李弘身上，李治内心的欢喜无法抑制。

这本看起来小儿科的著作，为李弘赢得了三万匹绸缎，许敬宗等四大编委也跟着升级，同时还有绸缎相赠。

太子李弘在父亲期待的目光中渐渐长大，到公元668年，他已经十六岁了，这一年他又做了几件大事。

第一件，他请求给两个人追赠官职，一个追赠太子少师，一个追赠太子少保。

什么人值得李弘追赠呢？

被追赠少师的是颜回，被追赠少保的是曾参，当这个追赠计划报到李治那里时，李治又被儿子震动了一番。

身为太子，能够主动以两位先哲为师，而且还隆重地为他们追赠，这说明他心里有这两位老师，而向这样两位老师学习的太子，还会有错吗？

李治当即准奏，李弘的第一件大事就此办完，从此颜回和曾参又多了一个身份：太子李弘的老师。

李弘在后世被推崇有加，与这次追赠不无关系。

不久，李弘又办了一件大事，这件大事传递着人性光芒，彰显着李弘厚道仁爱的人品。

前面曾经说过，公元668年对于唐朝来说是值得纪念的一年，这一年李勣将高句丽灭国，完成了唐太宗李世民的遗愿，同时将李治时代的文治武功推向了新的高度。

不过在辉煌的背后，也有让李治恼火的东西存在，那就是远征高句丽时居然出现了不少逃兵。

无论在什么时候，逃兵现象都不能容忍，李治自然也不能容忍。李治下了一纸诏书，严令逃兵自动向官府自首，逾期不自首者以及自首后又脱逃的一律斩首，妻子儿女罚没为奴婢，男为奴，女为婢。

诏令下达之后，全国各地按令执行，并没有人对诏令说三道四，就在这个时候，李弘站出来说话了。

李弘给李治上了一道奏疏：

> 士兵逃亡的原因其实有很多种，有的是因为生病误了军期，有的是因为被俘虏，有的是因为渡海时溺水而死，有的是因为深入敌人心脏地带被敌人杀伤，而现有的军法规定：不因战亡，则同队悉坐。
>
> 因此当有人发生意外后，与这个人同队的人害怕军法处置就会选择逃亡，而政府因此就将他们的妻子儿女罚没，事实上他们是情有可原的。《左传》里说，与其杀一个无罪的人，不如放过一个有罪的人。那么对于逃亡将士的家属，不妨免除他们被罚没发配的刑罚。

奏疏递上之后，立即得到了李治的肯定，一时间很多家庭因为李弘的奏疏得到解放，太子的仁慈有口皆碑。

李弘只是做了一件事，那就是"把人当人"，这件事看起来很简单，但古往今来，又有多少太子真正做到？

不久，李弘又将自己的仁慈具体化了，具体到太子宫的士兵身上。

当时关中大旱，粮食紧缺，李弘无意间看到有的士兵饭中夹杂着榆皮、蓬实，这些东西显然不是无意加进去的，而是有意为之，为的是节省粮食。

李弘看后，心中不是滋味，虽然脸上没有表现出来，私下里却安排人给这些士兵的家里送去了米，既然自己的能力还不能普济天下，那么就从普惠这些士兵开始吧。

冲　突

公元 671 年，李弘（虚岁）二十岁，这一年是武则天与李弘母子关系的分水岭。

这一年十月二日，李治下了一道诏书，命令太子李弘监督国政。在他看来，李弘已经二十岁了，该是他接受锻炼的时候了。

这并不是李弘第一次受命监督国政，早在十岁时，他就有过受命监督国政的经历，不过那时他毕竟只有十岁，还只是一个孩子，现在他二十岁了，已经

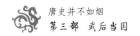

是个成年人了。

对于李治的这道诏书，武则天心中百味杂陈，一方面她为儿子的成长感到欣慰，一方面她又有一丝隐忧，让太子监督国政，是否意味着自己手中的权力将会被压缩呢？

武则天手中的权力集中在后宫，那里是她权力的主战场，由于李治身体状况不佳，同时很多国事又由武则天掌控，一旦太子全面监督国政，是否意味着要从武则天手里分割权力呢？

这是武则天所不愿意看到的，也是不甘心看到的。

皇家的父子关系是世界上最微妙的关系，在武则天身上，皇家的母子关系却成了最微妙的关系。古往今来，只要皇后或者太后有权力欲，那么母子之间的冲突将会不可避免地发生，这些冲突曾经存在于西汉吕后与皇帝刘盈之间，也曾经存在于武则天与四个皇子之间，更存在于慈禧太后与同治、光绪两任皇帝之间。

一切都是权力惹的祸。

李弘受命监督国政不久，他在后宫的一个角落里意外地见到了两个人，他被两人的遭遇惊呆了。

李弘不期而遇的人是他同父异母的两个姐姐，义阳公主和宣城公主。两位公主因为母亲萧淑妃与武则天有过节，已经被幽闭在宫廷监狱很久了。李弘见到她们时，她们已经二十多岁，还没有嫁人。

那个时代，二十多岁还没有嫁人，那得算很老很老的姑娘了。长孙皇后与李世民结婚时不过十三四岁，武则天被李世民召进宫时也不过十三岁，而义阳、宣城两位公主已经二十多岁了，大好年华在宫廷监狱中被无情地消磨。

仁慈的李弘按捺不住愤怒，他跑到李治和武则天面前要求解除义阳、宣城两位公主的监禁，同时请李治选择上好人家为两位公主赐婚。

令李弘没有想到的是，他的请求居然引发了母亲的暴怒，他第一次看到母亲在自己面前发那么大的火。

李弘还在据理力争，武则天却已经不耐烦了，指着正在站岗的翊卫权毅、王遂古说道："不就是想要她俩嫁人吗？好，我现在就把她俩嫁给这两个翊卫！"

李弘惊呆在原地，堂堂金枝玉叶，当朝皇帝的公主，就这样嫁给两个值班的翊卫？他不敢相信自己的耳朵，但他相信自己的眼睛，他明明看到母后指向了两个翊卫。

如果说一般人家的女儿嫁给翊卫是不错的归宿，因为翊卫的出身也是有要求的，翊卫一般也是根正苗红的官宦人家子弟，然而这是皇帝嫁女儿，不是一般人家的女儿。

义阳和宣城两位公主婚后的生活幸不幸福呢？习惯宏大叙事的史书没有记载，倒是电视剧《大明宫词》里有一段演绎：

（场景：太子李弘在两位公主出嫁之后的表白）

> 两位公主早已不是公主，她们的生活甚至不如一个平民的女儿。她们不仅要忍受自己崇高血统所无法想象的落魄与贫穷，还要忍受每夜她们的丈夫运用世间最庸俗的智慧构思的恶意侮辱，运用男人最粗糙的心灵酿造的冷落与孤独。她们的面容由于命运的不公而写满了对生活的恐惧和惶惑，而那上面唯一的饰品仅仅是丈夫酒后的殴痕。儿臣始终不明白，母后，如果您嫁出红莲、白莲公主真如人们所愿，是为了解救两颗无辜受虐的心灵，为什么将她们嫁给两位血统低贱、目不识丁的门卫？

即使史书上没有明文记载，我们也能想象两位公主婚后的生活。如果两位公主是武则天的亲生女儿，那么她们在夫家将会是众星捧月，然而她们是已经被废黜的萧淑妃的女儿，尽管身上也流淌着皇家血脉，但皇家已经不把她们当成公主，夫家还会吗？

如此一来，在义阳和宣城两位公主的婚姻上，太子李弘与母亲武则天产生了严重的分歧，母子之间产生难以弥合的裂痕。放在一般人家，母子没有隔夜仇，而放在皇家，放在武则天这样一个有权力欲望的母亲身上，母子是亲人，也可以是仇人。

冲突可以有，但武则天从这件事上已经看出，太子与自己不是一条心。他们有着各自不同的价值体系，两者不可调和，格格不入。

如果李治健在，居中调和，母子之间关系还能缓和，倘若李治不在了，自己这个太后怎么跟这样一个皇帝相处呢？他现在就表现自己的仁慈，为义阳、宣城两位公主出头，那么登基之后，是否会给王皇后、萧淑妃翻案呢？

这些武则天不能不想，也不得不想。

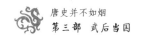

孝敬皇帝

时间走到公元675年三月，这个月发生了一件事。

李治因为长期患有头痛的毛病，痛苦不已，因此产生了让武则天摄政的想法，这正是武则天日思夜想的，却不是大臣们愿意看到的，因为在他们心中，有礼法在对武则天说"不"。

中书侍郎郝处俊得知李治这个念头后，给李治上了一道奏疏：

> 皇帝管理国家，皇后管理后宫，这是天经地义的。曹魏时，曹丕曾经下过诏令：即使皇帝年幼，也不允许太后干政，目的就是阻塞祸患的根源。那么皇帝您为什么把高祖、太宗打下的江山不传给子孙而传给皇后呢？

郝处俊之后，另外一位中书侍郎李义琰也上书规劝。他的建议是为了江山社稷，陛下最好接受。

李治让武则天摄政的念头刚发芽就被大臣们掐灭了。

事情就这么完了吗？看上去完了，其实还没完。一个月后，又发生了一件石破天惊的大事。

太子李弘死了。

时间：公元675年四月二十五日

地点：合璧宫

死因：不明

《旧唐书》只是说李弘在合璧宫病逝，享年二十三岁。

《新唐书》明确指出，武则天杀太子李弘。

司马光编撰的《资治通鉴》写道：太子李弘逝世，当时的人都怀疑是武则天将他毒死。

究竟李弘是何种死因，永远是一个谜，或许是自然病死，或许是遭遇下毒，总之这个仁慈忠孝的太子就这样死于合璧宫，享年只有二十三岁。

《资治通鉴》里有一段记述耐人寻味：

> 五月五日，李治下诏：朕正要传位给太子，太子竟一病不起，现在

理应贯彻朕之前的旨意，为太子加授尊贵的称号，称孝敬皇帝。

如果这段记载是真的，那么表明李治在让武则天摄政未遂后曾经想过将皇位传给李弘，自己做太上皇，而就在这个关键时刻，李弘一病不起。

是巧合，还是另有蹊跷，或许只有李治、武则天、李弘他们一家三口知道，或许，连天和地都不知道，你不知道，我也不知道。

或许有人会问，身为母亲的武则天真的忍心杀自己的亲生儿子吗？

放在武则天的身上，没有什么不可能。

只要想想她曾经在家中遭到的冷遇，在贞观年间长达十二年的后宫折磨，在感业寺长达一年的辗转反侧，在永徽年间长达数年的忍辱负重，一个女人，一个心思缜密的女人，她的心早就被岁月磨砺得百炼成钢。

物极必反，柔能克刚，当武则天经过李世民、李治两任皇帝的锤炼之后，她的内心深处已经没有柔，只剩下刚了。

内心再无温柔的女人，没有什么事情做不出来。

回过头来接着说李弘，由于李弘"一病不起"，他错过了继位的机会，不过他还是当上了皇帝。父亲李治没有追认他为某某太子，而是直接追认他为"孝敬皇帝"，追认太子为皇帝，先河由李治而开。

在李隆基时代，有一位亲王也被追赠为皇帝：让皇帝。这位亲王就是李隆基的大哥，李旦的嫡长子李成器。

或许，李隆基的追赠手法正是仿效爷爷李治。

在孝敬皇帝李弘身后，李治将他葬于缑氏县景山的恭陵，标准跟帝王一样，李治亲自写了一篇《睿德纪》，又亲手写到石碑上，然后将这块石碑矗立在恭陵一侧。

遗憾的是，恭陵是一个豆腐渣工程。

原本李治为恭陵设计的规模很大，造价很高，征用了大量民工进行劳役，而民工的劳动强度非常大。久而久之，民工们的忍耐到了极点，最后他们将砖瓦向监工官员扔去，发泄内心不满，然后一窝蜂地散去。

没有办法，恭陵只能草草收场，恰好对应了李弘草草收场的人生。

在李弘身后，他一度真的被当作皇帝供奉。弟弟李显复位之后，将他的牌位放进太庙，并奉上一个庙号：义宗。

义宗的庙号没有维持多长时间，在李隆基时代，庙号就被取消了，还称他

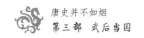

为孝敬皇帝。

如果李弘地下有知，他一定会感慨，雾里的梦想不是归宿，过继来的儿子不是儿子，自己本来在太庙找到了位置，最终还是被迁了出来。（理由是他没有真正登基。）

将李弘从太庙迁出来的李隆基，便是他名义上的儿子。

在李弘身后，由于他没有儿子，李治就为他过继了一个儿子，这个人就是李隆基。

接 力 棒

李忠废了，李弘死了，太子的接力棒传到了李治与武则天的第二个儿子李贤手里。

对于李贤，李治同样喜欢，在李贤小的时候，李治很愿意拿李贤的事迹在大臣面前显摆。

在闲聊中，李治跟司空李勣说："李贤这孩子已读得《尚书》《礼记》《论语》，一次朗诵古诗赋十余篇，只要略加提点，便过目不忘。朕曾让他读《论语》，读到'贤贤易色'时，他连读了好几遍。朕问他为什么，他说生性喜欢这句话。由此可见，这孩子夙成聪敏，出自天性。"

"贤贤易色"，说的是遇到比自己贤明的人则毕恭毕敬，第一个"贤"为动词，第二个"贤"为名词。李贤读懂"贤贤易色"时不过是个六七岁的儿童，无疑，李贤也是一个神童。

不过在太子李弘健在时，李贤并没有多少表现机会，他只不过是一个亲王，太子李弘去世，李贤的机会来了。

在李弘去世一个月后，李贤被立为太子，这是李治立的第三位太子，当然不会是最后一个。

之后，李治诏令李贤监国，据史料记载，在李贤受命监国这段时间，处事公正严明，受到一致好评。

一年后，因为监国期间表现得体，李治亲自手写诏令，对李贤表示赞赏，顺便赠送五百匹绸缎，以资鼓励。

五百匹绸缎看起来不少，不过跟李弘当年受赠的三万匹相比还显得有点少，不过别急，毕竟李贤才刚刚上路。

不久，李贤就将自己的受赠纪录与李弘扯平了，而且他的书比李弘的水平更高。

如果说李弘当年编的是儿童读物，那么李贤编的便是传世经典。他集合张大安、刘纳言等人注释了一本书，这本书便是范晔的《后汉书》，在今天流传于世的《后汉书》里，依然有李贤的注释。

凭借注释的《后汉书》，李贤受赠三万匹绸缎，同时李治将李贤注释版的《后汉书》藏于秘阁，待遇与当年李泰主编的《括地志》一样。

明 崇 俨

如果生活就这样继续下去，李贤或许按部就班地成为唐朝第四任皇帝，然而在这个时候，一个人出现了，这个人的出现改变了李贤的命运。

改变李贤命运的人叫明崇俨，这是一个自称能召唤鬼神的人。

明崇俨本是洛州偃师人，小时候，他的父亲明恪出任安喜县令，明崇俨跟着父亲到了安喜。在安喜，明崇俨遇到了一位奇人，奇人是他父亲属下的一个小吏，自称能召唤鬼神，明崇俨与奇人很聊得来，后来就学会了奇人所有的本事。

公元 668 年前后，明崇俨出任黄安县丞，当上县丞的他也不安分，经常吹嘘自己有神奇本领。后来李治辗转听说了明崇俨，一经召见，很是喜欢，便把明崇俨擢升为冀王府文学，明崇俨在李治面前的表演就此展开。

为了检验明崇俨的功力，李治在一个洞窟里安排了几个宫人在里面奏乐，然后召来明崇俨说道："洞窟里居然有乐声，象征着什么呢？你帮我停止吧！"

明崇俨并不知道洞窟里的真实情况，他也不问，只是取下两片桃木，桃木上画了两道符，然后挂在了洞窟外面。

桃符挂上不久，洞窟里的乐曲突然停了，不一会儿宫人惊慌失措地从洞窟里跑了出来。

李治忙问："怎么了？里面出了什么事？"

宫人们回答："刚才出现了一条怪龙，冲我张牙舞爪，太吓人了。"

李治回头看明崇俨，明崇俨一脸的高深莫测。

李治半信半疑，却找不出其中的破绽。

天气进入盛夏，李治又给明崇俨出了一道难题：我想要点雪！

李治说完不久，明崇俨端着雪进来了，哪来的？

"我刚从阴山运来的。"明崇俨郑重地说道。

"阴山运雪"事件之后，李治又给明崇俨出了一道难题：想吃西瓜。

李治想吃西瓜的时间是农历四月，那时西瓜还没到季节，唐朝那时也没有塑料大棚，想吃西瓜是不可能的。

明崇俨倒是一如既往的坦然，他伸手跟李治要了一百个钱，转身出去了。不一会儿的工夫，明崇俨抱着西瓜进来了，哪来的？

从缑氏一位老人的花圃里挖来的。

缑氏位于今天河南境内，从长安到缑氏，还有一段距离，除非能够时空穿越，否则根本无法往返那么快。

李治还是有些不太相信，命人把缑氏老人召到了长安。

李治和颜悦色地问道："最近你家里有什么奇怪的事情发生吗？"

老人想了一下，回答说："有，我窖藏的一个西瓜没了，里面却多了一百个钱！"

李治服了，彻底服了，莫非明崇俨真能召唤鬼神？

其实一切只是魔术，只是戏法，他跟魔术大师刘谦一样，都是骗人的。

我的一位同学曾经学过魔术，小有所成，他经常跟我讲师傅的一句名言：魔术都是骗人的。

同样，明崇俨也是骗人的，他并不是一个人在战斗，在他的身边隐藏着很多托，一切就这么简单。

然而那时的李治看不透这些，他打心眼里相信明崇俨有法术，与李治一样，武则天也相信明崇俨有法术，这就足够了。

在武则天和李治的信赖下，明崇俨升迁到正谏大夫，从此之后经常向李治和武则天进谏，与别人不同的是，别人进谏以圣人言论为自己的依据，而他动辄搬出鬼神。即便这样，武则天和李治也对他恩宠有加，深信不疑。

龃　龉

明崇俨得宠后不久，他对武则天说了一番话，这番话让武则天陷入沉思之中。

明崇俨说了什么呢？

明崇俨说："从面相来看，太子承担不了大业，英王李显面相很像太宗李世民，很是尊贵，不过相比之下，相王李旦最尊贵。"

武则天的三个儿子（李弘已死），他贬低一个，推崇另外两个，一个像太宗，一个最尊贵，听起来哪个都比现在的太子李贤强，这可让武则天如何选择呢？

武则天正左右为难、不知如何是好时，明崇俨的这番话却晃晃悠悠传到了李贤的耳朵里，李贤的肺快气炸了，他恨透了这个搬弄是非的明崇俨。

一个像太宗，一个最尊贵，这不是明摆着哪个都比李贤强吗？这将太子李贤置于何地呢？

李贤越想越气，一方面恨明崇俨，一方面又怨恨母亲武则天，好好地让他相什么面呢？如果要相，为什么不在立我为太子之前相呢？

李贤与武则天母子之间的龃龉从此时开始发芽。

不久，李贤又听到了一个令人震惊的消息：他可能不是武则天亲生的，而是武则天的大姐韩国夫人与李治所生。

石破天惊，一等一的石破天惊。

李贤究竟是不是武则天亲生的呢？答案是肯定的。

从《旧唐书》里对李弘和李贤的记载来看，李弘生于公元652年，李贤生于公元653年，因为他俩的出生时间挨得非常近，后世很多人就此怀疑，李贤可能不是武则天亲生的。

其实兄弟二人只差一岁，甚至一个出生在年头、一个出生在年尾的例子都有很多，我的一些同学家里就存在这样的情况。最神奇的一家，四个孩子，一年接着一年。

李弘、李贤在一年左右的时间相继出生，这只能说明武则天得宠。从武则天进宫之后，李治名下多了四个儿子和两个女儿，其中一个女儿夭折，存活下来的总计有五人。与此同时，高产的萧淑妃绝产，不开张的王皇后依然保持零

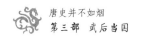

的记录，其他嫔妃也没有开花结果的记录，所有的开花结果由武则天一人包办，此时她的名字叫作红。

退一步讲，如果"狸猫换太子"的事情发生在王皇后身上是可以理解的，毕竟她本身不能生，而发生在武则天身上是没有必要的，因为她已经有李弘保底了，而且她还牢牢抓住了李治的恩宠，此时"狸猫换太子"，很傻，很天真！

为什么宫中又会流传那样的谣言呢？这说明武则天和李贤这对母子之间已经出现了离间母子关系的人。在皇权社会，这一点都不奇怪，因为两个人都想抓权，而两个人的手下都想上位，搬弄是非、离间骨肉的事情在所难免，武则天和李贤这对母子因此就被流言击中。

两个兄弟比自己面相好，自己可能不是皇后的亲生骨肉，当两条消息叠加到一起，如果你是李贤，你会怎么想？

废　黜

公元 679 年五月三日，大唐王朝发生了一起谋杀案。

当红的正谏大夫明崇俨死了，死于强盗的刺杀，强盗的刀直刺心脏，而且没有拔出来。

关于明崇俨的死因，很多人说是鬼神报复，杀他的手法不是人所为，而是鬼神所为。

李治和武则天尽管相信明崇俨有法术，但他们并不相信明崇俨死于鬼神之手，即使真的死于鬼神之手，那么鬼神的背后一定隐藏着人。

盛怒之下的李治和武则天严令有关部门大力追查，活要见人，死要见尸，追查到一半，查不下去了，线索断了。

李治和武则天心里充满遗憾，也只能接受现实，为了表示对明崇俨的尊重，他们追赠明崇俨为侍中。一个正四品的正谏大夫被追认为正三品的侍中，可见他在武则天和李治心中的分量。

追赠之后，明崇俨被杀事件暂时告一段落，武则天却没有放弃，她一直在怀疑一个人，这个人就是太子李贤。

思来想去，明崇俨客观上只与李贤有过节，他说过太子难成大器的话，可这就是明崇俨必死的理由吗？

武则天心有不甘，却只能暂且按下不表。

明崇俨被刺死四天后，太子李贤的生活洒满了阳光，这一天李治下诏，命他以太子身份监国，这道诏书让李贤很得意。

说自己难成大器的人已经死了，父皇又下诏让自己监国，难道这不是最好的结果吗？

不经意间，李贤有些放纵。在太子宫中，他迷恋上音乐，同时也迷恋上了美女，春风得意的青年喜欢这两样东西太正常不过了，此时的李贤二十六岁，正是有能力、有体力消费这两样东西的时候。

然而，在李贤迷恋音乐和美女的同时，武则天皱起了眉头，身为太子怎么能迷恋这两样东西呢？

为此武则天特意让北门学士编了两本书，一本叫《少阳正范》，一本叫《孝子传》。《孝子传》就不用说了，《少阳正传》记载的是历代太子的先进典型事迹，武则天想用这两本书来敲打太子李贤。

与此同时，武则天还经常给李贤写信，信中经常带有讽刺责备的话语，母子之间的关系进一步恶化。

公元 680 年四月二十一日，李治和武则天从东都洛阳巡幸紫桂宫（位于今天河南省渑池县），在那里一住就是三个多月。

在这三个多月中，表面风平浪静，其实却发生了很多事情。正是在这三个多月的时间里，武则天起了废黜李贤的心。

三个多月中，武则天经常接到关于太子李贤的报告，有一个报告说，李贤过分宠爱家奴赵道生，而且赏赐给赵道生很多珠宝。

古往今来，苍蝇只叮有缝的蛋，现在那只叫武则天的苍蝇看到了那只叫李贤的蛋上有一条叫赵道生的缝。

就在这件事情上做文章。

公元 680 年八月五日，李治和武则天回到东都洛阳，武则天开始动手。

武则天让人将赵道生的事情上报给李治，然后敦促李治着手查办。在武则天的敦促下，李治成立了联合调查组，进入李贤的太子宫调查。

一场亲生母亲陷害亲生儿子的戏剧正式上演。

联合调查组在太子马厩中发现了数百件黑色铠甲，这便是太子谋反的铁

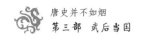
证。与此同时，牢房里传来好消息，赵道生招了，他承认是他在太子授意下刺杀了明崇俨。

又是铠甲，又是谋杀，太子，你想做什么？

看到这一幕，我的脑海中浮现出一个成语：欲加之罪，何患无辞？

仅仅凭借几百套铠甲就认定李贤谋反？仅仅凭借赵道生的口供，就认定李贤是杀死明崇俨的凶手？

从现代法律来说，太子谋反的证据链没有形成。

然而这一切都不重要了，重要的是武则天已经认定了太子谋反，不反也是反了。

在武则天的坚持下，仁慈的李治同意了武则天的处理意见：在洛阳洛水桥南端焚烧铠甲，公布太子谋反的罪证，同时废黜太子。

从整个过程来看，李治的"仁慈"就是"无能"：身为皇帝，却连自己的儿子都保护不了，换作一般人干脆找块豆腐撞死算了，他却一如既往地活着。

后　话

被母亲认定"谋反"的李贤从太子之位重重摔了下来，被押到长安的一处地方秘密关押，四个月后，被押往巴州（今四川省巴中市）继续关押。

屈指一算，从他接过接力棒当太子不过五年时间，接棒时二十三岁，现在也不过二十八岁，从此之后，他的余生将在监禁中度过。

一切的一切，只因为他是母亲潜在的威胁，他挡了母亲的道。

从武则天的四个儿子来看，李贤可能最像武则天，他有胆量，有担当，不像他的父亲只有懦弱，不像他的三位兄弟只知软弱退让，他有自己的独立思想和独立性格，他最像武则天，而他与武则天的排斥反应也是最大的。

这种情况在家庭中经常出现，性格类似的人冲突极大，性格相反甚至格格不入的反倒能够融洽相处，这就是人类社会的奇妙所在。

从李贤的结局来看，他可能是武则天最欣赏的儿子，同时也是最忌惮的儿子。具有对比意义的是，李贤、李显、李旦都有过被监禁的岁月，最终被武则天处死的只有李贤一个，而李显和李旦都在监禁中迎来了最后转机，他们的转机并不是因为武则天心软了，而是他们的能力并不被武则天认可，因此并不忌惮。

因为欣赏，所以忌惮；因为欣赏，所以最不放心。

最出色的儿子，却落得最悲惨的结局，这是武则天这个英雄母亲一手导演的宫廷大戏。

公元684年二月到三月之间，人伦悲剧在武则天母子之间上演：

刚刚继位一个多月的李显被武则天宣布废黜，最小的儿子李旦被武则天推上了皇帝宝座，与此前所有皇帝的登基仪式不同，李旦的这次登基仪式上居然有皇太后册封皇帝李旦这一项。如果李渊、李世民、李治地下有知，祖孙三代皇帝会被武则天气得再死一回。李唐王朝受命于天，什么时候改成你武则天了呢？

比李显、李旦还惨的是李贤，他被武则天派出的密使勒令自杀！

亲生母亲逼死亲生儿子，只有在武则天这样的母亲身上才会发生。

或许李贤只有一点可以聊以自慰：逼死我，是因为忌惮我，是因为我优秀。

顺着李贤的话题，继续说一下李贤的后人，他的两代后人都是有故事的人。

在李贤身后，他留下了三个儿子，活得最长的儿子叫李守礼。

李守礼是一个神人，他是一个活天气预报，他说下雨准下雨，他说天晴天就会晴。

久而久之，身边的兄弟都以为他有特异功能，便报告给了当时的皇帝李隆基。李隆基也很好奇，便询问起来。

李守礼回应说："臣没有法术，只是因为那段不堪回首的经历。在祖母当权时，我因为父亲的缘故被关在宫廷的监狱里十几年，每年都会挨很多次打，因此背上伤痕累累。每次天快下雨时，背就会格外沉重，而每次天要放晴时，背就会格外轻松。因此我能预知天气，但我靠的是我的背，而不是法术。"

李守礼说完，眼泪已经打湿了衣襟，同样从那个恐怖时代走过的李隆基也十分伤感，此时他们才发现，记忆深处的东西，一生都挥之不去。

除了天气预报，李守礼的生活态度表明他是一个十足的神人。

在别人都忙于购置田地为子孙留产业的时候，他却大肆消费，甚至贷款消费，外债经常高达数千贯。当别人对他进行规劝时，他总是一言以蔽之："还有天子的兄弟无法安葬吗？"言下之意，身后之事自有天子关照，不需过分担心。

在这种生活态度的支配之下，李守礼充分地享受了生活。他名下的子女达到了六十多个，然而，儿子之中没有一个成器的，女儿之中守妇道的也寥寥无几（唯一安慰的是一个女儿被李显认养，封为金城公主，出嫁吐蕃），即便如此，他依然毫不担心。

或许，他便是以这种放浪形骸的方式表达自己内心的抗议，是为自己，也是为自己冤死的父亲。

李守礼一直活到了七十多岁，最后善终，在他死后，李隆基追赠他为太尉，天子之兄终究得到了天子的关照。

在李守礼身后，他还差点被追赠为皇帝，追赠的机会来自他的儿子李承宏。

唐代宗广德年间，吐蕃大举进攻长安，代宗皇帝匆忙撤离长安，长安落入吐蕃手中。吐蕃宰相马重英在长安建立傀儡政权，选来选去选中了李守礼的儿子李承宏，李承宏由此糊里糊涂地当上了皇帝。

如果吐蕃人能长久停留，或许李承宏的政权也能有几分模样，那样或许就会追认祖父李贤、父亲李守礼为皇帝，也算替他们了一个心愿。

吐蕃人在长安只待了十几天，中兴名将郭子仪就打了回来，这样李承宏的政权从糊里糊涂开始，在糊里糊涂中结束，又在糊里糊涂中搭上了他的一生。

郭子仪将他送到代宗皇帝面前，皇帝没有怪罪，只是把他发配虢州，不久之后，他就神秘死去。

说到底，人家还是怪罪了。

李贤的后人说完了，最后补充一下李贤身后的追赠情况：

李显复位之后，追赠李贤为司徒，并迎回灵柩，陪葬于高宗李治的乾陵。

李旦继位之后，追赠李贤为皇太子，谥曰章怀太子，这就是章怀太子的由来。

顺着这个话头，说一个历史剧的BUG（漏洞）。

电视连续剧《神探狄仁杰》中，狄仁杰与武则天有一段对话，内容便是关于李贤是如何死的。

> 武则天说完，狄仁杰恍然大悟地说道："哦，原来章怀太子是这么死的！"

其实，章怀太子的称谓是在武则天死后数年才出现的，两个人居然还在那里一口一个章怀太子，莫非他俩都会穿越？

与"章怀太子"桥段有异曲同工之妙的还有一个非常火的电视剧《康熙王朝》，斯琴高娃饰演的太后经常扯着嗓子喊道："我孝庄。"

谢谢，"孝"字是太后死了以后才加上去的，活着的时候是不能提前透支的，就是太后也不成。

史上"最牛"历史老师袁腾飞说，历史剧不是拍给研究历史的人看的，就当一乐吧！

再 接 力

李忠，李弘，李贤，三个皇子都成为前太子，太子的接力棒交到了李显的手中。

公元680年八月二十二日，李贤被废黜，仅隔一天，李显被立为太子，这是李治皇帝任内的第四任太子。

李显被册立得如此迅速，可以反衬出武则天对李贤的反感与忌惮，她急于翻过李贤这一页，快速进入下一页。

具有对比意义的是，李弘病逝之后，李贤得立太子，其间隔了整整一个月，而李贤被废黜之后，李显得立太子，前后只有一天之隔，而且在李显得立之后，居然马上更改年号，之前为调露二年，之后为永隆元年。

这个待遇，李弘曾经享受过，现在李显又享受到了。

李显心中不知作何感想，在他前面已经倒掉了三位哥哥，除去早夭的二哥，剩下的皇子只有四人（李贤已经被废为庶人），除了他，还有两个不受待见的同父异母哥哥，还有最小的弟弟李旦。

屈指算来，八个皇子之中，除了死了的，废了的，不受待见的，目前能享受阳光的只有李显和弟弟李旦，这一切都是母亲一手造成的。

对于母亲，李显别有一番滋味在心头，早在五年前，他就见识了母亲的毒辣手腕。

母亲居然亲手逼死了自己的王妃兼表姑赵氏。

为什么说李显的王妃又是他的表姑呢？这得从赵氏的家庭出身说起。

赵氏的父亲是左千牛将军，后来娶了高祖李渊的女儿常乐公主，两人生下一个孩子，便是嫁给李显的赵氏。从辈分上论，常乐公主跟李世民是一辈的，赵氏跟李治是一辈的，赵氏没嫁给李显之前，她管李治叫哥，嫁给李显之后，她的辈分降低了，她得管李治叫父亲。

虽然辈分有些乱，不过李治对姑姑常乐公主还是关照有加，或许是辈分的缘故，或许是因为赵氏嫁给李显的亲上加亲。

令李治没有想到的是，他对姑姑一家的恩宠，却给儿媳赵氏带去了杀身之祸：武则天居然因此不喜欢赵氏，进而将赵氏逼上了绝路。

公元675年四月七日，经过武则天的安排，赵氏被官员指控有罪，什么罪，史无载。被控有罪的赵氏被剥夺了王妃身份，关押进内侍省，每天只给她提供生菜生肉，由其自己烹饪。

武则天派人每天观察赵氏所在房屋的烟囱，没想到接连几天都没有炊烟，等人进去查看时，赵氏已经饿死很久了。

为什么有菜有肉还会饿死呢？难道是因为赵氏不会烹饪？

其实，这都是武则天折磨人的手法：赵氏每天确实得到了生菜生肉，但是她不能烹饪，因为根本不会有柴火，也就根本不会有烹饪发生。

所谓"由其自己烹饪"，只是史家的曲笔，背后隐藏的是武则天逼死儿媳的事实。

逼死赵氏之后，武则天将赵氏的父亲贬为括州（今浙江丽水）刺史，同时责令赵氏的母亲常乐公主一同前往，永远不许进宫朝见。

巧合的是，赵氏被逼死发生在公元675年四月七日之后的几天，而就在四月二十五日，当时的太子李弘在合璧宫去世。

一个月之内，一个儿子，一个儿媳，相继离奇离世，一切都是巧合吗？

答案在茫茫天地间。

李弘你可知道答案？李贤你知道吗？李显你知道吗？还有你，李旦，你知道吗？

忘了，还有你，李治，你知道吗？

或许李治会说，我不知道！

于是我想起了一句很有意思的话：

鸵鸟的幸福，就在于能把脑袋埋起来的那堆沙。

第九章　仁慈与无能

夫　妻　店

贞观十七年，当长孙无忌力挺李治升任太子时，他一定不会想到，这个以仁孝著称的外甥会在日后辜负自己的良苦用心。如果能看到未来，或许长孙无忌宁可转而拥立并非亲外甥的吴王李恪，也不会拥立这个打断骨头连着筋的李治。

退一步说，抛弃舅舅长孙无忌也是李治不得已的选择，在追求皇权一统的道路上，没有人可以例外，必要的时候，可以良莠不分。

都说"虎父无犬子"，其实这只是一句恭维人的话，虎父的名下经常有犬子出现，比如李世民这个虎父，就有李治这样的犬子。

如果李治能有乃父之风，能够继承李世民的统治能力，那么长孙无忌舅舅是不会被抛弃的，因为可以驾驭，就没有抛弃的必要。

然而现实的问题是，李治与父亲李世民的能力相比，相去甚远，父亲驾轻就熟的权力格局，于他而言却有些力不从心。

在李世民的治下，李唐王朝是一个资质优良的公司，李世民自己出任董事长，掌握大局，长孙无忌、房玄龄这些总经理和副总经理打理着日常事务，另外还有魏征这样的班子成员在那里指指点点。

由于李世民有良好的大局观和卓越的领导能力，这些权力布局是非常科学

的，既把李世民从日常事务中解脱出来，同时又让他牢牢抓住了国家大权。对于他而言，这是一个理想的配置，理想情况下，可以传于后世。

不过到了李治时代，李治对这个权力布局的掌控就有些吃力。舅舅长孙无忌掌控权柄二十余年，朝中故旧门生遍布，曾经三省分立的体系已经逐渐演变成舅舅的一股独大，这让李治有些吃不消。

要知道，在父亲李世民时代，尽管舅舅很红，但同时有房玄龄分权，还有魏征、马周、岑文本、高士廉这些人搭班子，这些人同样是皇帝面前的红人，而舅舅只能算比较红的一个。

现在情况有些不一样，尽管三省六部仍在，但舅舅长孙无忌这个总经理的权力已经扶摇直上，甚至直逼董事长的权力，这让李治不可能不心中发慌，甥舅二人从此时起就从当初的亲密无间转换成潜在的矛盾对抗。

李治与长孙无忌的矛盾，说穿了又回到一个俗套，皇权与相权之争。

古往今来，皇权大则相权小，皇权小则相权大，像李世民那样能把皇权与相权的平衡维持到恰到好处的皇帝很少，多数皇帝要么过分集权，要么过分放权，李治徘徊在收与放的边缘。

在这个时候，贤内助武则天恰到好处地出现了。

武则天的出现，让李治眼前一亮，同时也让他在内心问了自己一个问题：究竟是舅舅亲，还是老婆亲？

如果是你，你会作何选择？

多数人跟李治一样，坚决地站在老婆这一边。

一场以"立后"为名的皇权与相权的大战就此开始，拥立武则天为皇后只是形式，背后的实质是压缩相权，打压宰相权力，从而改变贞观以来的权力布局。

李治与武则天的联手，就是将李唐王朝的权力格局改变，将原来皇帝与宰相们的联合管理演变成皇帝与皇后的联手执政，说白了，他们的理想是将李唐王朝改造成一个夫妻店，因为在李治心里，武则天要比长孙无忌更信得过。

经过几番上下其手，李治达到了目的，显庆年间开始，李唐王朝逐渐演变成了他与武则天的夫妻店。

李治的做法跟很多家族企业很像，创业初期，这些家族企业尚能与一些外姓人同甘共苦共同创业，一旦创业有所成就，外姓人就会被踢出局，然后企业慢慢演变成夫妻店、父子店、祖孙店。

夫妻店，有多少人能跳出这个圈？

不争气的身体

显庆五年，李治三十二岁，他患上了一种怪病。最初是昏眩头痛，后来视力衰退，眼睛逐渐看不见，从症状来看，可能是高血压或者是糖尿病，这样的病看起来不是绝症，但折腾起身体来，一样很要命。

想想李治的身体也太不争气了，父亲李世民在这个年纪时年富力强、大展宏图，爷爷李渊在这个年纪时还在全国各地接受生活的历练，而他在这个年纪，居然已经患上了这种怪病。

人是很脆弱的，尤其是患病之后。如果说患病之前的李治还很自信，还有雄心壮志，那么患病之后的他，已经变得脆弱无比，他身边可以信赖倚仗的人只剩下武则天一个，他不信赖武则天，又能信赖谁呢？

即便他还想依靠舅舅长孙无忌、托孤大臣褚遂良也已经不可能了，因为就在一年前，长孙舅舅被逼自杀了，褚遂良比长孙舅舅还早去世一年，柳奭也被处斩，韩瑗则在处斩前忧愤而死。

四大肱股重臣烟消云散，千斤重担只能压在武则天的身上。

事实证明，武则天看似柔弱的肩膀却能挑起李唐王朝的千斤重担，在李治的纵容之下，武则天开始着手处理国政，渐渐可以与李治平起平坐。

如果李治的身体经过一段时间的调养能够完全恢复，或许武则天的地位还会受到限制，然而李治的身体实在不争气，显庆五年之后，他的身体虽有所恢复，却一直虚弱，跟盛年的李渊以及李世民，无法相提并论。

到李治四十岁时，他居然相信有长生不老之药，而就在他二十九岁时，他坚信世上根本没有长生不老。

当时的背景是这样的：

贞观二十二年，正七品东宫左卫率长史王玄策以一己之力灭掉了印度半岛的中天竺，这就是后世口口相传的"一人灭一国"。王玄策在灭掉中天竺之后，还带回一个天竺神僧，名字叫那罗迩娑婆寐，那罗迩娑婆寐奉命给李世民

炼制长生不老之药。

后来李世民察觉那罗迩娑婆寐言过其实，便把他遣送回国。等李治登基之后，那罗迩娑婆寐又到长安寻找机会，不料又被李治给遣送回国。

显庆二年（657年）那罗迩娑婆寐来到长安，准备再次寻找机会。他当初的伯乐王玄策上书为他竭力推荐，没想到又遭到了李治的拒绝。

李治对侍从官员说："世上哪有神仙？当初秦始皇、汉武帝都追求长生不老，结果弄得民生凋敝，也一无所获。如果真有长生不老之人，他们现在又在哪里呢？"

说这话时，李治二十九岁，他的头脑是清楚的。

在他的坚持下，那罗迩娑婆寐再也没能混进皇宫，不过也没有返回中天竺，而是在长安定居下来，后来就在长安终老。他用自己的亲身经历告诉世人，世间根本没有长生不老，有的只是广告。

时隔十一年，李治开始相信世间有长生不老，这说明他对自己的身体已经严重不自信了。

当一个社会到处充斥着伟哥和性药时，这就说明这个社会的男人虚了，不自信了，四十岁的李治也不自信了，他准备吃长生不老药。

这次给李治炼药的还是一位高僧，来自印度半岛，他的另外一个身份是李治任命的怀化大将军，品级正三品。

就在李治准备吞服神药时，东台侍郎郝处俊的奏疏来了，他是来唱反调的。

郝处俊在奏疏中告诉李治，当年那罗迩娑婆寐被遣送回国不是因为"言过其实"，而是因为他的药根本无效，甚至有副作用，只是怕处理他会让蛮夷看皇帝的笑话，这才将他遣返了事。现在印度高僧又来了，他的药必定也是无效的，请皇帝三思。

看完郝处俊的奏疏，李治想起了父亲临终时的场景，那罗迩娑婆寐的所谓神药究竟是否有效，他比郝处俊更清楚，因为父亲临终前后他一直在场。

考虑再三，四十岁的李治暂时放弃了高僧的长生不老之药，或许这个世上真的没有长生不老之药。

然而，黑暗中的人渴望光明，久病的人还是相信良药，十四年之后李治还是相信世界上有长生不老之药，公元681年闰七月二十四日，他吞服了长生不老之药，同时下诏让太子李显监督国政。

长生不老之药最终加速了李治的死亡，他常年不争气的身体则为李唐王朝埋下了不可救药的心腹大患。

挣　扎

李治的身体一直不好，朝政多数委托给皇后武则天，不过李治的委托也有限度，他同样明白皇权不能假手于人的道理，即便是亲密爱人也不行。

然而，放权一旦成为惯性，想往回收就很难了。随着李治放权时间的延长，武则天的一些做法也激起了李治心中的怨恨。

到公元664年，李治放权给武则天已经有四个年头，两人的亲密合作遭遇了四年之痒。

这一段时间，李治感觉武则天不把自己放在眼里，很多事情一意孤行，自己稍有动作，她就会干预，这让李治很不爽，到底谁是皇帝啊？

有人向李治报告了一件事，这件事让李治的愤怒进一步升级。

向李治报告的是宦官王伏胜，内容是道士郭行真最近在宫中出没，据说是在为皇后祈福避祸。

李治一听头就大了，在宫中利用道士祈福避祸一向是皇家大忌，谁碰了这根高压线就要倒霉，武则天偏偏去碰这根线，看来她已经膨胀到了极点。

李治召来了西台侍郎上官仪，上官仪是李治非常信任的一位宰相，李治找他来商量如何处置武则天。

上官仪并没有意识到危险正在向自己逼来，也没有意识到皇帝已经被皇后监视，他浑然不觉地向皇帝建议道："皇后专权任性，百姓不服，请求废黜。"

上官仪如此表态有自己的如意算盘，因为一旦皇后废黜，皇上再无可依赖之人，届时自然要仰仗自己这个宰相，因此上官仪提议废黜武则天既是出于公心，也潜藏着自己的私心。

"废黜皇后"一经上官仪提出，立刻得到了李治的同意，四年来的郁闷让他在这一刻迸发，在这一刻他真的动了废黜的念头。

上官仪开始撰写废黜武则天的诏书，几乎与此同时，潜伏在皇帝身边的密

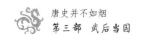

探已经将这个惊人的消息传递给皇后武则天。

武则天心中一惊，不过并不慌乱，对于自己的丈夫她比上官仪更了解，上官仪看到的只是皇帝的表面，而她一下就能戳到皇帝的心里。

在她面前，李治就是个透明人，跟她斗？休想！

武则天几乎以风一般的速度出现在李治面前，她的突然出现让李治脆弱的心理防线顿时崩塌，刚刚鼓起的勇气全泄了。如同被捉奸在床一样，李治没有据理力争，反而像做错了事的小孩子一样，手足无措。

武则天一番辩解，李治原本不坚定的心彻底软了。废黜武则天诏书的草稿就在他手边，刚才这份草稿还关系重大，现在已经是一张废纸。

指望李治废黜武则天，就跟戊戌变法中指望光绪推翻慈禧太后一样不靠谱。

废后刚开头就收了尾，不过得有人为它承担后果。

该由谁承担呢？

当然是王伏胜和上官仪，谁让你们在皇帝面前搬弄是非。

武则天的手腕实在高明，本来废后只是孤立事件，然而经她手腕一翻，废后事件就成了她手中的一张网：她不仅清算王伏胜和上官仪，还顺手把另外一个人装进网里，这个人就是废太子李忠。李忠的存在对武则天而言始终是一个隐患，能除掉还是尽早除掉吧。

武则天如何将李忠装进去呢？

这很简单。

王伏胜和上官仪都曾经是李忠太子宫的下属，有这一点就足够了。

武则天授意马仔许敬宗上书诬告：上官仪、王伏胜与李忠一起阴谋杀害皇帝。

究竟有没有阴谋，皇帝李治比谁都清楚，然而他居然认可了这份诬告。

忠心耿耿同时也有点私心的王伏胜和上官仪被处死，上官仪的儿子上官庭芝也被一同处死，家产没收，家人被罚没入宫中为奴。后来在大唐历史上留下自己名字的上官婉儿就在这次变乱中被罚没入宫，因为她是上官庭芝的女儿，上官仪的孙女。

可怜的李忠也被勒令在黔州自杀，横竖没有躲过武则天这一刀。

写到这里，我不断揣测，下达这纸诏书时李治究竟在想些什么。尽管李忠已经不再得宠，但他毕竟是李治的长子，而且当初为了庆祝李忠降生，李世民还在太子宫中宴请百官，李世民喝高了起身跳舞，文武百官跟着一起手舞足蹈，这一切难道李治都忘了吗？

此时此刻，李治还记得自己是一位父亲吗？

我很怀疑。

原本，废后事件对武则天非常不利，然而经过武则天的闪转腾挪，居然迅速转危为安，而且还化被动为主动，不仅除掉了与自己作对的上官仪和王伏胜，进而还贬降、流放了一批与上官仪交往甚密的官员，还有比这更好的结果吗？

还有！

自此以后，武则天直接参与到李治主持的朝会之中，李治在前，她在后，中间只隔一道珠帘，事无大小均向她禀告，官员升迁或是贬黜均由她说了算，此时的李治只是垂手而坐。由此，李治与武则天并称"二圣"。

这段记载来自司马光的《资治通鉴》，对于这个记载我表示怀疑，李治即便再无能，也不会拿祖宗的江山基业开玩笑，所谓事无大小均向武则天汇报应该不是史实。

真实的情况可能是，武则天确实参与了朝会，而且参与讨论，并给出相关建议，不过并没有到一切由她决定、李治袖手旁观的地步。

司马光的这段记载，怎么看怎么像吕后与刘盈，也像清朝的慈禧太后与光绪，就是不像李治和武则天，如果真是那样，玩笑开大了。

认　命

关于李治，历史上的声名并不好，虽然在他任内唐朝版图继续扩大，人口和生产力较之贞观年间都有提高，但是对他的质疑之声从古至今从未间断，《新唐书》更是把他写得很无能。

李治是不是真的很无能？其实未必。

有学者研究表明，李治并不是现有史书写的那样无能，他的事迹可能被人改动过，而授意改动的正是他的皇后武则天。武则天想用修改史书的方法表

明，一直以来她都比皇帝李治优秀，后来她开创属于自己的王朝也是情理之中的事情。历史由胜利者书写，向来都有这个功能。

或许正是由于《新唐书》的影响，电视剧《大明宫词》里曾经有这样一个桥段：

> 太平公主来看望父亲李治，父女之间有一番交谈，李治有一句台词很经典：现在我连改年号这样的事情都不过问了！

一句台词，就将一个无能皇帝的形象跃然于电视荧屏之上。

其实，李治是仁慈，而不是无能，他对舅舅长孙无忌以及褚遂良的无情是因为收回相权、维护皇权的需要，而他对武则天的听之任之，则是因为除了武则天，他再也找不到可以信赖的人。

要么信赖大臣，要么信赖宦官，要么信赖以皇后为代表的外戚，李治在这场三选一中选择了皇后。令他满意的是，皇后已经将自己的四位哥哥自动清理干净了，将来即便太后干政，或许外戚势力也没有那么强大。

在前面，我曾经提到过，生于后宫、长于妇人之手、八岁丧母的李治可能有一种很浓厚的"恋母情结"，武则天之所以能走进李治的生活，是因为她比别人更懂得李治的心。武则天在李治面前既是皇后，又是姐姐，同时还有部分母亲的角色，不管李治承不承认，终其一生，他对武则天都很依赖。

正是因为这种依赖，让李治与武则天的夫妻店从最初的李治做主，逐渐演变为武则天做主，一旦形成习惯，李治对这种情形便习以为常。

如同一个长期"妻管严"的人，当别人为他的处境忿忿不平时，他自己却泰然处之，每天下班急匆匆地往家跑，美其名曰：回家晚了，怕道上有女流氓劫我。别人问他憋屈吗？他说，我很幸福！

李治，与所有"妻管严"的男人共勉！

时间走到公元683年，李治接近了生命的终点。

这一年李治的病情又加重了，头部一直昏眩疼痛，眼睛已经看不见了，心中的痛苦不言自明。

御医秦鸣鹤想到了一个方法：针灸。

秦鸣鹤仔细分析了李治的病情，他发现，如果用银针在李治的头上扎出血来，或许病情就能大为减轻。不过这个方法还是有些冒险，武则天不太同意，

《资治通鉴》上的说法是，武则天压根不想让李治痊愈。

其实不至于，一个患病的李治对于武则天而言，与那两个软弱的儿子一样，都是可以掌控在股掌之间，之所以不让用银针扎头，是担心其中的风险。

可能是被病痛折磨得太久了，也可能是病急乱投医，李治同意了秦鸣鹤的治疗方案，他说："不妨试试看。"

秦鸣鹤小心翼翼地用银针扎了李治头上的"百会"穴和"脑户"穴，然后紧张地看着李治的反应。

李治眨了眨眼睛，说道："我好像又能看见了！"

李治以为这是针灸的力量，其实是回光返照的力量。

回光返照的李治，最大的心愿是从东都洛阳回到长安，他想在长安走完自己的人生路。他从长安登上天子之位，开始天子的旅途，现在旅途快结束了，他想回到旅途的起点。

如果李治顺利回到起点，或许他的一生就是一个圆。然而，他的愿望没能实现，人生的圆没有画完，而与人生的圆满更是相去甚远。

在针刺出血之后，李治已经知道自己时日无多，便下诏令太子李哲（李显被徙封为英王后，赐名为哲）监国，裴炎、刘景先、郭正一共同辅佐。

公元683年十二月四日，李治下诏更改年号，之前为永淳二年，之后为弘道元年。年号的更改表明，李治多想再活一年，哪怕只有一年。

然而，天不假年，别说多活一年，连一天都不行。

当晚，李治在东都洛阳去世，终究没能回到人生的起点，从此之后他的名字不再伴随着他的身体出现，而是出现在皇家祖庙之中，他的庙号：高宗。

李治去世之前，裴炎被召进宫中接受临终遗诏，辅佐下一任皇帝李哲，裴炎也就成为李治唯一的托孤重臣。

后来的结果表明，跟长孙无忌、褚遂良这些托孤重臣相比，裴炎忠诚有余，能力不足，而这一切正是李治一手造成。

倘若当初不是一味地压制宰相权力，过度依赖武则天，何至于在他身后，连一个管用的托孤重臣都找不出来呢？

天道有常，自作自受。

在裴炎接受遗诏的同时，太子李哲和武则天也接受了遗诏，诏令李哲于灵枢前继位，军国大事有不能裁定时，一并听任武则天裁定处理。

如果我们将遗诏进行一下梳理，会发现，李治真正托孤的不是裴炎，而是武则天。在生命的最后时刻，李治可能会想到太后干政，想到吕后干政的一幕在唐朝上演，想到武氏外戚群魔乱舞，但他已经无能为力了，一切的一切都不在他的掌控之中，他只能听天由命。身后的事，一切只能看天意，他已经无能为力了，他与所有过世的人一样，身子已经入土，无论生前的权力有多大，他都无法修改别人为他写好的悼词。

或许，在李治的心中始终有一个声音：亲生母亲终究不会坑害亲生骨肉。

继　位

公元 683 年十二月十一日，李哲（李显）在洛阳登基，成为唐朝历史上的第四任皇帝，同时也是第七任皇帝，他的弟弟李旦则在后来成为唐朝的第六任和第八任皇帝，这一切都是武则天惹的祸。

李哲登基之后，军国大事均由武则天裁决，这在大行皇帝遗诏中有明确指示，武则天当仁不让，李哲也没有表示反对，因为长期以来，他已经习惯了母亲当家。

不久之后，受先帝李治信任的裴炎出任中书令，刘景先出任侍中，无论李哲是否真正当家，至少宰相班子已经就此建立。

然而，谁会想到，李哲这位唐朝第四任皇帝的任期居然只有五十几天。

为什么李治寄予厚望的李哲只干了五十几天呢？

因为在这五十几天中李哲办错了两件事，说错了一句话。

李哲办错的两件事都与升官有关，第一件事是给岳父韦玄贞升官，第二件事是给乳母的儿子升官。

两件事都办得很离谱。

韦玄贞便是后来臭名昭著的韦皇后的父亲，李哲正是因为他丢掉了自己的皇帝宝座。

李哲登基之后，便忙着给韦皇后的父亲升官，这一升就是扶摇直上九万里。

韦玄贞原本只是普州参军，品级正九品，相当于现在的正股级，经李哲提拔，韦玄贞升任豫州刺史，品级从三品，相当于现在的副部级。

从正股级到副部级，其中的跨度有多大？

一般人如果经历这样的飞越，估计会在家里偷着笑好几天，一直笑到下巴脱臼，然而就是这样的飞越，韦皇后一家还不满足，他们还想飞得更高。

李哲想了一下，那就弄个侍中干干吧，反正也只是正三品，正部级。

从正股级到正部级，别人奋斗数十年都未必如愿，而韦玄贞几乎马上要实现了。

与此同时，李哲还想回报自己的乳母，打算委任乳母的儿子为五品官员，相当于现在的正司局级。

两项火箭般的任命交给宰相班子讨论，李哲以为，宰相班子马上就会同意，没想到中书令裴炎却坚决反对，反对的理由很简单，韦玄贞刚从参军提升为刺史，现在又提升为侍中，太快了！另外陛下乳母的儿子于国家没有功劳，一下子委任为五品官员，不合适！

李哲压根儿没有想到会遭到裴炎的拒绝，他感到面上无光，便脱口而出说了一句令他后悔终生的话："朕就算把整个帝国送给韦玄贞又怎么样？何况只是一个小小的侍中。"

有些话可以随便说，有些话一辈子也不能随便说，即使是说梦话。

说话随便的李哲没有意识到一场灭顶之灾正向自己袭来，他以为自己已经贵为九五之尊，难道连委任谁做官都说了不算吗？或许不久裴炎就会想清楚，颠颠地来向自己汇报任命发布的情况。

公元684年二月六日，裴炎真的来了，不过他不是一个人，与他一起来的还有武则天以及羽林军将士，另外有文武百官。

裴炎将李哲的胡话报告给了武则天，武则天一下子抓到了把柄，她要动用自己的权力。

李哲还端坐在皇帝宝座上，武则天示意裴炎宣读罢黜李哲的诏书，李哲一听，当即惊呆了。

母后这是要干什么？

罢黜的诏书一会儿就读完了，李哲的皇帝之位即日起作废，本人废为庐陵王。

李哲不知所措，武则天命人上来将李哲拉下皇帝宝座，李哲拼命地挣扎，

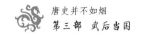

为自己做最后的辩解："朕有什么罪？"

武则天高声呵斥道："你都要把帝国送给韦玄贞了，难道还没有罪？"

该，谁叫你大嘴巴。

从这件事情的前前后后来看，裴炎这个托孤大臣干得实在不怎么样，先帝命你辅佐皇帝，可不是让你来拆皇帝的台的。如此荒唐的一句话怎么能报告给太后呢？难道你不知道太后早已虎视眈眈？

扬善于公廷，归过于私室，这一点，裴炎没有做到。

不过，说到底还是李哲太荒唐，不仅让岳父火箭式提拔，而且说话不经过大脑。综合评定，这是一个货真价实的低能皇帝，比他的父亲李治都相去甚远，比爷爷李世民呢？

千万别说你是他孙子。

李哲被废黜一天后，李治最小的儿子李旦登上了皇位。不过他这个皇帝从一开始就是一个傀儡，他被勒令不准过问国家事务，所有国家大事由武则天一人说了算。

公元684年二月十五日，意味深长的一幕在大唐王朝上演。

这一天，武则天为皇帝李旦举行了册封仪式，实际上，李旦在八天前已经是皇帝了。

耐人寻味的是，武则天派去册封李旦的正是礼部尚书武承嗣，他另外一个身份是武则天的娘家侄子。

让自己娘家的侄子为当朝皇帝册封，武则天的葫芦里卖的是什么药呢？

第十章 前 奏

七 座 祭 庙

当武则天将现任皇帝李哲拉下皇帝宝座转而册立李旦时，很多大臣已经看出了武则天的用心，曾经在征战百济时立下汗马功劳的刘仁轨便是其中一个，此时他官拜尚书左仆射。

对于刘仁轨，武则天非常看重，甚至将留守长安的重任交给了他。而她因为与王皇后、萧淑妃的陈年恩怨，不愿意再回长安，在李治驾崩之后，武则天的活动中心锁定东都洛阳，长安则交给刘仁轨镇守。

为此，武则天专门给刘仁轨写了一封信，信中说道："从前，刘邦将关中托付给萧何，现在我把长安托付给你，两者性质是一样的。"

武则天以为自己如此一说，刘仁轨就会忙不迭地谢恩，令她没想到的是，刘仁轨居然回信说："我老了，担当不了大任了。"

看了信的开头，武则天就有些失望，接着往下看，心里又凉了半截，原来刘仁轨在暗示她，想想当年吕后当权以及最后的惨败。

群众的眼睛是雪亮的，刘仁轨的眼睛更雪亮。

心思已经被刘仁轨看透，武则天并不承认，她派自己的侄子武承嗣携带诏书亲自跑了一趟长安。诏书中，武则天自我辩解道，目前皇帝李旦处于为父居丧时期，所以我代他理政，日后还是要还给他的，你就不要说自己老了，还是

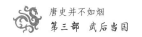
负起责任来吧。话说到这个份上，再说破就没意思了，刘仁轨不再坚持，接过了长安留守的重任，但他内心知道，太后的心思远远不止这些。

果不出刘仁轨所料，不久之后，武则天的心思昭然若揭。

事情由武承嗣而起，武承嗣上疏武则天：恳请追赠武家祖先王爵，同时建立武姓七座祭庙。

事情大了。

七座祭庙在儒家传统中，只有皇帝才能拥有，这是皇权的象征。武承嗣上疏为武家争取七座祭庙，意欲何为？

中书令裴炎看出了武则天的居心，但他不能说破，七座祭庙就是皇帝的新装，谁都看得明白，但谁都不能说破。

裴炎只能从外围旁敲侧击："太后作为全天下母亲的表率，不能有过多的私心，只偏重自己的家人。难道您没看到吕后的结局？"

被裴炎戳破了心思，武则天还在狡辩："这不一样，吕后是把大权给同姓的活人，我是把荣誉追赠给已经去世的人，没什么大不了的。"

五十步笑一百步，谁也不承认自己是逃兵。

裴炎心中一丝苦笑，接着劝诫道："凡事都需要从小处防范，才能防止不再扩大。"然而一切都是徒劳，武则天已经下定决心的事情，没有人能拉得回。不过为了避免过于强烈的反对，武则天将武承嗣的提议打了个七折，追赠祖先准奏，七座祭庙暂缓。

公元 684 年九月二十一日，李旦下诏，追赠武家五代祖先，其中武则天的父亲武士彠被追赠为太师，封魏定王。如果李渊和武士彠地下有知，两个多年老友，不知道将如何以对。不久，武则天在老家文水（今山西省文水县）兴建武家五世祠堂，既然七座祭庙暂缓，那么就先用五世祠堂替代吧。

五世祠堂来了，七座祭庙还会远吗？

起　兵

武则天还在纠缠于五世祠堂和七座祭庙时，一场针对她的起兵已经在悄悄酝酿，领头的人是一个在历史上赫赫有名的人物——徐敬业。

此时徐敬业准确地说叫李敬业，因为他的爷爷徐世勣被赐姓李，因此这时他姓李。

如果说姓李在以前还很荣耀，现在则是江河日下，不少李姓官员都遭到了打压，李敬业这个赐姓李同样遭到了打压。

经过打压，李敬业的官职遭遇了自由落体，一下子从眉州刺史被贬为柳州司马，眉州刺史为从三品（副部级），柳州司马为从六品（副处级），巨大的落差让愤怒占据了李敬业的胸膛。

由于武则天的打击面很宽，在李敬业的周围聚集了一批同样仕途失意的人，这些人包括李敬业的弟弟李敬猷、殿前监察官唐之奇、太子宫总管府纠察官杜求仁以及当过御史的魏思温。他们共同的特点是都遭到了贬黜，心中对武则天都充满了怨恨。

等等，还有一个鼎鼎大名的人物，初唐四杰之一骆宾王。

原本骆宾王也想在仕途上有一番作为，他一度做到了侍御史，品级从六品，副处级！

当上侍御史之后，骆宾王以为自己迎来了人生转机，他频频上书武则天，针砭时弊，对武则天的诸多做法提出建议，这让武则天有些不胜其烦。接着骆宾王又将矛头对准了当时盛极一时的酷吏，弹劾酷吏的不法行为。

不经意间，骆宾王把武则天和酷吏都得罪了，等待他的自然没有好果子。

骆宾王被指"贪赃"，被打入大狱，入狱时骆宾王五十一岁。

狱中，骆宾王悲愤不已，写下了《在狱咏蝉》。

> 西陆蝉声唱，南冠客思深。
> 那堪玄鬓影，来对白头吟。
> 露重飞难进，风多响易沉。
> 无人信高洁，谁为表予心。

"露重飞难进，风多响易沉"，这是蝉的现实，何尝不是骆宾王人生的写照！

辗转出狱后，骆宾王被委任为临海县丞，品级从八品，副科级！

经过人生的起起落落，经历刻骨铭心的牢狱之灾，骆宾王已经把一切看透，自己费尽心机到头来不还是一个从八品的县丞吗？已经过了知天命的年

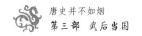

龄，还要混迹于县丞这个槽位吗？

算了，这个官不当也罢！

怀着一腔悲愤，骆宾王弃官而去，多年的郁闷已经在他内心中形成了一个火药桶，他需要一个爆发的机会。

这个机会就是李敬业起兵。

对于骆宾王与李敬业的聚合有两种说法，一种说法是骆宾王主动前往效力，一种说法是李敬业对骆宾王发出邀请，总之两个失意的人一拍即合，骆宾王成了李敬业阵营中的一员。

起兵的核心层已经形成，大家将起兵的地点选在了扬州。

讨武曌檄

起兵由一场里应外合开始，总策划是曾经当过御史的魏思温。

经魏思温事前策划，不安分的监察御史薛仲璋主动向武则天要求到扬州查案，这样薛仲璋就有了名正言顺进入扬州城的机会。

薛仲璋进入扬州城后，李敬业安排了一个人前往进见，这个人向薛仲璋告密说，扬州长史陈敬之叛乱，随即陈敬之遭到逮捕。

几天后，李敬业不知道从哪里搞到了一套政府专用的驿站马车，他乘着这辆马车大摇大摆地进入了扬州城，对外声称是扬州城新到任的司马。

李司马上任伊始，就发布了一个惊人的消息：奉太后旨意，高州蛮夷酋长谋反，即刻调兵平叛。

"谋反"是假，调兵却是真，李敬业将扬州一州的兵马调动了起来，以平叛之名，真实目的只有一个，起兵造武则天的反。

扬州并非所有人都想造反，录事参军孙处行拒绝参加，旋即遭到了李敬业的公开问斩。这一斩，李敬业镇住了阵势，进而把扬州一州的兵马裹挟了进来。

然而，如此裹胁而来的兵马也在不经意间决定了李敬业起兵的走势：如果能够一切顺利，或许这支兵马也能席卷天下；然而一旦战事不利，裹挟来的兵马来得容易，去得更容易。

李敬业却不去想这些，在他心中，这是一场经天纬地的大业，他以拥护李哲复位为名，期待掀起全国的风起云涌。

在李敬业的授意下，骆宾王写就了传世千古的檄文《讨武曌檄》：

伪临朝武氏者，性非和顺，地实寒微。昔充太宗下陈，曾以更衣入侍。洎乎晚节，秽乱春宫。潜隐先帝之私，阴图后房之嬖。入门见嫉，蛾眉不肯让人；掩袖工谗，狐媚偏能惑主。践元后于翚翟，陷吾君于聚麀。加以虺蜴为心，豺狼成性。近狎邪僻，残害忠良。杀姊屠兄，弑君鸩母。人神之所同嫉，天地之所不容。犹复包藏祸心，窥窃神器。君之爱子，幽之于别宫；贼之宗盟，委之以重任。呜呼！霍子孟之不作，朱虚侯之已亡。燕啄皇孙，知汉祚之将尽。龙漦帝后，识夏庭之遽衰。

敬业皇唐旧臣，公侯冢子。奉先帝之成业，荷本朝之厚恩。宋微子之兴悲，良有以也；袁君山之流涕，岂徒然哉！是用气愤风云，志安社稷。因天下之失望，顺宇内之推心。爰举义旗，誓清妖孽。

南连百越，北尽三河；铁骑成群，玉轴相接。海陵红粟，仓储之积靡穷；江浦黄旗，匡复之功何远！班声动而北风起，剑气冲而南斗平。喑呜则山岳崩颓，叱咤则风云变色。以此制敌，何敌不摧？以此图功，何功不克？

公等或居汉位，或协周亲；或膺重寄于话言，或受顾命于宣室。言犹在耳，忠岂忘心。一抔之土未干，六尺之孤何托？倘能转祸为福，送往事居，共立勤王之勋，无废旧君之命，凡诸爵赏，同指山河。若其眷恋穷城，徘徊歧路，坐昧先机之兆，必贻后至之诛。请看今日之域中，竟是谁家之天下！

《讨武曌檄》让武则天背上千古骂名，也让骆宾王成就了自己的千古盛名，从某种角度而言，骆宾王便是为《讨武曌檄》而生。

当《讨武曌檄》传入宫中时，武则天饶有兴趣地读了一遍。

看到"入门见嫉，蛾眉不肯让人；掩袖工谗，狐媚偏能惑主"时，武则天笑了，尽管这是骂人的话，但也能从反面证明武则天的美艳。女人都希望别人说自己漂亮，武则天也不例外。

当看到"一抔之土未干，六尺之孤何托"时，武则天也被作者的文采折

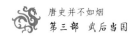
服了，写得真好！

这时武则天抬头问左右："这是谁写的？"

左右回答说："骆宾王！"

武则天一声叹息："宰相安得失此人！"

成功是什么？成功就是连你的对手都深深佩服你，这就是成功，这才是成功！

数百年后，骆宾王的《讨武曌檄》被另外一个人引用，这个人在檄文的最后写道："请观今日域中，仍是朱家之天下。"

这个人就是吴三桂，他的檄文是《讨闯贼李自成檄》。

遗憾的是，无论是骆宾王，还是吴三桂，他们面对的都是无言的结局。

兵　败

尽管骆宾王的檄文写得气吞山河，然而"班声动而北风起，剑气冲而南斗平"的局面始终没有出现：李敬业和骆宾王所期待的全国各地风起云涌并没有出现，自始至终只有他们这一支反抗军，并没有想象中的一呼百应。

这是为什么呢？为什么没有人来响应李敬业的起兵呢？

这是因为武则天在朝廷中的夺权，损害的只是李唐王朝上层人物的利益，对于全国老百姓而言，李姓当皇帝和武姓当皇帝没有区别，无论谁当皇帝他们都照样种地，无论谁当皇帝，他们都照样交租，所以，李敬业起兵并没有群众基础。

得不到群众呼应的李敬业叛军注定只是一支孤军，而这支孤军在起兵后不久就注定了失败的命运。

扬州起兵之后，往哪里打成为一个现实的问题。魏思温主张直接往洛阳打，这样能引起全国的风起云涌；而薛仲璋主张往金陵（南京）打，那里据说有王气，而且有长江天险，可以作为根据地。

李敬业作出决定，全部兵力一分为二，一部分留守扬州，一部分由他亲自率领前往攻打润州（今江苏镇江），进而进攻金陵。

分配完毕，李敬业率军出发，军师魏思温却叹息一声，完了，败局已定。

魏思温是对的，如果直接往洛阳打，还有些许成功的可能，然而分兵去打金陵，则是必败无疑。试想此时的李唐王朝还是铁板一块，即使李敬业占领金陵一个孤城又有什么用呢？由古至今，一贯讲究行兵用险，李敬业在起兵之后却不锐意进攻，而是提前为自己准备退路。

血一般的事实证明，凡是起义之初就给自己准备退路的，必败无疑。

起义只有一条路，这条路就是向前再向前，向前未必生，向后一定死，李敬业的结局将再次证明这一点。

武则天派出左玉钤卫大将军李孝逸率领三十万大军前往平叛，此时李敬业手下只有杂牌军十万。

战事一开始并没有向着有利于政府军的方向发展，双方互有胜负，李孝逸几次进攻都遭到了挫败。

李孝逸有些慌乱，打算就此撤退，这时殿中侍御史魏元忠建议，干脆趁着风势发动火攻。

一句话提醒了李孝逸。

火起，风劲，战事顿时朝有利于政府军的方向发展，遭遇火攻的起义队伍四处逃窜，就此注定了李敬业的败局。

自知大势已去的李敬业一路逃到了海陵（今江苏泰州），他想从这里乘船出海，前往朝鲜半岛避难。然而人到走霉运时，连老天都不帮你，这时海上起了大风，而且是逆风。

原本还想跟李敬业去朝鲜半岛逃难的人改变了主意，他们决定改过自新，从头开始，从李敬业的头开始，李敬业的头就是他们投诚的投名状。

混乱中，李敬业、李敬猷被手下叛将杀害，唐之奇、魏思温在被逮捕后也被处决，至于骆宾王则是下落不明。

骆宾王的最终结局究竟是什么呢？

《旧唐书》：敬业败，伏诛。

《新唐书》：敬业败，宾王亡命，不知所之。

《唐才子传》：及败亡命，不知所之。

《全唐诗》：敬业事败，宾王亡命，不知所终。

有人说他死了，有人说他跑了，总之在那个丧乱的时节，初唐四杰之一的骆宾王不知所终。

关于骆宾王的最后结局，已经说不清了，明代有人记载，曾经在江苏南通

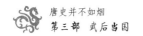
城东黄泥口发现了一座古墓，墓碑刻着：骆宾王之墓。

清代乾隆年间有人在南通发现这座古墓，并找到了刻有"唐骆"的石碑和枯骨，于是把它重新葬在了狼山脚下。

现在狼山骆宾王墓有一石坊，上写：

> 笔传青史，一檄千秋著；
>
> 碑掘黄泥，五山片壤栖。

隔山打牛

李敬业的起兵前后只持续了三个月，最后以失败告终，不仅自己兵败身死，还连累祖父李勣被打回原形，从此不能再姓李了，只能再改回姓徐，因此史书上称这次起兵为"徐敬业起兵"。

受徐敬业起兵连累的远不止李勣一个，后面还有一串人，武则天这个古今少有的女政治家，用她惯用的隔山打牛方式，将一船人打落水中。

被她率先打落水的是先帝李治的托孤重臣裴炎。

此前在追赠武氏祖先、筹建七座祭庙的问题上，裴炎挡了武则天的道，从那时起，武则天就在思考如何扳倒裴炎，现在借着徐敬业起兵，她找到了机会。

原来，跟随徐敬业起兵的薛仲璋还有另外一个身份：裴炎的亲外甥，这样裴炎就难脱干系了。

到这个时候，如果裴炎能顺从武则天的意思，还不至于惹上杀身之祸，然而裴炎又说了一番话，愣是把自己扔进了万劫不复的深渊。

当武则天向裴炎询问如何平叛徐敬业时，裴炎如是说道：

皇上的年纪已经比较大了，却不能亲自处理国事，所以那些小子就以这作为起兵的借口。如果太后还政于皇上，那么他们就没有起兵的理由，不需要出兵，叛乱就能平定。

哪壶不开提哪壶，哪句不该说说哪句，裴炎的悲剧就此注定。

不久有监察御史上疏武则天，指控裴炎阴谋叛乱："既是先帝托孤大臣，手握国家大权，还劝太后交权，其背后必定有着不可告人的阴谋。"

裴炎被打入大狱，先帝托孤重臣就这么轻易被武则天扳倒，而他的命运在入狱的第一天就已经注定了。不过裴炎却很坦然："哪有宰相下狱还能活着出去的？"

裴炎入狱之后，侍中刘景先和凤阁侍郎胡元范力保裴炎，然而也没有用，武则天已经认定裴炎谋反，那就是谋反。

武则天：裴炎谋反证据确凿，只是你们不知道而已。

胡元范：既然裴炎谋反，我们也是谋反。

武则天：我知道裴炎谋反，我也知道你们没有谋反。

一句话把胡元范和刘景先噎住了。

武则天为了省事，索性把胡元范也关进了大狱，省得再来说情。

公元684年十月十六日，原本的托孤重臣、中书令裴炎在洛阳被公开斩首，此时距离他接受先帝李治托孤还不到一年。

为裴炎拼命辩护的侍中刘景先被贬为普州（今四川安岳县）刺史，五年后被酷吏陷害，自缢于狱中。

同样参与辩护的凤阁侍郎胡元范被流放琼州（今海南定安县），后来便在当地逝世。

到这个时候，李治所倚重的几位重臣都被武则天手指轻弹，死于非命。由此可见，李治当年压缩相权，最终还是搬起石头砸了自己的脚，仅仅在他死后一年，他倚重的托孤重臣就烟消云散，而他最为倚重的皇后，已经对李唐王朝虎视眈眈。

处理完裴炎、刘景先、胡元范这些人还不算完，武则天又把裴炎谋反事件做成了一个筐，她还要装另外两个人进去，这两个人非同小可，因为他们手握兵权。

被武则天第一个锁定的是单于道安抚大使、左武卫大将军程务挺。

程务挺是唐朝的一员名将，坐镇唐朝边境北部防范突厥战功赫赫，他与父亲程名振是父子两代名将，现在这位名将也被武则天惦记在心。

程务挺之所以被武则天忌惮，一是他有兵权，二是他在李治的手下受到重用，这样的人在将来武则天革唐命、开周朝时可能是潜在障碍，因此需要提前预防。

在不久之前的裴炎谋反事件中，程务挺还上书为裴炎辩护，这让武则天更

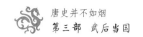

加不快。

雪上加霜的是，程务挺恰恰与参与徐敬业起兵的唐之奇等人关系甚笃，这下程务挺跑不了了。

在裴炎被处斩两个月后，程务挺在自己的大营中被处斩，死后家产被全部充公。

具有讽刺意味的是，当程务挺被处斩的消息传到突厥之后，突厥各部纷纷举行宴会，大肆庆祝；更有讽刺意味的是，不久之后，突厥人为程务挺兴建了一座庙，每次出兵都要到程务挺的像前祷告。或许突厥人会在祷告词中说道："战神啊，以前你保佑唐朝，可他们辜负了你；从今以后你是我们的战神，你保佑我们吧!"

不知道这样的消息传到武则天的耳朵里，她将作何感想。

程务挺被处斩之后，又一位名将被装到了武则天的筐中，名将的名字叫王方翼。

王方翼对外作战很有一套，而且还是个有情有义的人。

显庆四年，李治和武则天整肃长孙无忌、韩瑗等人的势力，凉州刺史赵持满受长孙无忌以及韩瑗的牵连被公开处斩，尸体横卧于长安城西的血泊之中，亲戚无人敢去收尸。

赵持满生前的朋友王方翼出现了，他叹息一声，将赵持满的尸首收拾起来让他入土为安。能顶着莫大的干系替朋友收尸，王方翼可谓有情有义。

有情有义的王方翼让武则天很忌惮，因为他的身份很特殊：他既是程务挺的朋友，又是跟武则天争宠失败的王皇后的堂兄，两种身份叠加到一起，注定武则天不会放过王方翼。

不久，武则天征召王方翼前往东都洛阳，打入大狱，后又将王方翼贬到崖州（今海南琼山市），最终王方翼的人生在崖州定格。

就这样，借力打力，隔山打牛，在李治的身后，武则天肆意闪转腾挪，将朝政玩弄于股掌之间。

垂拱二年（686 年）正月，六十二岁的太后武则天下诏，要将政权交还给二十四岁的皇帝李旦。没想到却遭到了李旦的坚决拒绝，一个皇帝居然拒绝接受权力，这种闹剧或许只会在武则天母子身上上演。

没办法，皇帝太"谦让"，太后很"无奈"，那就"勉为其难"地再度临朝，再替皇帝管理一段吧。

谦让是假的，无奈也是假的，一切都是假的，就王八是真的，偏偏它还叫
"甲鱼"。

告密风起

武则天已经控制了朝政，然而控制朝政易，掌控天下却难。因为天下太大
了，武则天只有两只手，她根本控制不过来，即使化身千手观音也不行，因为
天下的事过于繁杂。

即便如此，武则天还是想尽可能多地了解天下事，尤其是遍布各地的李唐
皇族的动静。如果能够掌握他们的一举一动，那么就可以提前做好准备，从容
应对。

武则天想到了一个方法：鼓励告密。

武则天的鼓励告密是破天荒的，她给告密者待遇之好，古今少有。

如果你是一个告密者，那么恭喜你，你获得了使用政府驿马车的权力。只
要你跟地方官说我要告密，地方官就会马上给你安排政府的驿马车送你前往洛阳
告密，而且你不需要向地方官说明告密的内容，你不需要说，他也无权过问。

顺便提醒一句，凡是告密，不需要自带干粮，沿途政府的驿站会按照五品
官（司局级）的待遇给予接待。

到了洛阳之后，政府会安排你住进鸿胪寺的宾馆，然后等待太后的亲自召
见，召见时也不需要紧张。如果举报属实且应答得体，那么恭喜你，你将获得
超常规的提拔使用，即便此前你只是一个农民，从现在起，你是一名官员了，
而且官阶不会太低。

如果举报并不属实，会不会有惩罚呢？放心吧，不会，即便不属实也不会
处罚，为的就是保护告密者的积极性。

有这么便宜的事情？这个真的有！

在武则天的鼓励下，天下的告密者风起云涌，告密之风兴起，很多人都在
心里打着如意算盘：如果告密成功，那么就能迈入官场；即便告密不成，至少
也能免费到洛阳旅游，此等好事，何乐而不为？

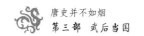

在洛阳的朝堂外，武则天命人打造了一个多功能铜柜，这个铜柜内分四个小箱，分别对应着四个开口，每个小箱对应着自己的功能分区：

铜柜东面为"延恩箱"，为绿色的，专门接收歌功颂德文章以及当官的请求。

铜柜南面为"招谏箱"，为红色的，专门接收批评政府的奏疏。

铜柜西面为"申冤箱"，为白色的，专门接收要求申冤的诉状。

铜柜北面为"通玄箱"，为黑色的，专门接收天象灾变的分析以及奇思妙计。

总之，这是一个多功能接收箱，自动将全天下信息进行分类，功能与现在马路上的分类垃圾桶一样。

这样一来，百姓如果有什么话想对政府说，就可以形成文字往这个多功能接收箱里投递，旁边还会有官员询问你对多功能接收箱的功能认知，然后任由你往里投递。于是天下信息就源源不断地汇总到武则天那里，不仅实现了自动分类，还保护了投递人的安全。这个箱子跟现在公交车上的自动投币箱一样，只能投，不能取，只有武则天点头才能最终取出。

说起这个多功能接收箱，背后还有一个故事。

本来武则天还在苦恼，如此海量的信息怎么进行分类呢？侍御史鱼承晔的儿子鱼保家站了出来："陛下别急，我自有办法。"

不久，多功能接收箱诞生了，武则天非常开心，对鱼保家很是欣赏。

好景不长，鱼保家很快栽了，正是他亲自设计的多功能接收箱害了他。

原来鱼保家曾经参与徐敬业叛乱，虽然没有直接上阵杀敌，但是曾在徐敬业的大本营教授他人制造刀枪剑戟等上阵打仗的兵器。徐敬业覆灭后，他保密工作做得很好，因此一直安然无事。

多功能接收箱出现之后，鱼保家的仇家将告密文书投进了接收箱，鱼保家的底牌全被揭开了。

本来搬石头想砸别人的脚，没想到一石头砸下去，居然是自己的脚。

"发明家"鱼保家被武则天诛杀，他没有死于徐敬业起兵时的血雨腥风，却死于自己的一项全新发明。

酷吏发家

当一个朝代告密风起，这个朝代原有的社会秩序就会受到冲击，而与告密如影随形的，便是让人闻风丧胆的酷吏。

如果只有告密，没有酷吏，那么是没有威慑力的。同样，如果只有酷吏，没有告密，那么酷吏就会处于无米下锅的地步。

武则天鼓励天下百姓群起告密，这就为酷吏提供了快速成长的土壤。

在武则天的鼓励下，一批酷吏如雨后春笋般出现了，其中留下千古骂名的有如下几位：来俊臣、周兴、索元礼、侯思止、万国俊。位列他们之后的还有一批人，由于篇幅关系，不一一列举。

来俊臣出身于无赖世家，他的父亲来操是一个无赖兼赌徒。

关于来俊臣的身世，有一段插曲：

来俊臣的父亲来操跟同乡一个叫蔡本的人关系不错，本着"朋友妻不欺白不欺"的原则，一来二去，来操就跟蔡本的妻子私通了。后来蔡本与来操赌钱输了，没钱还债，索性就用妻子给来操抵债。蔡本妻子进入来家之前就有孕在身，过门后不久就生下了来俊臣，这样一来，来俊臣的身世就说不清了。在那个没有亲子鉴定的时代，也不知道他究竟是来操的种子还是蔡本的种子，抑或两人合资呢？

长大后的来俊臣继承了老爹的优良传统，继续将无赖事业发扬光大，干些鸡鸣狗盗的事情打发日子。后来来俊臣在和州因为盗窃被关押了一段时间，出狱后赶上了武则天鼓励告密的大好时光，来俊臣便踏上了公费告密的道路。

不过来俊臣的告密是诬告，没有效果，只是免费游了一趟洛阳就又回到了和州。和州刺史东平王李续痛打了他一百大棍，因为来俊臣诬告的正是李续本人。

被痛打的来俊臣消停了一段时间，不久之后他迎来了转机，李续因为"谋反"被诛杀了，来俊臣又看到了希望，再次踏上了告密的道路。

这一次来俊臣又受到了武则天的接见，他声泪俱下地控告李续当年对自己的迫害，言下之意：您看，李续还是反了，说明我当初的告密是对的。

这一下打动了武则天，原来这不是个无赖，这是个忠臣啊。

忠臣来俊臣很快受到了重用，被提拔为侍御史，进而成为武则天手下得力

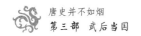

的酷吏之一。

同来俊臣的无赖出身不同，周兴的出身还是比较正统的，他从小学习法律，对法律条文非常熟悉，凭借自己的努力做到了从七品的尚书都事（相当于国务院总务官），相当于现在的副处级，起点比来俊臣高多了。

索元礼跟他们都不一样：来俊臣和周兴都是汉人，索元礼则是货真价实的胡人。这个胡人跟一般的胡人不同，相比之下他更看得懂局势。当武则天鼓励天下人告密时，他敏锐地嗅到了机会，马上赶上了第一拨告密的快车，这让武则天非常满意，一下子旱地拔葱就委任索元礼为从五品游击将军。武则天要树立索元礼这个典型，鼓励天下人都来告密，尤其是针对李唐皇族的告密。

侯思止同来俊臣一样，也是无赖出身，自己混不下去了，就进入渤海高元礼家打杂。如果没有武则天鼓励天下告密，侯思止这辈子可能也就是打一辈子杂。

武则天鼓励告密后，侯思止在别人的指点下走上了告密的道路，一下子成了武则天面前的红人。这下原来的主人高元礼也不能小看他了，而是殷勤地拉着他与自己平起平坐，而且称呼他为"侯大"。考虑到侯思止不识字，不能在武则天面前长久红下去，高元礼教了侯思止一招：如果太后问你不识字怎么办，你就说獬豸兽也不识字，但是同样能镇住邪恶。

这一招果然管用，武则天对侯思止非常满意，侯思止也凭借这句话成为与来俊臣并肩作战的酷吏之一。

至于万国俊，此人出身跟周兴有些类似，发迹之前已经混迹于官场，不过职位不高，为从八品的司刑评事（最高法院助理审判官），相当于副科级。

这些酷吏从五湖四海走来，为了一个共同的理想走到一起来，这个理想就是整人。

事实证明，行行出状元，在整人这条路上，也不断地有状元出现，来俊臣、周兴这些人便在追求"更快更猛更狠"的道路上不断进取，没有止境。

为了达到抓住一两个、整肃一大片的目的，胡人索元礼采取了触类旁通、以一敌百的手法，只要抓住一个人，经过他的审讯，就能一下子扯出几十人甚至数百人，打击面之大，让武则天很满意。

不过索元礼跟来俊臣和万国俊相比，那就是小巫见大巫了：他只停留在行动上，来俊臣和万国俊已经上升到理论高度，两人一起撰写了长达数千字的《罗织经》。在这本小册子里，详细解析了如何陷害平白无辜的人，进而如何把故事编圆了，而且务求结构紧凑，逻辑严密，同时又无懈可击。只要把这个小册子通读一遍，就可以成为一个干练的酷吏。

来俊臣、周兴等人还不断研制新兴刑具，你能想到的刑罚他们有，你想不到的刑罚他们也有，比如索元礼便研制开发了大号的木枷，总共分十个型号：一曰定百脉，二曰喘不得，三曰突地吼，四曰著即承，五曰失魂胆，六曰实同反，七曰反是实，八曰死猪愁，九曰求即死，十曰求破家。只要这十个型号一上，估计没有人能抗得住。

如此一来，酷吏们的审讯就变得非常容易，只要把犯罪嫌疑人往堂上一带，然后把刑具往地上一扔："说不说，不说就用这个让你说！"

到这个时候，绝大多数人已经崩溃了，只要不用刑，你让怎么说就怎么说，连大名鼎鼎的狄仁杰在这个时候也得认罪，可见刑具的威力之大。

由此我想起了以前流传的一个笑话：

兔子犯罪了，跑进了原始森林，正在大家为如何追捕兔子一筹莫展时，美国警察来了，迅速进入了原始森林。不一会儿的工夫，美国警察牵着一头黑熊出来了，黑熊满脸是血，一边走一边条件反射地说道："没错，我是兔子，我是兔子！"

推而广之，在武则天导演告密风起、酷吏横行的年代，有多少无辜的黑熊自诬为兔子。

我们必须承认，武则天是古今中外少有的杰出女政治家，然而同时也要承认，在武则天的统治下，很多历史不仅是用字写就的，还有血，很多人的血，这其中包括原本贵不可言的李唐皇族。

反　抗

武则天已经磨刀霍霍，李唐皇族也不准备坐以待毙，除了李显被幽禁、李旦靠边站外，一些李唐皇族正在酝酿一场针对武则天的反抗，他们的队伍集中了老中青三代皇族，除了李渊那一代因为历史久远同辈人早已作古外，李唐皇族的第二代、第三代、第四代都将武则天列入了仇人目录。

酝酿反抗的主要有这样一些人：

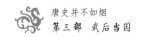
李渊的儿子韩王李元嘉、霍王李元轨、鲁王李灵夔。

李世民的儿子越王李贞。

李元嘉的儿子黄公李撰、李元轨的儿子江都王李绪、虢王李凤（李渊的儿子）的儿子东莞公李融、李灵夔的儿子范阳王李蔼、李贞的儿子琅琊王李冲。

他们为了同一个目的联系到了一起。

事件的导火索由李元嘉的儿子黄公李撰提供，他先是给李贞的儿子琅琊王李冲写了一封信，信上写道："我的妻子病了，很严重，得赶快治，要是拖到冬天，就无药可医了。"

显然，李撰将起事的最晚期限定为这一年的冬季，然而武则天一纸诏书，让他们的起事被迫提前。

这一年七月，武则天要在洛水河畔举行盛大的祭拜洛水神仪式，她给全国的高官以及李唐皇族都下了诏书，要求在祭拜仪式开始前十天都到洛阳集合。一纸诏书让李唐皇族成了惊弓之鸟。

集合皇族，而且还提前十天，莫非武则天准备动手了？

小道消息开始在皇族内部流传：武则天将会利用大宴群臣的机会将李唐皇族一网打尽，一个活口不留。

没法活了，反吧！

这时黄公李撰继续执行导火索功能，他伪造了一份李旦发给李冲的诏书：朕已经被软禁了，各位亲王速来营救。李冲接到这份假诏书之后，自己又伪造了另外一纸诏书：武则天要将李唐王朝转移到武姓之手。

事情发展到这个程度，起兵已经不可避免。

公元688年八月十七日，琅琊王李冲开始起兵，在起兵的同时他给其他皇族成员传去消息，相约一道起兵，然后自己率先在博州城（今山东聊城）招兵买马，拉开了起兵的架势。

消息传到洛阳，正中武则天下怀，她早就盼着李唐皇族有人起兵，这样就给她的整肃提供了借口。在武则天的部署下，曾经逼死李贤的左金吾大将军丘神勣从洛阳出发，带领大军浩浩荡荡前往平叛，丘神勣以为自己已经走得够快了，然而还是来晚了。

因为李冲实在太不经打了。

李冲率领拼凑的五千人马攻打博州西北的武水城，遭到了守军的抵抗。眼看强攻不成，李冲想到用火攻，然而没想到，火势刚起，风向就突然变了，不仅没有烧向守军，反而烧向了李冲一方，这下形势乱了。

有意志不坚定的人想跑，李冲想都没想将他斩于马下，本以为能就此镇住局势，没想到如此一来跑的人更多了，本来带出来五千人，跑到最后只剩下李冲左右亲信几十人。仗已经没法打了，还是回家吧。

然而，家也回不去了，李冲刚回到博州城下，就被守门的士兵给斩了，他的起兵从开始到结束只持续了七天。

李冲被斩之后，闹剧加悲剧的一幕发生了，率领大军平叛的丘神勣抵达了博州，迎接他的是白衣白服的博州官员，官员们告诉他："您来晚了，李冲已经被我们斩了。"

本以为丘神勣会就此收兵，没想到他眼珠子一转，盯上了前来迎接的官员："李冲反了，你们也不干净，杀！"

一声令下，博州城内一千多户家破人亡，他们都成了丘神勣的战利品。

都说贼不走空，那么丘神勣到底是兵还是贼呢？

博州李冲的叛乱草草收场，远在豫州，李冲的父亲越王李贞却陷入了彷徨之中。

原本他也想起兵，听说儿子起兵后，李贞就安排人出去招兵买马，然而没想到，短短七天之后，就传来了儿子李冲兵败被杀的消息。李贞想想还是算了吧，咱根本不是起兵的材料，索性给自己戴上了刑具，准备前往洛阳向武则天自首。

就在准备出门的一瞬间，戏剧性的一幕发生了，手下居然已经召集到了两千兵马，这下该怎么办呢？

李贞想了一下，算了，既然人马都已经齐了，还是接着起兵吧，他便摘下了刑具，投入到轰轰烈烈的起兵大业中。

其实，只要看到李贞前后的反反复复，就能看到他悲剧的结局。

不久，武则天派出的另外一路平叛大军兵临豫州，离豫州只有四十里。

李贞派出自己的军队前往迎战，本以为这是扬名立万的一战，没想到一出豫州城，招募来的军队一哄而散，李贞一下子又成了光杆司令。

手足无措的李贞只能守住自己的王府，做最后挣扎，这时身边侍卫的一句话提醒了他："大王，你怎么还等在这里挨刀？"

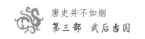

侍卫的话话中有话，他提醒李贞与其被人乱刀砍死，不如自己从容自杀，至少还能保留临死前的尊严。

走投无路的李贞最终选择了自杀，他的儿子以及妻子也一同自杀，他们的这次起兵总共持续了十七天，比儿子李冲仅仅多了十天。

李唐皇族的起兵就这样刚开了头就收了尾，不仅没有引起全国的风起云涌，甚至连些许的震动都没有，这一切还是要怪李冲的匆忙起兵。

原本李灵夔的儿子范阳王李蔼告诫过李冲：如果全国的亲王同一时间一道起兵，那么大事必成，然而李冲没有等待全国一盘棋，而是自己急匆匆地率先起兵，此时其他亲王的密使还在往来联系的路上，根本没有做好起兵的准备。

当初酝酿起兵的名单就这样成了一张死亡通知书，凡是在名单上的，一个都没能跑掉。

平定叛乱之后，武则天在同党的名单上看到了薛绍三兄弟的名字，这让武则天出离了愤怒。

要说薛绍的两个哥哥参与叛乱还情有可原，薛绍也参与针对武则天的叛乱就有点说不过去了，毕竟他的妻子太平公主是武则天最为宠爱的。薛绍跟着太平公主沾光还来不及，为什么还要起兵造丈母娘的反呢？

或许，薛绍心中藏着别人不知道的苦，唐朝的公主多数不是省油的灯，太平公主更是其中的典范，或许就因为被太平公主欺负惨了，薛绍才投入了叛乱的行列。

一切都晚了，兄弟三人得为这次叛乱付出代价。

薛绍的两位哥哥被公开处斩，薛绍则被网开一面，免于处斩，先打了一百大棍，然后投入监狱。

不杀你，也不打你了，那就活活饿死吧。

回想当年与太平公主的大婚，薛绍历历在目：那是公元681年七月的一天，仪仗队伍从皇宫兴安门南一直延伸到薛家的宣阳坊西，庆祝的火炬一个接着一个，密密麻麻，路两边的树木有不少在这场大婚中被烤死了，那个场面真是宏大。

或许我这一辈子最大的幸运就是娶了太平公主，最大的不幸也是娶了太平公主，在不断出现的幻觉之中，驸马薛绍带着对食物的思念永远地离开了人世。

念天地之悠悠

在武则天大肆任用酷吏对李唐皇族以及政府高官迫害时，其实有很多人持不同意见，持不同意见的人中有一位名人——大诗人陈子昂。

陈子昂在后世声名显赫，在那时他的官却很小，只是正九品的麟台正字（皇家图书馆文员），相当于现在的正股级干部。

对于武则天的大肆整肃，陈子昂提出了自己的观点：虽然之前有徐敬业叛乱，但海内升平，陛下没有必要任用酷吏大肆搜捕，那样只会适得其反。历史上有过多起任用酷吏导致亡国的案例，希望前事不忘后事之师，愿陛下考虑。

陈子昂说得很有道理，但是武则天根本听不进去。为了达到改朝换代的目的，她不惜付出任何代价，因此也就注定陈子昂在武则天的手下不会迎来仕途曙光。

顺着陈子昂的话题，不妨说一说这个才子的结局，也让大家在历史宏大叙事的同时，关注一下个体的命运，这正是以往历史课本所欠缺的。

陈子昂与武则天政见不同，注定政坛上的陈子昂是失意的，后来他一度因批评朝政被当成"逆党"关进监狱。在武则天统治时期，关进监狱对官员来说是家常便饭，如果没被关进去过，走到大街上都不好意思跟人家打招呼。

出狱之后的陈子昂继续着自己的一腔热情，一年后他得到了一个机会，追随武则天的侄子武攸宜统军北讨契丹，陈子昂为管记，军中文翰皆由陈子昂负责。

陈子昂本以为这是一次建功立业的机会，没想到武攸宜是个棒槌，一个百无一用的棒槌。

当陈子昂与武攸宜率军抵达渔阳（今天津蓟县）时，前方传来前锋部队溃败的消息，棒槌武攸宜不懂军事，无所适从，索性下令全军原地待命，是进，是退，是走，是留，没谱。陈子昂连忙进言，请求派出一万精兵作为前锋，火速进军，自己愿意跟随一万精兵充当先驱。

武攸宜看了陈子昂一眼：懂军事吗？下去！

不久，陈子昂又来献计，武攸宜认为这不是献计，而是对自己权威的冒犯。武攸宜烦了，这个陈子昂，不知好歹，降职！一边待着去！

此时纵有满腔抱负，说与谁人听？

机缘巧合，武攸宜停留不前的渔阳不远处便有一处名胜，叫蓟北楼，也就

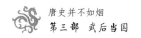
是幽州台。

幽州台相传为燕昭王所建，燕昭王千金市骨，表达自己对千里马的渴望，同时又在幽州台上置金，延请天下奇士良将为燕国效力，名将乐毅就是这样被燕昭王收入帐下。

当陈子昂登幽州台时，早已物是人非，幽州台还在，却再也不见当年的燕昭王。苦闷的陈子昂找不到古人燕昭王的足迹，也看不到自己未来的伯乐在哪里，于是一腔悲愤喷涌而出："前不见古人，后不见来者，念天地之悠悠，独怆然而涕下！"

写得尽的诗篇，写不尽的怀才不遇，写不完的壮志难酬！

两年后，陈子昂意兴阑珊，以父老多病为由上表请辞还乡，武则天特批：带官取给而归。也就是保留官职，保留待遇，回乡安养。

此时的陈子昂已经无意仕途，他计划静下心来研究历史，甚至想从汉孝武帝开始到初唐时期写一部《后史记》。遗憾的是，因为父亲去世，陈子昂搁笔，从此再也没有续写的机会。

不久，陈子昂的家产被射洪县令段简盯上了，段简采用酷吏们惯用的手法将陈子昂打入大牢，陈子昂的家属先后给他送了二十万缗他还嫌少，他想榨干陈子昂身上所有的油水。

在武则天统治时期，要陷害一个人只是动动手指的事情，陷害他人更是段简这些无德县令发财的手段。

黑帽子已经扣下，无边的黑暗将陈子昂包围。擅长算卦的陈子昂为自己算了一卦，一看卦相，他大惊失色："天命不佑，吾凶死乎？"

后来，陈子昂无声无息地死在狱中，至于何种死因，没有人能说得清，总之他死了，死于无边的黑狱。

到底是谁害死了陈子昂？版本有很多。

版本一：无德县令段简贪财，将陈子昂迫害致死。

版本二：陈子昂曾经无意中得罪过武三思，武三思授意段简害死了陈子昂。

版本三：陈子昂为父居丧，悲伤过度，身体羸弱，加上入狱后精神压力大，郁郁而终。

时隔千年，陈子昂究竟是如何死去已经不重要了，他的麟台正字，他的右拾遗（官职）早已被人们忘记，人们能记起的依然是他的诗篇。

2009 年 5 月 31 日，在陈子昂的故乡四川省遂宁市射洪县，子昂诗社在子昂城茶园举办了陈子昂诞辰 1350 周年座谈会。

2009 年 9 月 18 日，陈子昂主题系列邮品成为全球首套可视、可听、可嗅、可触的多媒体邮票。只要用一支特殊的笔在邮票的下方轻轻一触，笔就会用浑厚的声音读出陈子昂的经典诗篇：

> 前不见古人，
> 后不见来者。
> 念天地之悠悠，
> 独怆然而涕下！

势不可当

无论李唐皇族如何反抗，无论陈子昂这样的官员怎样进谏，再也没有人能挡住武则天紧逼的脚步。

在这个过程中，武则天的侄子武承嗣活跃起来，他不仅看到了姑姑称帝的曙光，同时也看到了自己未来的希望。

无利不起早，说的不仅仅是商家，同时说的也是武承嗣这些心比天高的人。

公元 688 年，武承嗣命人找来了一块白色石头，然后把这块石头认真地加工了一番。他先在这块石头上写上了八个大字：圣母临人，永昌帝业。然后又把紫色的石头磨成粉末，再夹杂着草药把刻字的地方填平。

经过这一番加工，白色石头看上去就像自然长出了那八个字，看上去就是天意。

武承嗣这招都是陈胜、吴广玩剩下的。

早在秦末陈胜、吴广起义时，两人就玩过这种把戏：先是让人扮成狐狸，在野外嗥叫，"大楚兴，陈胜王"，接着吴广又买来一条鱼，结果鱼肚子里有一块布条，布条上写着三个字：陈胜王。

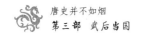

连鱼都知道陈胜要称王，看来这是天意。

实际上，都是骗人的把戏。

当武承嗣加工这块石头时，他知道这是骗人的，而且骗不了聪明人。不过为了姑姑的称帝，他还是要把骗人进行到底，不然自己的皇帝梦无法实现。

这一年四月，雍州居民唐同泰为武则天奉上了一块石头，声称是不久前从洛水打捞上来的，武则天仔细一看：圣母临人，永昌帝业。

天意啊，天意！

武则天随即将这块石头命名为"宝图"，同时擢升唐同泰为游击将军，品级从五品（副局级）。

五月十一日，武则天下诏，将择期前往洛水，举行盛大的接受"宝图"仪式。

七天后，武则天自己给自己加了一个封号：圣母神皇。

到这个时候还不知道武则天想干什么的人，不是瞎子就是白内障了，因为她的用心已经路人皆知。

仔细推敲起来，武则天想走上前台不是一天两天了，往前推，可以推到公元675年。

在前面曾经提到过，李治因为患病严重，产生了让武则天摄政的念头，结果念头一经产生，就被郝处俊给叫停了。实际上，在那个时候，武则天就有走上前台的打算，只不过经过郝处俊的反对，她只能暂时停下自己的脚步，继续躲在幕后操持着国政。

屈指算来，走上前台的想法至少被压制了十三年，这一切都拜郝处俊所赐，武则天自然对郝处俊一直咬牙切齿。

郝处俊一直没有把柄落在武则天手里，等到武则天任用酷吏肆意迫害高官时，郝处俊早已入土为安了，这让武则天更加愤恨，她把对郝处俊的愤恨转嫁到了他的孙子、太子通事舍人郝象贤身上。

郝象贤没有躲过去，家奴诬告他谋反。

放在正常的环境下，郝象贤谋反案的真假很容易查实，然而此时已经是武则天一手遮天的恐怖时期，而负责审理此案的正是武则天的得力干将周兴。周兴已经今非昔比，再也不是那个从七品的尚书都事了，人家已经扶摇直上成为从三品的秋官侍郎（司法部副部长），一下子跨越了八个等级。

经周兴审讯，郝象贤的谋反罪坐实了，等待他的是灭族。

本来武则天以为事情到这个时候可以告一段落了，令她意想不到的是，在处斩郝象贤的过程中，居然发生了意外。

原来，郝象贤并没有认命，他抓紧最后的机会进行反击。押往刑场的道路上，郝象贤就是一台播种机，一台移动宣传机，一路上他不断谩骂着武则天，同时源源不断地将武则天的隐私公布于众。后世的人能在史书上看到武则天的诸多隐私，与郝象贤的这次传播不无关系。

刑场之上，郝象贤更加活跃，他甚至冲进了看热闹的人群，抢过别人还没有出售的柴火，掉头攻击刽子手，刑场一下子乱了起来。

维持秩序的士兵没有办法，只能冲上去将郝象贤乱刀杀死，这才消停了下来。

然而这次传播的效果是非常可怕的，它让武则天的诸多隐私被公布于众。武则天恼火不已，下令将郝象贤分尸，然后挖开郝象贤父亲以及爷爷的灵柩，统统付之一炬。

痛定思痛，武则天作出了一个规定：以后处决犯人，一律用木球塞住嘴巴。无疑，这个规定由郝处俊的孙子郝象贤而起。

清算完郝处俊和郝象贤，武则天的脚步继续加快，公元 688 年十二月二十五日，武则天前往洛水祭拜，在洛水边举行了盛大的接受"宝图"仪式。

跟在她身后一同前往的有当朝皇帝李旦以及李旦的皇太子李成器，不知道李旦、李成器父子在那个仪式上作何感想？

太后接受"宝图"，"宝图"上分明写着八个大字：圣母临人，永昌帝业。

还有比这更刺激的吗？

不久，不安分的和尚也来凑热闹。

来凑热闹的是洛阳东魏国寺的和尚法明，他联合几个师兄弟撰写了四册《大云经》，然后将这四册《大云经》呈现给了武则天，顺便还给武则天上了一道奏章。

在奏章里，法明奏报了自己的研究成果：太后您是弥勒佛转世，应该取代李唐王朝，开创属于自己的王朝。

看看，和尚也来跟着起哄了。

武则天并不觉得和尚在起哄，她反而认为和尚说的很有道理，随后她将和

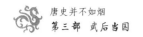

尚的奏章转发到全国各地，看看，人家和尚的境界。

顺着《大云经》的话题延伸一下，现存的《旧唐书》《资治通鉴》《新唐书》，一致指出《大云经》是伪作，是几个和尚一起杜撰的。

然而，经过陈寅恪、王国维两位国学大师考证后发现，《大云经》并非杜撰，历史上真的有《大云经》。《大云经》是古印度人昙无谶于南北朝北凉时期在敦煌译出，翻译时间当在公元421—433年之间。武则天授意别人印发《大云经》时，《大云经》已经存在了260年左右。

武则天为什么盯上佛教里的《大云经》了呢？这是因为里面有她想要的东西，而这个东西，儒教里没有。

儒教里有什么呢？

《尚书·牧誓》中有一句古语："牝鸡无晨，牝鸡之晨，惟家之索。"意思是说，母鸡不能报晓，倘若母鸡报晓，其家必然败落，大儒孔安国的解释是："妇夺夫政则国亡。"

历朝历代，只要有皇后或者太后想要干政，就会有大臣指责其"牝鸡司晨"（母鸡打鸣）。无疑，这是套在历代皇后太后头上的紧箍咒，同时也套在武则天的头上。

武则天想要除掉紧箍咒，儒教是指望不上了，她寻寻觅觅，最后将目光盯在了《大云经》上，因为《大云经》里有她想要的东西。

《大云经》里有一个故事：净光天女曾在同性灯佛那里听过《大涅槃经》，由此因缘释迦牟尼佛在世时生为净光天女，再次听闻佛法深义。后世舍天身生为女人成为国王，得到转轮王统领疆土的四分之一，得大自在，受持五戒，成为优婆夷，教化所属的城乡男女老少受持五戒、守护正法，摧伏外道的各种邪见异见，做菩萨事业。

如此一来，武则天就找到了自己想要的东西：净光天女，女身，女王，女菩萨。几项有利因素叠加到一起，谁说女人不能当皇帝？

再 整 肃

"宝图"接受了，和尚的奏章也全国传阅了，武则天称帝的脚步已经越来越快，这时她对李唐皇族又进行了一次整肃。

整肃的焦点人物是先帝李治的两个儿子，一个是泽王李上金、一个是许王李素节。

论起来，许王李素节的命运是最坎坷的，他的母亲是曾经最当红的萧淑妃，而他本人一度有望凭借母亲的得宠荣立为太子。原本美好的一切随着武则天的进宫都被打碎了，仅仅几年之后，母亲被迫害致死，而他从此成了没妈的孩子。

相比于那两个曾经幽闭宫中的姐妹，李素节已经算幸福的。不过对武则天的恐惧一直伴随着他，从公元655年一直持续到了公元688年。

当公元688年被征召入京时，李素节已经意识到凶多吉少——李唐皇族已经有多人受到整肃，自己这个多年死敌的儿子，自然不会被放过。

李素节启程时，正好看到有人家在出殡，送葬的人哭得昏天黑地，此情此景让李素节心中充满了感慨：能够病死已经是多么幸运，多少人想要却得不到。

带着对病死的羡慕，心如死灰的许王李素节来到了东都洛阳。就在洛阳城南龙门，李素节被武则天派来的使节绞死，等了三十三年的另一只靴子终于落下了，这下再也不用担惊受怕了。

几乎与此同时，泽王李上金被勒令自杀，他们的儿子和朋友都没有幸免。

随着两人的离去，高宗李治名下的八个儿子已经消失了六个，剩下的两个，一个被长期幽禁，一个被当作台前的木偶，如果李治地下有知，该如何评价自己这一生呢？

在李上金和李素节之后，又一批李唐皇族被整肃：前太子李贤的两个儿子被皮鞭活活抽死，而后来能预测天气变化的李守礼因为年龄小被幽禁了起来，与他一起被幽禁的还有一批年龄尚小的皇族。

在武则天的整肃下，年龄稍长的皇族要么被杀，要么被流放岭南，而与李唐皇族有亲戚关系的也被整肃了数百家，总之近支皇族，被清算得差不多了。

这其中倒有一个例外，有一位皇族成员非但没有受到打压，反而受到了武则天的恩宠，这是为什么？难道武则天良心发现？

其实不是武则天良心发现，而是这位皇族成员嘴巴很甜。

这位皇族成员便是李渊的女儿千金公主。为了保全性命、避免打压，千金

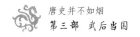

公主向武则天提出了一个石破天惊的请求："娘，收下我这个女儿吧！"

乱了，彻底乱套了，本来武则天还要尊称她一声姑姑，这下反了，姑姑反过来要认她当妈。

武则天居然同意了，还给公主一个新的封号：延安大长公主。从今天起，皇帝李旦就不用再喊姑奶奶了，喊姐就成，你们都是同辈人。

辈分乱了，纲常乱了，接下来会发生什么呢？

第十一章 改朝换代

劝　进

时间走到公元690年，武则天不称帝已经不行了，再不称帝，群众不答应了。

这一年九月三日，侍御史（从六品，副处级）傅游艺前往皇宫城门投递奏章：请求废除李唐王朝，建立周王朝，同时将现任皇帝李旦改姓武。

傅游艺不是一个人在战斗，他的背后站着九百多名热心的关中百姓。

看了傅游艺的奏章，武则天还在谦虚：这个不太合适，不过鉴于傅游艺忠心可鉴，还是提拔一下吧，即日起升任给事中（御前监督官，正五品）。

榜样的力量是无穷的，在傅游艺的带动下，全国各地的人们都行动了起来，加入到对武则天的劝进行列中，上至文武百官，下至普通百姓，连不相干的蛮夷酋长也加入了进来，另外有本该不问世事的和尚和道士，最后一统计，居然有六万多人。

这时又有一个人加入到劝进的行列，他的出现，让武则天更加高兴。

这个人就是现任皇帝李旦，他并没有直接劝进，而是请求母亲允许自己改姓武。

李旦虽然没有明说，但意思已经很明显，现任皇帝都改姓武了，那么李唐王朝还有存在的必要吗？

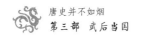
答案不言自明。

九月五日，武则天又接到了文武百官报告：皇宫内外发现了凤凰，而且还不是一只两只，而是数万只。凤凰们的飞行路线是这样的，它们先飞到上阳宫，再飞到左肃政台，聚集在梧桐树上，许久才往东南飞去，后来又聚集在皇宫南城的政府办公地。

这是什么？这是改朝换代的祥瑞啊！武则天如果再不答应，不仅人不答应，连凤凰也不答应。

事情发展到这一步，武则天不能不答应了，再不答应就是工业酒精——假纯了。

两天后，武则天答应了文武百官的请求，同时恩准皇帝李旦改姓为武。

万里长征只剩最后一小碎步！

称　帝

公元 690 年九月九日，注定是永载史册的一天。这一天，中国历史上绝无仅有的女皇武则天登基称帝，开创属于自己的王朝，这个王朝的名字叫作周，年号天授。

为什么新王朝叫作周呢？因为周王朝一直是武则天心目中的典范。在儒家思想里，周王朝才是真正的王朝，后世的很多朝代动辄拿周朝说事，那位开创新王朝的王莽更是周王朝的脑残粉，他甚至在自己王朝的布局上都跟周王朝如出一辙，十足的克隆范。

武则天认可周王朝还有自己的私心，这个私心在她心底藏了很多年，就是洗白自己的出身。

众所周知，隋唐时非常讲究门第出身，门第出身在那个年代非常重要，只要出身名门望族，生来就高人一等。如果你并非出身名门，即便已经做到高官，你的骨子里依然是虚的。

武则天从一出生就受着门第的困扰，虽然她的父亲武士彟对唐朝有功，甚至官至工部尚书，但是依然改变不了寒族的出身，依然让人瞧不起。所以骆宾王在《讨武曌檄》中写道："伪临朝武氏者，性非和顺，地实寒微。"

"地实寒微"指的就是武则天出身不好的事实,这是武则天一生的痛,现在通过称帝,她要把这一生的痛一改了之。

武则天将目光锁定在周王朝,同时把自己的家族与周王朝扯上了关系,她为自己的武姓在周王室里找到了源头:周王朝第十三任王姬宜臼的幼子姬武。

这下好了,血统问题搞清楚了,远祖贵为周王室,历史悠久,血统纯良。

解决完祖先问题,再来解决儿子的问题。

在武则天开创周王朝之后,原来的皇帝李旦改姓武,李旦不再存在,取而代之的是武旦。武旦也不再是皇帝,而是"皇嗣",理论上,他是武则天的法定接班人。武旦的儿子也跟着老爹改姓,原来的皇太子李成器现在改名叫武成器,同时辈分降了,以前他是皇太子,现在他是皇太孙。

到这个时候,我们不得不佩服武则天的勇气,在她登基称帝时,早已不再年轻,而是整整六十六岁了,按照孔子的标准,该是耳顺的年纪了。而她,一个六十六岁的老太太,居然在别人认为"风烛残年"的时候,开天辟地地开创了自己的王朝。

由此,我们得把以前的时间概念推倒重来,不要再纠缠于"三十而立",强调"三十而立"的人没有真正读懂《论语》。孔子说"三十而立"的语境是在总结自己的一生,也就是说"三十而立"只是孔子的个体经验,并不适合所有人。

从武则天身上可以看出,人这一辈子,要想做点大事,到什么时候都不晚。

四天之后,武则天梦寐以求的七座祭庙终于成为了现实,再也不用五世祠堂代替了。从现在起,她可以堂堂正正地拥有七座祭庙。

与一般皇帝的七座祭庙不同,武则天的七座祭庙时空跨度非常大。一般皇帝的七座祭庙都是从自己往上数七代,这就是七座祭庙,武则天不是,她从自己往上数五代,然后一下子推进到周朝:她追认的第一座祭庙的主人是姬昌(周王朝第一任王姬发的父亲),第二座祭庙的主人是周王朝第十三任王姬宜臼的幼子姬武,这样便凑起了七座祭庙。

这样的七座祭庙是否合理?天知道!反正武则天认为合理就是合理。

不服不行!

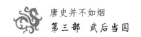

鸡犬升天

"一人得道，鸡犬升天"，成语说的是豆腐发明家淮南王刘安。看了这个成语，不明就里的人还以为刘安的结局真的是得道升天呢。其实不然，刘安因疑似谋反被勒令自杀，下场非常惨，并没有成语中说的那么好。中国的成语之中很多"以讹传讹"，有心的人需要擦亮眼睛。

回过头来接着说武则天的登基，武老太太登基之后，确实有很多人跟着风生水起，最典型的就是以武承嗣、武三思为代表的武姓子弟。武承嗣、武三思、武攸宁这三位因为血缘相对较近，一律晋封亲王；武懿宗、武攸宜这批人则出自武则天伯父武士让一脉，血缘相对远一些，被封为郡王。

相比于西汉时吕后封吕产、吕禄，武承嗣和武三思这些人更加理直气壮：当今皇帝姓武，自然是武姓当家，虽然皇帝只是一个老太太，但毕竟是皇帝，武姓皇帝。

与武承嗣一道鸡犬升天的还有另外一批人，他们是在武则天登基过程中立下汗马功劳的人，他们原本各自有着各自的姓，现在他们统统姓武了。

这个名单很长：

纳言史务滋。

检校内史（代理中书令）宗秦客（为武则天发明了"曌"等新字）。

鸾台侍郎（即门下侍郎）傅游艺。

右仆射岑长倩。

右玉钤卫大将军张虔勖。

左金吾大将军丘神勣。

侍御史来子珣。

现在你们以前的姓都作废了，以后都姓武了。

这些人中最神奇的要属门下侍郎傅游艺，他的升官速度，火箭都追不上。

相声表演大师刘宝瑞先生有段经典单口相声《连升三级》，说的是一个不学无术的地主子弟歪打正着地连升三级，跟人家傅游艺相比，地主子弟差远了。

傅游艺一年之内，仅靠着给武则天上劝进书就不断升官，一年之内换了四套官服，从正九品，一直升到了从三品，相当于现在的正股级升任副部级。

唐朝时官员的服装有明确规定，八到九品官服为蓝色，六到七品官服为绿色，四到五品官服为红色，三品以上官服为紫色。多少人熬到头发白了，还没有把这四身官服穿齐，而傅游艺一年之内，四身衣服，齐了！

恩宠至此，夫复何求？

然而，中国有句古话，飞得越高，摔得越惨。

以上七位改姓的新宠，全摔死了。

纠　结

公元 690 年，武则天成为中国历史上绝无仅有的女皇，然而她内心的纠结也随之而来。这个纠结也是武则天独特的烦恼，翻遍中国的史书，她找不到现成的答案。

什么纠结呢？

百年之后，皇位传给谁？

在武则天之前，中国历史上从来没有一位真正的女皇，西汉的吕后只是垂帘听政，不存在传位烦恼，现在武则天登基了，她的苦恼来了。

如果男性当皇帝，那就一个选择，传给儿子，没有儿子传给兄弟，没有兄弟传给宗室，总之能够解决；然而武则天这位女性当皇帝之后，麻烦就来了，她在百年之后，皇位传给谁？

传给儿子？皇位本来就是从儿子手里抢来的，传给儿子不就意味着自己这些年白折腾了吗？

传给侄子？可是自己的身份是姑姑。百年之后，侄子会在宗庙里供奉自己这位姑姑吗？即使侄子供奉，侄子的后人还会继续供奉吗？

传子，还是传侄，这是一个两难的选择，也让武则天的内心始终纠结，这一纠结就是十几年。

在武则天纠结的同时，武承嗣已经按捺不住内心的冲动，姑姑武则天登基之后，他的心一直扑腾扑腾直跳。如果姑姑一直是皇后，武承嗣也不会有太多想法，顶多作为外戚享尽荣华富贵，现在不同了，姑姑是皇帝，自己这个娘家侄子不正是第一顺位继承人吗？

不行，得先把那个李旦扳倒，这个姓李的杵在那里太碍眼。

在武承嗣的授意下，有个叫王庆之的人组织了请愿团。请愿团目的很简单：废除李旦的皇嗣地位，改立武承嗣。

对于王庆之的请愿，武则天很有耐心，她心中正充满纠结，她想听一听来自民间的呼声。

武则天问道："现在的皇嗣是我的儿子，为什么要废黜？"

王庆之有理有据地回应："神灵不接受非同类的祭祀，人也不祭祀不是自己家族的祖先。现在是谁的天下，怎么还能让他当皇嗣？"

武则天一听，不无道理，便点点头，对王庆之一挥手，好了，你可以走了。

王庆之却如同没听见一样，趴在地上不起来，一边磕头，一边声泪俱下，始终坚持着自己更换皇嗣的要求。

武则天没有办法，对于这样的人还需要保护他的积极性，便好言相劝，并发给他一张皇宫特别通行证。只要有这张通行证，王庆之进出皇宫可以畅通无阻，随时与武则天沟通。

颁发这张通行证，武则天只是跟他客气一下，没想到王庆之跟武则天真不客气。随后，王庆之先后数次进入皇宫，话题是一成不变的：更换皇嗣，拥立武承嗣。

武则天烦了，她的耐性本来就很有限。

武则天叫来中书侍郎李昭德，轻声吩咐了一下："把这个人拉出去，打一顿！"

李昭德原本就对王庆之有气，一个平民百姓不好好过自己的日子，往皇家的事情掺和什么呢？这不是找打吗？

李昭德气呼呼地将王庆之拉到了宫门外，那里有朝中的文武百官，还有李昭德的手下。李昭德指着王庆之对文武百官说道："就是这个王八蛋，想罢黜我们的皇嗣，拥立武承嗣当皇嗣。"

这句话就是动手的号令，李昭德的手下开始动手，部分官员也参与了进来，渐渐地，王庆之的眼睛流血了，鼻子流血了，耳朵流血了，这时乱棍又上来了。

不一会儿的工夫，世界清净了，王庆之再也使用不了他的特别通行证了，他的请愿团也随之土崩瓦解。

处理完王庆之后，李昭德给武则天上了一道奏疏：

陛下的江山来自先帝，百年之后自然该传给先帝的儿子；如果传给侄子，臣没听说皇家祭庙里有祭祀姑姑的先例。

武则天看罢奏疏，她的心更加纠结，她知道这是个死结，很难解开，那就留待时间去解开吧。

令李昭德没有想到的是，尽管他用一颗忠心化解了一场易储风波，但同时也给自己埋下了一生的祸根。

新宠的下场

在武则天纠结于"传子传侄"时，她手下的新宠也在接二连三地摔倒，一个接着一个，从未停息。

首先摔倒的是代理中书令宗秦客，他摔得太快了。

时间跨度仅仅三个月。

公元 690 年十二月二十一日，武则天以贪赃枉法之名将宗秦客剥夺官职，贬做遵化（今广西灵山县）县尉，品级从九品（副股级），被贬之前，宗秦客为从三品（副部级）。

被贬之后，宗秦客的人生便定格在遵化，不久就在那里病死。

一个月之后，左金吾大将军丘神勣因罪被诛杀，至于什么罪，史无明载。想想也是，丘神勣注定难逃一死，因为他知道的事情太多了（曾经奉命逼死李贤）。

丘神勣被诛杀后，紧接着轮到了纳言史务滋。

原本史务滋跟来俊臣一道审理一起疑似谋反案件。案件审理过程中，来俊臣给武则天上了一道奏疏：史务滋有意包庇。

武则天一看奏疏，马上批示，那就连史务滋一块儿审了吧。

见识过来俊臣手法的史务滋一下子看到了自己的末日，毫不迟疑，自己了断，他成为第三位摔死的新宠。

半年后，第四个倒霉蛋出现了，这回是右玉钤卫大将军张虔勖，他摔得

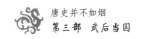

更惨。

张虔勖同样被诬告谋反，他不甘心，便托人向侍御史徐有功申诉。徐有功这个人公正严明，他的爷爷也是一位名人，隋朝名士徐文远，徐文远有两位门生，一位是瓦岗寨李密，一位是卷毛将军王世充。

当张虔勖申诉的信件交到徐有功手上时，徐有功准备仔细查证一番，争取还张虔勖一个公道。然而没有想到，负责审案的来俊臣并没有给他查证的时间。

就在张虔勖申诉的当晚，来俊臣命人将张虔勖乱刀砍死了，然后抬起张虔勖已经没有知觉的手，重重地在事先已经准备好的"诉状"上按上了手印。

第四个倒霉蛋就这么摔死了。

又过了一个月，第五个倒霉蛋诞生了。

第五个倒霉的是原本红得发紫的门下侍郎傅游艺，他死于自己的一场梦。

红得发紫的傅游艺有一天做了一个梦，他梦见自己登上了湛露殿，这象征着什么呢？是否意味着自己有天命呢？

他只把这个梦说给了最亲近的朋友听，然后嘱咐说，千万保密，跟谁也别说。

朋友郑重地点了点头，傅游艺这才放心了。

这位朋友确实谁也没告诉，他只告诉了武则天。

随后，傅游艺倒霉了，四身官服全部作废，该换身囚服了。

在狱中，已经看不到曙光的傅游艺自杀，告别了这个曾经给过他无限幻想的人世，也告别了曾经让他无限风光的四身官服。

一切只不过是一场游戏一场梦而已。

傅游艺摔倒之后，第六个倒霉蛋接踵而至，他就是右仆射岑长倩。

岑长倩出身名门，伯父是贞观年间的名臣岑文本，太宗李世民的十八学士之一。

自小受岑文本影响，岑长倩勤奋好学，靠自己的努力在仕途上不断拼争，后来在武则天称帝的过程中表现不错，因此被提拔到了尚书右仆射的高位，这个高位已经超越了他的伯父岑文本的位置。

然而好景不长，在领会皇帝意图上，岑长倩栽了大跟头。

他陷入了皇帝"传子还是传侄"的纠结之中。

在岑长倩看来，皇帝百年之后当然要传位给自己的儿子，根本没有传给侄子的道理。为此他还专门给武则天上了一道奏疏，要求严厉斥责组织请愿团的王庆之，并且把请愿团解散。

这一次岑长倩看走眼了，他以为王庆之只是孤零零一个人，没想到人家的背后还站着武承嗣。

就此，武承嗣将岑长倩惦记上了，除掉他只是时间问题。

公元 691 年五月，岑长倩奉命出征吐蕃，刚出发没多久，中途又被召了回来，一回来就被打入大狱，理由是贻误战机。

欲加之罪，何患无辞。

在武承嗣的罗织之下，岑长倩一案牵连数十人，这些人或多或少都曾经反对他当皇嗣，现在到了清算的时候。

公元 691 年十月十二日，岑长倩等数十人被公开处斩，当初的新宠名单上只剩下来子珣一人。

由于来子珣属于酷吏团队，还有一定的利用价值，因此他摔倒的速度要缓慢一些，一年后他被发配爱州（位于今天的越南境内），一去不返。

前后不到两年，所谓的新宠一一烟消云散，没有办法，谁让他们遇上了武则天这样的九段高手。在武则天的眼里，他们只是一颗颗棋子，并没有黑白之分。

狄 仁 杰

新宠灰飞烟灭，难道武则天手下再没有受宠之人？

其实有一个，这个人就是名垂青史的狄仁杰。

狄仁杰用他的一生证明了一个道理：好人跟好官，其实可以合二为一。

之前我们曾经说过，好人不一定是一个好官，好官不一定是个好人，但是狄仁杰的人生经历表明，做好人与当好官其实并不矛盾，关键看你想不想，愿不愿意，因为当好官的同时做好人是要付出代价的。

狄仁杰第一次给李治和武则天留下印象是因为一次据理力争。

公元 676 年九月七日，李治接到了一封奏报：太宗李世民昭陵上的柏树被

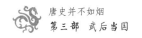

砍了。

李治的头发顿时竖了起来，这是谁干的？

李治接着往下看，大理寺卿奏报说是左威卫大将军权善才和左监门军中郎将范怀义。

在奏报的结尾，大理寺卿建议，按照法律，将二人开除官职。

李治压抑不住内心的愤怒，自己在位，先帝陵上的树却让人砍了，这不是把自己往不孝的深渊推吗？

李治随即下令，将这两个人诛杀。

这时大理丞（最高法院主任秘书）狄仁杰一挺身站了出来，按道理，他没有必要出来说话，他的领导大理寺卿（最高法院院长）在，天塌下来，有领导顶着。

狄仁杰说道："法律条文明明都在，陛下却不遵守。法律失去了公信力，百姓就会手足无措，而且这种事情西汉已经有先例，罪不至于诛杀。"

听了狄仁杰的话，李治冷静了下来，想想狄仁杰的话不无道理，虽然砍先帝陵上柏树可恨，但按照法律只能开除，不能诛杀。

李治接受了狄仁杰的说法，权善才和范怀义总算保住了命，被开除官职，流放岭南。

几天后，给皇帝李治留下深刻印象的狄仁杰被任命为侍御史，李治看中了他的人品。

其实，李治并不是第一个欣赏狄仁杰人品的人，早在狄仁杰只是并州一个小小法曹时，人品就让同事折服。

有一次，同事郑崇质被派到一个边远的地区出差，郑崇质一下犯了难，因为他的母亲年老多病，急需他的照顾。

就在郑崇质左右为难时，狄仁杰主动找到了安排郑崇质出差的并州长史蔺仁基，请求替郑崇质出差。

狄仁杰说："郑崇质的娘亲病得不轻，怎么能让他出差在万里之外担心不已呢？还是我替他去吧！"

别人躲闪犹恐不及，狄仁杰却主动请命，这一下感动了在场所有的人。

蔺仁基答应了狄仁杰的请求，从此对这个年轻人刮目相看。相比于这个年轻人，以前自己的心胸太狭窄了。

蔺仁基找到跟自己素来不睦的并州司马李孝廉，两个人谈起了狄仁杰，然后相视一笑："相比这个年轻人，难道我们不惭愧吗？"

心宽了，天地就宽了。

后来，狄仁杰在仕途上兢兢业业，做好官的同时也做好人。

李唐皇族之一的李贞在豫州起兵失败后，牵连出六七百人，这六七百人又牵连到各自家属，达到了五千多人。按照一般人的逻辑，一杀了之，简单省事。负责行刑的官员已经开始催促行刑，身为豫州刺史的狄仁杰却请求暂缓，随后给武则天上了一道奏疏。

奏疏中，狄仁杰反复说明，这五千人并无谋反之心，只是被人牵连，恳请武则天仁慈，网开一面。

经狄仁杰的恳请，武则天抬手放过了这五千人，由之前的斩立决变更为流放，五千人由此获得新生，这一切都因为有狄仁杰这个好人好官。

在武则天的手下，狄仁杰虽然起起伏伏，但武则天对他的信任始终不减。

公元 691 年九月二十六日，狄仁杰升任地官侍郎（即户部侍郎，相当于财政部副部长），同时参与政事，成为宰相团成员之一。

任命之后，君臣二人有一番对话很经典。

> 武则天：你在豫州做出很多成绩，还是有人打你小报告，你想不想知道是谁？
>
> 狄仁杰：陛下如果认为我有过失，我愿意改正；陛下如果认为我没有过失，那是我的幸运，因此我并不想知道谁打我的小报告！

此番对话，让武则天深深折服，若非心底无私，何来胸襟如此坦荡？

然而令狄仁杰没有想到的是，即便他坦荡如此，还是有人想对他背后出招。

身在仕途，防不胜防。

第十二章　酷吏的结局

请 君 入 瓮

在武则天革唐命、开创周朝的过程中，很多人看到了其中的商机，他们义无反顾地挤上了"武则天号"幸福快车，他们期待着能搭乘"武则天号"达到幸福的终点。然而却没有想到，即便他们搭上了幸福快车，到头来，还是有被甩下列车的那一天。

前面已经说过——摔死的新宠，接下来应该关注一下那些曾经红极一时的酷吏，他们是武则天改朝换代的有力工具，只是到头来依然免不了被抛弃的命运。

公元691年一月，左金吾大将军丘神勣因罪被诛，他是第一个倒霉的酷吏，却不是最后一个。

丘神勣被诛后，第二个很红的酷吏也被甩下了幸福列车，这个酷吏就是周兴，此时他已经是文昌右丞（相当于国务院秘书长），今非昔比。

不过这一切都是虚的，武则天能捧起他，照样能摔下他。

丘神勣伏诛后，有人密奏武则天：周兴与丘神勣同谋。一顶铁帽子向周兴扣下。

如果武则天想保周兴，一句话事情也就过去了，然而这时武则天已经对周兴厌烦了，便把调查周兴的事情交给了另外一个酷吏——来俊臣。

来俊臣审周兴的过程很经典，经典到创造了一个成语，千古流传。

来俊臣接到武则天指示，表面上不动声色，平常两人依然称兄道弟，依然共同审案，依然在一个桌吃饭喝酒。

喝酒的时候，来俊臣很苦恼，很困惑，便问周兴："最近我审案经常有人硬挺着不招供，有什么办法能让他招供？"

周兴白了来俊臣一眼，心里有些不屑，棒槌，这都不会。

周兴不以为然地说道："这个容易得很，拿一个大缸（瓮），四面生起炭火，把那个被告放里面，看他招不招！"

来俊臣似懂非懂，似乎还是没有弄清其中的技术原理，索性让人抬来大缸，生起炭火，在周兴的指导下，火烤大缸的装置大功告成。

正当周兴想趁机炫耀时，来俊臣瞬间变了脸："奉皇上密令，调查兄长，请兄长入瓮吧！"

周兴瞬间崩溃了，什么叫作茧自缚，自己不正是作茧自缚吗？

入瓮就免了吧，我自动认罪！

随后，周兴按照来俊臣的要求和盘托出，让他怎么说他就怎么说，态度比一般人好得多。

说着说着，周兴神情有些恍惚，毕竟审别人的次数太多了，被审还是第一次，还真有点不适应。

审讯完毕，周兴的心里也有了底，因为他懂得规则。按照武则天的规定，第一次审问就坦白交代的有可能免于一死，现在自己已经坦白交代，保住这条命有希望了，至少比犯在自己手上的那些人已经幸运很多。

果不其然，武则天念在周兴以往有功而且又坦白交代的份上，免除他的死刑，只是把他流放到岭南。

这一年二月，酷吏周兴踏上了前往岭南的路。九死一生，能保住一条命，他心中暗自庆幸。

庆幸还是太早了。

前往岭南的路上早有仇家等着他！

前后被周兴残害的总共有数千人，这些人的家属每天都在心中问候他。现在他们中的代表已经埋伏在周兴的必经之路上，他们要让周兴知道，出来混，一定要还的。

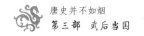

不久，横行一时的酷吏周兴死在前往岭南的路上，死于自己的仇家之手，至于是哪位仇家就说不清了，因为他的仇家实在太多，无从查找。

说起来也算是便宜他了，死了就死了，还在一个成语中留下了自己的名字，尽管是反派，尽管是臭名。

周兴死后，武则天探听了一下民间反应。她发现，民间都在拍手称快，看来酷吏的民愤还真大。

武则天眼角扫过酷吏的名单，眼神锁定在了胡人索元礼身上。此时的索元礼是从五品游击将军，他一度跟周兴和来俊臣比赛残暴，看谁杀的人更多，三个人的民愤都很大。

武则天在索元礼的名字下做了个记号，这个记号标志着索元礼酷吏生涯的终结。

不久，索元礼也被武则天诛杀，从此只能与周兴到另一个世界比赛了。

还剩下一个来俊臣，怎么办？

先留着吧，毕竟狡兔还在。

狄仁杰谋反

狄仁杰做梦都没有想到，自己刚刚升任宰相三个月就被来俊臣盯上了。

来俊臣盯上狄仁杰并不是三个月之后的事，在狄仁杰刚升任宰相时，来俊臣就已经盯上了他。在来俊臣眼中，这是一条大鱼，比其他小鱼小虾重要得多，如果能把他搞倒，那么来俊臣就能踩着狄仁杰的身体不断上位。

来俊臣是这么想的，也是这么做的。

不久，来俊臣罗织罪名，将谋反的大帽子一下子扣在了狄仁杰的头上，与狄仁杰一起被扣上大帽子的还有司礼卿崔宣礼、御史中丞魏元忠等六人，他们都是当时的高官。

无边的黑狱向狄仁杰袭来，狄仁杰的心也有些不安，虽然他不能预知接下来会发生什么，但他知道，在黑狱里面，死扛是没有用的，因为来俊臣的刑具一定比自己的骨头硬。

狄仁杰一直在思考，他在寻找一切可能的机会。

来俊臣向他展示了一份诏令，诏令的内容是这样的：如果在第一次审问时主动招认，那么将免除死刑，减刑一等处置。

狄仁杰抬头看了看来俊臣，他看到来俊臣眼中得意的神色，那眼神似乎在说，你是招呢，招呢，还是招呢？

狄仁杰看懂了来俊臣的挑衅，同时也读懂了武则天的诏令，他必须抓住这个机会，然后再跟来俊臣慢慢周旋。

狄仁杰马上说道："大周革命，万物惟新，唐朝旧臣，甘从诛戮。我承认谋反是实。"

狄仁杰的坦白倒让来俊臣吃了一惊，他没想到狄仁杰这个老家伙坦白得这么快，看来是自己早就名声在外，狄仁杰也怕自己三分。

既然承认谋反，那就好办了，接下来慢慢审。

来俊臣手下判官王德寿凑到了狄仁杰面前，他心中也有自己的如意算盘。

"尚书大人，您这次肯定会免除死刑，我受长官指派来审查这个案件，同时也希望能通过这个案件得到升迁。您看，您能不能在口供中提一下新上任的宰相杨执柔，最好把他扯进来。"

王德寿说完，眼巴巴地看着狄仁杰。

狄仁杰同时看着王德寿，他不明白，人怎么能无耻到这种程度。

狄仁杰冷冷地问道："该如何牵连呢？"

王德寿忙不迭地回应："您曾经跟他是同事，就从这上面牵连。"

狄仁杰悲怆地说道："皇天后土，怎么能让我做这样的事情！"

说着，狄仁杰往柱子上撞去，鲜血顿时覆盖了他的脸。

这一幕一下子把王德寿震住了，他立刻扶住了狄仁杰，嘴里不停地道歉。

宁可自杀，也不牵连他人，狄仁杰用自己的道德暂时震慑住了王德寿的小人之心，也为自己赢得了喘息的机会。

来俊臣对狄仁杰的兴趣顿时大减，既然已经承认了谋反，剩下的事情就好办了，先让他在里面待着吧。

从此之后，来俊臣对狄仁杰的看管松懈了下来，这便给了狄仁杰自救的机会。

狄仁杰向负责看守的王德寿提出了一个要求："天气热了，请把我的棉衣送回我家，改成单衣。"

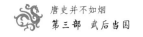
王德寿看了一眼棉衣，没有多想，便让手下将棉衣送到了狄仁杰家里。

王德寿没有想到，棉衣里藏着一块被面，被面上便是狄仁杰亲笔写的诉冤状。

当狄仁杰的儿子狄光远拿到棉衣时，他立刻意识到棉衣里可能有玄机，剪开棉衣，果不其然，诉冤状正在里面躺着。

狄光远马上拿着诉冤状到宫门口喊冤，将诉冤状交到了武则天手里。

事情发展到这一步，狄仁杰谋反一案出现了曙光，然而这一点点曙光，随后就被经验丰富的来俊臣给扼杀了。

读罢诉冤状之后，武则天召来了来俊臣问道："你不是说狄仁杰已经招认谋反了吗？那这诉冤状是怎么回事呢？"

来俊臣的回答滴水不漏："陛下，自从他们下狱之后，我对他们照顾得很好，连他们的衣服都没碰过，确实是他们主动招认的。如果他们没有真的谋反，又怎么会主动招认呢？所以，他们谋反是真的。"

武则天想想也有道理，不过还有一点不放心，还是派人去看看，是不是真像来俊臣说的那样。

通事舍人周綝奉武则天之命前往查看，然而这次查看也只是走个形式，因为周綝往来俊臣身边一站，腿肚子就软了，他不敢得罪这个酷吏，因此就注定这次查看将是一场徒劳。

大狱中，来俊臣早有准备，狱吏安排狄仁杰等人穿戴整齐，一排站好，当然事先已经警告过，不准乱说话。

胆小的周綝甚至不敢抬头，他知道面前站了一排人，这些人据说是狄仁杰、魏元忠等人。

过了一会儿，周綝点了一下头，示意来俊臣自己已经查看过了，没有问题。

就在周綝转身想走时，来俊臣拦住了他："不急，顺便把他们的《谢死表》带走。"

周綝这才注意到，判官王德寿早已在一旁龙飞凤舞起来，原来是在替狄仁杰写《谢死表》。

不一会儿的工夫，《谢死表》写好了。周綝带着《谢死表》落荒而逃，这个鬼地方他一分钟也不想多待了。

如此一来，狄仁杰谋反的罪名便坐实了，《谢死表》都上了，你还有什么话要说？即使不死，流放已经跑不掉的。

狄仁杰，你就等着受罪吧。

峰 回 路 转

目睹来俊臣的所作所为，狄仁杰的心里充满了悲哀。来俊臣这个酷吏居然心狠手辣到这个程度，怪不得什么人落到他手里都没有好结果。

狄仁杰已经认命了，他这个好官好人可能注定斗不过这样的恶人：好官好人总有自己的底线，而恶人往往没有底线。

狱中的狄仁杰没有想到，他的命运居然被一个八九岁的小孩改写。

八九岁的小孩是前门下侍郎乐思晦的儿子，去年乐思晦被来俊臣罗列进岑长倩的案子，被公开处决。乐思晦死后，他八九岁的儿子也被罚没，成为司农寺的奴仆。

史书上没有留下孩子的名字，我们姑且称他为乐小弟吧。

原本乐小弟跟狄仁杰的案子毫无关联，他是因为愤慨于来俊臣的肆意横行选择向武则天告发。

这时我们还得感谢武则天当初鼓励百姓告密，同时为百姓告密提供了方便的渠道。倘若没有这个渠道，乐小弟是没有机会见到武则天的。

乐小弟面对面地站在武则天面前，他告发的对象是来俊臣。

乐小弟对武则天说："我的父亲已经被处死了，我的家庭也破碎了，今天我说这些，不是为我的家里，而是为了陛下的法律。现在法律已经被来俊臣等人玩弄。陛下如果不信我的话，可以挑一个最信得过的人，交给来俊臣审判，最后的结果肯定是承认一切指证，供认不讳。"

童言无忌，童言无价。

武则天听完，顿时想到了狄仁杰。这个自己最信任的人居然也承认谋反，而且还写了《谢死表》，是不是真的被来俊臣逼迫？

狄仁杰的转机就此到来。

见到狄仁杰时，武则天问道："为什么要承认自己谋反啊?"

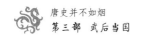
狄仁杰回应道："如果不承认谋反，恐怕我早就死于第一轮棍棒之下了。"

武则天心头一震，追问道："那《谢死表》是怎么回事？"

狄仁杰摇了摇头："臣从未写过《谢死表》。"

等武则天让人拿来《谢死表》一对照，真相大白，狄仁杰的《谢死表》是他人代写，并非狄仁杰本人笔迹。

事情到了这一步，狄仁杰终于洗脱了谋反嫌疑，这一切还要感谢乐小弟的童言无忌。史书中没有提到乐小弟后来的事情，不知道勇敢的乐小弟事后有没有遭到来俊臣的报复，不敢想，也不愿想，历史不忍细读。

尽管狄仁杰谋反并不属实，但武则天不准备给他彻底平反。这是武则天的政治手腕，明明知道你无辜，却刻意在你身上留个污点。

不久，狄仁杰等七人被贬出洛阳，分散到全国各地。狄仁杰到了陶渊明曾经当过县令的彭泽，出任彭泽县令。

至此，狄仁杰谋反案告一段落，不过在即将收尾时，司礼卿崔宣礼的外甥霍献可闹出了幺蛾子。

霍献可此时担任殿中侍御史，与崔宣礼同朝为官。本来武则天已经免除了崔宣礼的死刑，贬做夷陵县令，没想到居然遭到了霍献可的抗议：陛下一定要严惩崔宣礼，将之处斩，不然我就死在陛下的面前。

武则天没有答应，霍献可便以头撞金殿台阶，血流满地，武则天最终还是没有答应。

此后霍献可便多了一个装饰——绿色丝带。这个绿色丝带缠住了霍献可的伤口，然后在绿色丝带之上，霍献可再戴上官帽。这个过程需要一定的技巧，既要盖住绿色丝带，又不能完全盖住，总之要露出一点点，让武则天时时能看到霍献可大公无私的心。

大义灭亲是一种政治美德，也可以是一场政治秀。

登峰造极

陷害狄仁杰失败，来俊臣并没有停止陷害的脚步，他的脚步越来越快，胆子越来越大。

在狄仁杰之后，左卫大将军渊献诚惨遭毒手。

渊献诚遭毒手的起因很简单：来俊臣向他勒索黄金，他没有给。

仅仅因为勒索未成，来俊臣就把渊献诚推向了万劫不复的深渊，以阴谋造反为由将渊献诚打入大狱，不久就将他绞杀。

说起来，渊献诚的人生很让人唏嘘。

渊献诚是高句丽权臣渊盖苏文的孙子、渊男生的儿子，本来在国内过着富贵公子的生活，没想到父亲与叔叔产生了矛盾，最终兵戎相见。

渊献诚奉父亲渊男生的命令向唐朝求援，进而引发了唐朝的又一次东征，高句丽最终亡国，而渊献诚随后成为唐朝禁军的一名将领，凭借自己的英勇善射在禁军中逐渐站稳了脚跟。

然而没想到的是，他最终遭遇了来俊臣的陷害，起因仅仅是没有满足来俊臣贪婪的心。

从此之后，来俊臣更加胆大妄为，他甚至想把皇嗣武旦审定为谋反。

公元 693 年一月，有人诬告武旦意图谋反，武则天下令追查，重任便落到了御史中丞来俊臣身上。

来俊臣从一开始便坚持"有罪认定"，现在他依然坚持，这个认定直接照搬到皇嗣武旦身上。

来俊臣从武旦身边的侍从下手，他要从他们嘴里得到武旦谋反的"真相"。

在来俊臣的逼问之下，武旦的侍从一个个都"如实"招供，毕竟他们的骨头没有刑具硬。

这时，来俊臣有些得意，皇嗣谋反"属实"，绝对是大功一件。

不过来俊臣的得意还是有点早，因为有一个人还没有招认。

没有招认的人叫安金藏，太常寺的工匠，跟武旦并没有渊源，在此之前，武旦可能都不知道他的名字。

就是这个武旦不知道名字的工匠，让他逃过了一劫。

当安金藏受到逼供时，他始终坚持着自己的口供：皇嗣从未谋反。他的坚持让来俊臣有些烦了，而这时安金藏自己也烦了。

安金藏站了起来，带着哭腔向来俊臣喊道："你还是不信我的话，那我就把心挖出来，让它证明皇嗣没有谋反！"

安金藏说完，拿起佩刀刺向自己，肚子被割裂开，五脏六腑顿时显现了出来，他要用自己的命来证明武旦的清白。

安金藏倒在了血泊之中，来俊臣被震住了，他从来没有见过如此不怕死的人。

消息很快传到了武则天的耳朵里，武则天命人将安金藏抬进宫中，并让御医紧急抢救。

一天一夜过去了，剖心证明武旦不反的安金藏终于活了过来，这时武则天来到了他的床前，她被这个忠肝义胆的工人感动了。

武则天感慨地说了一句："因为我自己不了解我的儿子，结果把你害成这样。"说这话时，武则天已经拿定了主意，一个跟武旦没有多少渊源的工人都愿意证明他没有谋反，自己这个当母亲的，难道还要继续怀疑下去吗？

不查了，事情到此为止。

真的到此为止了吗？来俊臣并不甘心，他还在等待机会。

丧心病狂

酷吏来俊臣一直在忙碌，同为酷吏的万国俊也没有闲着，他也在积极地寻找机会。

公元693年，万国俊找到了机会，他以从八品司刑评事（最高法院助理审判官）身份奉武则天之命前往岭南调查一起阴谋叛乱。这次出使，让他露出了酷吏本色。

抵达广州之后，万国俊集合了岭南道全部三百多名流放犯人，对他们假传圣旨：勒令全部自杀。

本来是奉命调查，结果成了假传圣旨、勒令全体自杀，万国俊这个酷吏，与来俊臣有得一拼。

流放犯人们不相信是真的，纷纷拒绝自杀，这时万国俊露出了刽子手的本来面目，居然将犯人们一个个逼到河边，然后一一处决。

在这之后，他伪造了三百多份口供，生生坐实了一起谋反大案。

令人悲哀的是，如此丧心病狂的万国俊回京复命之后，居然得到了武则天的重用，由从八品的司刑评事，一下子提升到从五品的朝散大夫。

这时万国俊又向武则天提出了一个建议：全国其他地方的流放犯也有可能谋反，不如早点诛杀。

武则天点头同意，若干个像万国俊一样的变态杀手奔赴全国各地，流放犯们最黑暗的日子来了。

榜样的力量是无穷的，坏榜样的力量同样无穷。

在万国俊的影响下，奔赴各地的索命钦差明争暗斗地比赛起杀人人数，结果每一个都是劣迹斑斑，血债累累。

不久之后，武则天跳出来当了一把好人：六道没有被处决的流放犯人，可以连同家属回到流放之前的住所。这道诏书，算是血雨腥风后的一丝慰藉。

由于历史的久远，我们无法真正理解当时的人的苦楚，现在的我们看武则天是一个传奇，或许那时的人看她却是一个苦主，一个让当时人生活在无边恐怖中的苦主。

令当时人略感欣慰的是，那些替武则天犯下滔天罪行的人下场都很惨，万国俊等几人在几年后就莫名其妙地死去。有人说，或许是因为罪行太多，最终被鬼神索走了他们自己的命。另外一些人则被流放岭南，在无人问津中死去。

在这里，我相信世间真的有报应。

毕竟天行有常。

天令其亡

公元697年，酷吏来俊臣达到了人生的顶点，他升任司仆少卿（畜牧部副部长，从三品），不过酷吏的本质依然没有改变。

这时的来俊臣红得发紫，随心所欲，只要哪位官员的妻子或者小妾让他动心，那么这位官员很快就会被打入大狱，他的妻子或者小妾随即被来俊臣收入房中。如此反复多次，屡试不爽，来俊臣不由得自己都佩服自己。

在家中，来俊臣做了一本名册，他把宰相以下的官员都罗列在上面，然后这份名册就成了他的万恶之源。每次心血来潮，他就在家中抽签，抽到哪个官员，就陷害哪个，一切就是如此随心所欲。

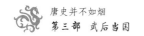
不过在他的心头，始终有一个固定目标，那就是一直跟他不睦的李昭德。宦海浮沉的李昭德一直讨厌来俊臣，反过来来俊臣也讨厌李昭德，两人成了难解难分的冤家，都想将对方一下子踩在脚下。

不过，先被踩倒的还是李昭德。

李昭德倒霉还是倒霉在嘴上，起因是他曾经在金銮宝殿之上侮辱过秋官侍郎（相当于司法部副部长）皇甫文备，这次被侮辱皇甫文备一直记在心里。现在皇甫文备与来俊臣为了同一个目标走到一起来，他们一起诬告李昭德谋反，李昭德就此下狱。

得手后的来俊臣感觉十分良好，他调整了自己的目标：他已经不再满足于小小的李昭德，这一次他要撒一张大网，扎扎实实打几条大鱼。

天欲其亡，必令其狂，来俊臣的经历表明，一个人是可以自我膨胀致死的，他就是死于自我膨胀。

还是来看看来俊臣打算陷害的名单吧，这个名单很惊人：

皇嗣武旦

庐陵王李显

武氏皇族亲王

太平公主

以及部分政府高官。

来俊臣列出这个名单，就是想把这些人一网打尽，《资治通鉴》对此的分析是，来俊臣想打击完这些人后自己夺取政权。在我看来，这是司马光的臆测。

酷吏出身的来俊臣未必有不臣之心，相反这样的人一般都忠心耿耿，认准一个主子就会一条道跑到黑。他们陶醉于自己鹰犬的角色，而在这个过程中，甚至忘记了自身的存在。

酷吏们的逻辑是，只要忠心，只要卖命，就一定会得到重用，于是他们不断变本加厉，摇尾乞怜，却不知道，酷吏其实也有底线。

来俊臣不知道自己的底线，他把自己与武则天紧紧捆绑在一起。他以为自己的忠心就一定会换来武则天的"不抛弃、不放弃"，没想到最后的结局却是"又抛弃、又放弃"。

当来俊臣列出这样一张名单时，他已经掘开了自己的坟墓。

他太膨胀了，他把所有的人都赶到了自己的对立面。

原本他以为这依旧是一次简单任务，没想到却成了不可能完成的任务。在他动手之前，消息已经走漏，太平公主与武氏诸王行动起来，他们展开了生产自救。

太平公主是武则天唯一的女儿，她说的话比武旦、李显更管用，当来俊臣将她逼到对立面时，便注定来俊臣败局已定。

得知消息的武则天将来俊臣投入了大狱，不过她的心中充满了犹豫。

几年来，她一直靠这个人整肃异己，她知道这个人冷酷无情，同时假公济私，但是她需要这样一个人，一个真正对自己死心塌地的人。

武则天的犹豫还在继续，宫廷内外民意却已经沸腾，要求将来俊臣处死的呼声越来越高。

武则天拿不定主意，她还是有点舍不得。

这时一个关键人物出现了，这个人叫吉顼，他的官职不大，只是明堂尉，也就是专门负责管理明堂的人。

明堂，是古代帝王宣明政教的地方，凡朝会、祭祀、庆赏、选士、养老、教学等大典，都在明堂举行。唐王朝原本没有明堂，武则天当国后便大张旗鼓地建立了明堂，同时任命吉顼为明堂尉。

明堂尉吉顼说话很对武则天的心思，此时正受重用。

在《旧唐书》中，他与来俊臣一样都被收在《酷吏传》里，《旧唐书》对他的评价是"阴毒敢言事"。

就是这个"阴毒敢言事"的人，将来俊臣推进了万丈深渊。

这一天，吉顼为武则天牵着马在明堂闲逛，君臣双方有了一番对话。

武则天：如今民间有什么动向？

吉顼：民间对陛下不批准来俊臣的死刑议论纷纷。

武则天：来俊臣对国家有功，我不能不考虑。

吉顼：以前于安远举报李贞谋反，后来李贞果然谋反，现在于安远不过是成州司马；来俊臣纠集乌合之众，陷害忠良，接受赃物，被害死的冤魂塞满道路，这样的人有何可惜？

该赏不赏，该罚不罚，吉顼一番话点醒了武则天，当一个国家到了赏罚混乱的时候，国家就危险了。

看来，来俊臣这个卒子得舍弃了。

来俊臣就此被武则天抛弃，李昭德同时也被抛弃。

来俊臣被抛弃是因为恶贯满盈，李昭德则是因为过多地参与了"传侄传子"的争夺，不仅得罪了武承嗣，同时也得罪了武则天，因为武则天的心中比谁都清楚，不需要李昭德一次又一次地揭自己的伤疤。

公元697年六月三日，李昭德和来俊臣一同被处斩，处斩当天，天空下起了雨。有人说这场雨"一喜一悲"，喜的是来俊臣遭到了报应，悲的是忠心可鉴的李昭德难逃厄运。

刑场之上，李昭德与来俊臣的待遇有着天壤之别，围观的人无不为李昭德痛惜，同时也为来俊臣的伏诛感到无比的痛快。

来俊臣被处斩之后，他曾经的生命痕迹迅速消失，没有给这个世界留下什么，因为他被痛恨他的人给吃掉了。

数百年后，同样有一位名人被围观的人吃掉了，这个人就是袁崇焕。

一个被吃是脍炙人口的千古快事，一个被吃则是挥之不去的千古痛事。

伴随着来俊臣的伏诛，武则天的统治终于有了一丝暖色，不过酷吏并没有就此绝迹，终武则天一生，酷吏始终存在，只是再无往日辉煌。

李隆基开元十三年三月十二日，御史大夫程行谌奏：来俊臣、周兴、万国俊、侯思止等二十三人，残害宗枝，毒陷良善，情状尤重，子孙不许为官。陈嘉言、鱼承晔、皇甫文备、傅游艺四人，情状稍轻，子孙不许近任（在长安附近为官）。

中国有句古话：夜路走多了总会遇到鬼。或许这句话可以赠给所有的酷吏。

第十三章　女皇的面首

面　首

面首，《辞源》解释为："面，貌之美；首，发之美。面首，谓美男子。引申为男妾、男宠。"

原本面首没有贬义，只是经过有些人的加工，就有了贬义。第一个对这个词进行加工的人是南北朝时期南朝刘宋的前废帝刘子业，这是一个荒唐的皇帝，这是一个疑似有精神疾病的人，他的淫乱和好色，已经远远超出世人能够想象的范围：他爱上自己的亲姑姑，毒死了自己的姑父，然后把姑姑收入宫中；他驱使宫女嫔妃全部参与天体运动，在后宫的广阔天地里一丝不挂地嬉戏；他驱使诸多官员的夫人进宫，然后授意提前安排好的侍卫进行大规模的性侵犯。

人活到这个份上，就不能称为人了，可是把他称为猪，猪会答应吗？

还好，仅仅荒唐了一年，他就被刺杀了，结束了他的荒诞人生。他没有给后世留下一个年号，却留下了一个名词：面首。

面首是怎么来的呢？

《宋书·前废帝纪》中：山阴公主淫恣过度，谓帝曰："妾与陛下，虽男女有殊，俱托体先帝。陛下六宫万数，而妾唯驸马一人。事不均平，一何至此！帝乃为主置面首左右三十人。"

看明白了吧，面首就是这么来的，是刘子业为了满足姐姐山阴公主的需求安排的。他为姐姐找了三十个美男子，让他们成为面首，而他们的功能便是男妾、男宠。

如果说女人靠脸蛋吃饭是天经地义，那么男人靠脸蛋吃饭就是离经叛道，而面首就是那些靠脸蛋吃饭离经叛道的男人。

很不幸，女皇武则天的身边便围绕着一群面首，他们与酷吏一样，成为史家诟病武则天最多的话题。

其实，对于女皇武则天而言，这并不公平。武则天纳面首遭到如此多的诟病，是因为她处于男权社会的大背景之下。

什么是男权社会？国学大家辜鸿铭的话最有代表意义：

> 男人是茶壶，女人是茶杯，一个茶壶肯定要配几个茶杯，总不能一个茶杯配几个茶壶。

这就是男权社会，这就是中国大历史中习以为常的男权社会，这也就注定了一个男人即使有多个情妇也不会有人大惊小怪，一旦一个女人有十六个情夫，那么必定舆论哗然，说到底，是因为男权社会的思维亘古未变。

然而，对于武则天而言，不能完全用男权社会的标准来看待她，她是谁？

她是非常之人行非常之事，成非常之业，留非常之名，她是一个"我定规则我就赢"的人。

对于她，对于她的诸多面首，我们不妨换一个角度，只把她和她的面首当作一个皇帝与她的三宫六院，当作"女扮男装"和"男扮女装"，当成中国历史的一次错位，如此一来，其实一切都很正常。

薛 怀 义

提起武则天的面首，薛怀义这个名字是绕不过去的。他是武则天的第一个面首，也是最有名的一个，他是武则天面首的发端，在他之后，面首的大军源源不断。

薛怀义是陕西鄠县人，早年间在洛阳街头卖药。就是这么一个街头卖药的人，后来成为炙手可热的男宠，那么他是如何走进武则天生活的呢？

关于薛怀义的发迹，至少有两个版本，这两个版本与两位公主有关。

一个版本是那位自甘堕落、认武则天为娘的千金公主向武则天引荐，一个版本是太平公主向武则天引荐，总体而言，通过公主的引荐，薛怀义进入了武则天的视野。

在太平公主版本中，情节很香艳，太平公主在介绍薛怀义时，给了这样的评语：他有非常材质，可以引作近侍。说完，母女俩会心一笑。

或许，薛怀义就跟某个广告一样：谁用谁知道。或许在试用之后，武则天的感觉也如同一个广告：他好，我也好。

总之，试用期过后，薛怀义的发迹开始了，他的发迹与秦朝的嫪毐一样，因为他们有相同的功能。

说到这里，该正式澄清一下了，其实薛怀义并不姓薛，他原本姓冯，叫冯小宝。金庸在《鹿鼎记》中刻画了一个韦小宝，不知道是不是从冯小宝这个名字得到的灵感。

原本街头卖药的冯小宝通过试用期后，武则天十分宠爱，然而接下来便面临一个问题，这个卖药出身的冯小宝如何才能频繁出入宫中与女皇私会呢？总不能说武则天天天买药吧。

想了一下，武则天准备将冯小宝改头换面，重新包装。

经过包装，街头卖药的冯小宝从世间消失，取而代之的是和尚薛怀义。

为什么又是和尚，又是薛怀义呢？

武则天信佛，和尚可以频繁出入宫中；

太平公主的丈夫姓薛（薛绍），可以把冯小宝列进家谱，当成最小的叔叔。

经过如此包装，卖药的冯小宝已经被洗白了，他再也不是贫贱出身，而是驸马薛绍的叔叔，他再也不是没有身份的人，而是洛阳名寺白马寺的和尚。

从此他不用卖药了，卖笑就行。

尽管童话里有丑小鸭变白天鹅、灰姑娘变王后的故事，但是薛怀义这个丑小鸭，即使变成白天鹅，也没有变彻底。从骨子里说，这是一个浅薄的人，经受不了从街头卖药到御前受宠的巨大起伏，于是他膨胀了，膨胀得有些变形。

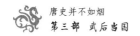

膨　胀

自从在武则天面前得宠之后，薛怀义今非昔比，以前他是人见人欺，现在他是见人欺人，汉字还是一样的，只是组合起来已经有天壤之别。

此时的薛怀义，进出皇宫乘坐御马，身前身后是十几个低眉顺眼唯他马首是瞻的宦官。在他前进的道路上，无论是官员还是平民，都得提前远远躲避，躲避不及的，一般都会收到薛怀义的礼物：一顿暴打，然后顺手扔到路边。

这是遇到官员和平民，如果遇到道士，那就惨了，当然惨的是那位偶遇的道士。薛怀义会不厌其烦地指挥手下，耐心地将道士的头发拔光，生生把一个道士变成"和尚"，看你们以后还敢跟我们斗。

同行是冤家，隔行也是冤家。

发迹后的薛怀义无比膨胀，膨胀到他把朝廷的高官也不放在眼里，相反，朝廷的高官反过来巴结薛怀义，他们有的以最卑微的礼仪进见，有的以最甜蜜的话语相送，即使连武承嗣、武三思这些得宠的高官，也争相为薛怀义牵马执鞭。因为他们知道，薛怀义的背后就是武则天，他们可以不给薛怀义面子，但他们不能不给武则天面子。

不过，在谄媚大军之外，也有例外，右台御史冯思勖就是其中一个，他就不买薛怀义的账。

薛怀义纠集了一批地痞流氓，把他们全部剃度为僧，这样这批人就成了穿着袈裟、剃着光头的流氓。这些人经常四处闯祸，一般没有人敢惹，而右台御史冯思勖却不管这些，几次秉公处理，狠狠地处理了这批流氓和尚。

冯思勖没有想到，薛怀义已经将他记在心里，刻在了骨头里，不久在路上两人偶遇了，薛怀义一声令下，流氓和尚群起攻之，差点把冯思勖活活打死。

在此之后，没有人敢轻易惹薛怀义，不过还是有一位，他不仅惹，而且抬手就打。

这个人就是尚书左仆射苏良嗣。

苏良嗣跟薛怀义是在政府办公的朝堂不期而遇的，苏良嗣前来上班，而薛怀义自恃有特别通行证前来闲逛，他要穿过朝堂到武则天居住的北宫去，他把朝堂当成他可以随便闲逛的自由市场，眉宇之间一副小人得志的样子，不经意中对苏良嗣还露出了不屑的表情，这一下触动了苏良嗣的肝火。

苏良嗣命令左右将薛怀义架了起来，自己亲自撸起袖子，狠狠地抽了薛怀义几十个耳光，直到薛怀义的脸已经肿了起来，苏良嗣才停下了手。

薛怀义捂着肿起来的脸走了，很快来到了武则天面前，他要投诉这个无法无天的尚书左仆射。

武则天听后，心中苦笑，虽然她知道苏良嗣是借题发挥，但她还是不能替薛怀义出头，那样就太明显了。

武则天想了一下，对薛怀义说道："你明天起走北宫的玄武门吧，南宫是苏良嗣那些宰相办公的地方，别去招惹他们。"

薛怀义心中委屈，也有些不服，不过，既然武则天都这么说了，他也只能认了，从明天起改走玄武门，避开那个连抽自己数十个耳光的人。

明　堂

薛怀义被打，武则天表面不动声色，其实内心心疼不已，毕竟他是自己的人。

想来想去，武则天找到了症结的所在：薛怀义被打，归根结底还是因为他没有像样的官职，如果有官职，苏良嗣断断不能下那么重的手，因为那样就是侮辱朝廷命官。

看来，是时候给薛怀义一个官职了。不过这个官职不能凭空给，要给他制造立功的机会，然后在立功之后大张旗鼓地授予，这样谁都无法反对。

武则天想到了明堂（皇家大会堂），明堂是她一直的梦想，现在她想梦想成真，而在梦想成真的过程中，顺便可以让薛怀义立个功。

明堂在武则天心目中就是一个王朝正统的象征。李治在位时，曾经讨论过明堂的建设，不过最终没有形成统一意见，暂且搁置。

现在武则天准备重启明堂的建设计划，就在皇宫内，拆掉刚刚建成二十一年的皇宫正殿乾元殿，在乾元殿原址上建设明堂。这个任务，她要交给薛怀义。

为此武则天对外发诏：鉴于薛怀义心灵手巧，特命他进入后宫负责工程设计。如此一来，就给薛怀义进宫披上了合法外衣，从此苏良嗣再也没有痛打薛怀义的理由。

不过，武则天的这纸诏书马上遭到了一些人反对，左补阙王求礼更是上了一道令武则天难堪的奏疏：太宗时，有个叫罗黑黑的人琵琶弹得很好，太宗就把罗黑黑阉了，然后招入后宫教授后宫嫔妃；陛下如果觉得薛怀义心灵手巧，准备招入后宫使用，那么请先将他阉割了，以免污染宫廷。

看完奏疏，武则天摇了摇头，这个书生，纯粹让朕难堪。武则天将奏疏扔在一边，随他去吧，懒得跟他解释。

不久之后，明堂工程上马，薛怀义出任工程总指挥，在他的指挥之下，一座气势磅礴的明堂即将在皇宫内拔地而起。

事实证明，薛怀义并非一无是处，在工程指挥方面，他还是有些才能。尽管在他的指挥下，明堂工程耗资巨大，花钱如同流水，不过经过一年建设，武则天梦想中的明堂拔地而起。

明堂高二百九十四尺，方三百尺，上中下共三层。下层象征一年四季，每个季节都有对应的方位，同时有自己独特的颜色；中层象征每天的十二个时辰；上层是圆形的屋顶，象征二十四个节气，有九条龙柱在下面撑住，上面耸立一只铁铸的凤凰，高一丈，外贴金叶。

看出这个布局了吗？这个布局不正是武则天的写照吗？一只金凤高高在上，九条龙在下面支撑。凤在上，龙在下，武则天就是要颠覆龙和凤的位置，打破历史固有的格局。

除了明堂的格局设计巧妙之外，明堂的结构构造也是巧夺天工：明堂的中央是一根十个成年人合抱才能抱得住的巨大木柱，木柱从地下一直延伸到屋顶，这是明堂的支撑柱，在巨柱的周围，横梁像树枝一样伸出，而在这些横梁上面，再竖起短柱，短柱旁再配置其他构造。

在明堂的周围，是用铁皮铸成的河床，河水在铁皮河床上静静流淌，将明堂烘托得更加气势磅礴。

这就是武则天的明堂、梦想中的明堂。欢喜不已的武则天还给明堂起了一个小名：万象神宫。如同北京奥运会的主体育场，大名叫"国家体育场"，小名叫"鸟巢"。

现在武则天终于有了给薛怀义封赏的理由，她马上晋封薛怀义为左威卫大将军，封梁国公。

卖药的薛怀义，从此登上了人生巅峰。

物 极 必 反

把薛怀义打造为大将军并不是武则天的最终目的，她还想为他做得更多，她期待着这个男人能够做出更多让人信服的事情。

公元 689 年五月十八日，成为左威卫大将军不久的薛怀义被任命为新平军大总管，率军讨伐又开始闹腾的东突厥汗国。

然而，这次出征，最终成了一个闹剧。

一心想立功的薛怀义带着二十万大军兴冲冲地抵达了紫河（黄河支流，流经内蒙古清水河县），却没有发现东突厥的军队，别说人了，连条狗都没有。

显然，这一次注定薛怀义两手空空。

不过薛怀义不这么想，他认为这依然是大功一件：我来了，东突厥跑了，这不是战功吗？

随后在单于台（呼和浩特北），薛怀义郑重刻石立碑，与霍去病的封狼居胥一样隆重，以纪念这一次"伟大"的胜利。

经过这次"伟大"的胜利，武则天再次封赏薛怀义，封薛怀义为右卫大将军，封鄂国公，较之原来，待遇更加丰厚。

公元 694 年二月，薛怀义再次被武则天推上战场，他被委任为代北道行军大总管，打击目标依然是东突厥。

这一次出征结局会如何呢？

又是一场"伟大"的胜利。

薛怀义抵达前线，东突厥人又恰巧撤退了，还是没有给薛怀义建功立业的机会。

经过这两次"伟大"的胜利，薛怀义的自信心达到了顶点，他产生了一系列错觉，最终这些错觉让他彻底迷失了自己。

武则天的宠爱成就了他，最终也毁灭了他。

当初在建设完明堂之后，武则天又交给他一个大工程，建设一座"天堂"用来存放一幅用夹层麻粗布制成的巨幅佛像。

巨幅佛像有多大呢？佛像的小拇指上可以站数十个人。

接受任命的薛怀义马不停蹄开始了"天堂"的建设，不过这次建设质量大打折扣，居然是一个豆腐渣工程。

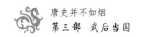

"天堂"刚刚完工，居然就被大风吹倒，工程质量之差，可见一斑。

武则天并没有埋怨，而是让薛怀义再接再厉，薛怀义也"不辞辛苦"，每天动用一万人进行施工，同时派人前往岭南砍伐木材。几年的时间里，"天堂"的建设费用达到数亿规模，国库因此有所枯竭。

对此，武则天依然没有怨言，薛怀义的错觉进一步升级，他开始热衷于开"无遮大会"。

"无遮大会"是佛教方面的一个宽容祈祷大会，薛怀义却把这个大会当成自己扬名立万的大会。每次开会，他都会携带一万串钱，然后将这些钱分装到十辆车上，他站在车上，扮演散财童子。

当薛怀义一把一把地将钱撒向疯狂的人群，他的错觉越来越强烈，浑然忘记了自己本来的角色。

即便如此，武则天还是保持宽容，于是薛怀义朝着自己的深渊高速前进。

他居然不愿意进宫了。

众所周知，薛怀义的富贵都是由进宫侍寝而来，现在他却不愿意进宫了。他不愿意再向武则天卖笑，同时却想保有现在的富贵，这就是痴人说梦了。

也是薛怀义活该，在薛怀义厌倦进宫侍寝的同时，他的位置迅速被侍御医沈南璆填充，这下薛怀义坐蜡了。

为了夺回失去的位置，薛怀义还是动了一番脑筋，事实证明，这个人确实有些小聪明。

公元695年十一月十六日，武则天在明堂举行"无遮大会"，薛怀义为这次大会制造了一个噱头。

他先在明堂地下挖了一个五丈深的大坑，放进一幅佛像，然后在坑的上面用绸缎扎成了一个宫殿，再用绳子拴在佛像上，将佛像从坑底缓缓拉出。从外面的视觉效果来看，佛像好像自己显灵而自动上升，整体效果非常震撼。

在这之后，薛怀义又用牛血画了一幅高二百尺的佛像，对外却宣称是用自己的鲜血画的，这就是吹牛不打草稿了，一幅两百尺的佛像，十个薛怀义的血也不够。

然而即便如此，薛怀义依然没能挽回武则天已经冷落的心，女人宠爱男人，跟男人宠爱女人一样，一旦宠爱过期，就像火车过了站，过去了，也就过去了，无法掉头再开回来。

失宠的薛怀义如同被冷落的儿童，他的心中充满了委屈，他想努力造成一些声响，引起大人武则天的注意。

他想到做到，而且确实引起了武则天的注意。

他放了一把火，火烧"天堂"。

这把火从"天堂"烧起，一直蔓延到明堂，把明堂也烧着了，把洛阳的夜空烧亮了。大火整整烧了一夜，惊动了整个洛阳城，当然也惊动了武则天。

武则天看出了大火背后的醋意，她对这个薛怀义失望了，而且失望透顶。

不久武则天宣布重建明堂，依然任命薛怀义为工程总指挥，然而这一切只是伪装，她的心里对薛怀义已经起了杀机。

抛　弃

薛怀义是如何被武则天抛弃的呢？

历史上留下了两个版本，跟当初他的发迹一样。

版本一：武则天授意堂侄武攸宁，率领勇士在瑶光殿将薛怀义打死。

版本二：武则天授意太平公主的乳娘，率领诸多健壮强悍的宫女在瑶光殿将薛怀义打死。

这两个版本，哪一个更可信呢？

我倾向于后者，因为这里面涉及一个隐私问题。

尽管武攸宁也深受武则天宠爱，也是她的堂侄，但是处死情夫这样的事情还是知道的人越少越好，即便武攸宁是自己的娘家侄子。

相比之下，太平公主的乳娘值得信任，她是太平公主的人，也就是自己的人，而健壮强悍的宫女与外界接触的机会更少，因此是最佳人选。

这个安排与吕后当年诛杀韩信是一样的，也是在后宫之中，也是宫女参与，这样做的目的就是保险，扩散面小。

公元695年二月四日，薛怀义也就是冯小宝被乱棍打死，在他死后，他成了一座佛塔。

武则天命人将他的尸体送回了白马寺，火化成灰烬，然后掺进泥土里，建成了一座佛塔。

佛塔高兴吗？它会答应吗？

男宠兄弟

在薛怀义伏诛两年后，中国历史上最有名的一对男宠兄弟张易之、张昌宗隆重登场，他们的声名或许可以与汉代的赵飞燕姐妹相提并论。

张易之和张昌宗并非无名之辈，他们的出身还算不错，同族有一位爷爷辈的高官张行成曾经当过李治的尚书左仆射，因此《旧唐书》便把张易之和张昌宗并在张行成的传里，他们同属一笔写不出两张的张家。

初入官场时，哥哥张易之要在弟弟张昌宗之上。张易之凭借家族门荫进入官场，逐渐升迁到管理御马的尚乘奉御。当上尚乘奉御时，张易之二十多岁，皮肤白皙，相貌俊美，擅长音律歌词，身边的同事都非常喜欢他。

不过兄弟俩最先发达的还是弟弟张昌宗，他是因为太平公主的推荐进入武则天的视野。经过试用期后，武则天大为满意，这个张昌宗比薛怀义强多了，不仅相貌英俊，举止得体，而且各方面都很优秀，比薛怀义有过之无不及。

就此，薛怀义彻底成为历史，他曾经的辉煌现在传承到张昌宗身上。

要说张昌宗这个弟弟很讲手足情深，自己发达之后，也没有忘记拉哥哥张易之一把，不久，他向武则天隆重推荐了哥哥张易之。

张昌宗说："臣兄易之器用过臣，兼工合炼。"

张易之的春天就这样不期而至。

经过试用，果如张昌宗所说，至此兄弟二人同时得到武则天的垂青，在古今中外的历史上都十分罕见。

很快，张昌宗和张易之被武则天提拔使用，张昌宗为云麾将军，代理左千牛中郎将，随后又擢升为银青光禄大夫（从三品，副部级），张易之为司卫少卿（军械供应部副部长，从四品），同时赏赐二人房子，绸缎五百匹，奴婢驮马若干。

刘安的"一人得道，鸡犬升天"是假的，张易之和张昌宗的"鸡犬升天"则是真的。

因为兄弟俩的得宠，他们已故的父亲张希臧被追赠为襄州刺史，他们各自的母亲韦氏、阿臧被封为太夫人，同时武则天对阿臧太夫人还有一个特别赏赐：指定中书侍郎李迥秀为阿臧的情夫。

皇恩浩荡！

如此一来，张易之、张昌宗红极一时，原本给薛怀义牵过马、执过鞭的人又向张易之、张昌宗带着诚意扑面而来，这些人有武承嗣、武三思、武懿宗、宗楚客、宗晋卿，他们都是当时很红的人，不过此时他们都愿意为张易之、张昌宗执马坠镫，因为张易之、张昌宗比他们更红。

从此之后，张易之和张昌宗的名字在这些人的口中消失，取而代之的是"五郎、六郎"，俨然与三国时期的周郎享受同样待遇。

张昌宗和张易之的政治待遇还在不断提升，张昌宗不久出任左散骑常侍（从三品，副部级）。

公元699年，武则天又为张易之安排了一个官职——控鹤监。

控鹤监便是管理控鹤府的官员，所谓控鹤府便是宫廷亲卫府，这个宫廷亲卫府的主要功能便是取悦武则天，让武则天开心，而在这个亲卫府中，多是张易之、张昌宗这些所宠爱的人，同时也有少量有才能或者有文学素养的人。

总之，这是一批极受宠爱的人。

榜样力量

桃李不言，下自成蹊，榜样的力量总是无穷的。

在张易之和张昌宗的示范下，一些人的心思动了，他们也渴望复制张易之和张昌宗的成功之路。

这些人有的是经他人推荐，有的则是自荐。

经他人推荐的是柳良宾，他的推荐人是他的父亲上舍奉御柳模，推荐理由是："柳良宾洁白美须眉。"

与此同时也有自荐的，比如左监门卫长史侯祥，自荐理由："壮伟过于薛怀义。"

在自荐人群中，还有一位名人——诗人宋之问，他也想卖身求荣。

说起来，起步时期的宋之问是上进的，也曾凭借自己的努力得到武则天的

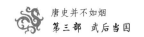

青睐。

武则天巡幸洛阳龙门，令随从官员赋诗，左史东方虬诗先成，武则天以锦袍赐之。等到宋之问诗成，武则天称其词愈高，于是从东方虬手中夺过锦袍赏给了宋之问，这是宋之问宦海生涯浓墨重彩的一笔，名曰："夺袍赏宋"。

然而，宋之问渐渐发现，要想真正赢得武则天的心，仅仅靠诗篇是不够的，还需要有些特殊才能，比如像张易之、张昌宗兄弟那样的特殊才能。

宋之问也是不情愿的，但在那个特殊的背景下，张氏兄弟红得发紫，这一切在很大程度上刺激着宋之问。

人都是被逼出来的！

论条件，宋之问也是不差的，"伟仪貌，雄于辩"（《新唐书·宋之问传》）。

那么我这张旧船票能否搭上陛下您的客船呢？

宋之问决定投石问路，为武则天写了一首《明河篇》。

《明河篇》的最后几句是这样写的：

> 明河可望不可亲，
>
> 愿得乘槎一问津。
>
> 更将织女支机石，
>
> 还访成都卖卜人。

宋之问这是借用历史典故向武则天表白心迹："陛下，我能登船吗？"

没想到落花有意，流水无情，武则天在看了他的诗后说道："我并不是不知道宋之问是个有才气有情调的人，可惜他有口臭啊（吾非不知之问有才调，但以其有口过）！"

或许是伤了自尊，或许是另辟蹊径，搭不上武则天客船的宋之问转而抱住了张易之、张昌宗的粗腿。为了表示忠诚，宋之问甚至抢着为张易之倒夜壶，真是豁得出去啊。

宋之问的结局

尽管宋之问在大唐王朝的诗人中算不上最有名的，但是他的宦海浮沉值得一说，尤其是他经历了武则天时代以及后武则天时代。

宋之问在唐史中留下名字，不仅因为他的投机，同时也因为他的诗篇。不过他的诗篇也留下了千古谜案，这个谜案就是"年年岁岁花相似，岁岁年年人不同"版权的归属问题。

从现有的史料来看，如此风华绝代的诗句背后，可能隐藏着一起惊天血案，血案的被害人名叫刘希夷，而疑似凶手便是宋之问。值得一提的是，宋之问还是刘希夷的亲舅舅，不过宋舅舅倒是比刘外甥还年轻五岁。

刘希夷的《代悲白头翁》全文如下：

> 洛阳城东桃李花，飞来飞去落谁家？
>
> 洛阳女儿惜颜色，坐见落花长叹息。
>
> 今年花落颜色改，明年花开复谁在。
>
> 已见松柏摧为薪，更闻桑田变成海。
>
> 古人无复洛城东，今人还对落花风。
>
> 年年岁岁花相似，岁岁年年人不同。
>
> 寄言全盛红颜子，应怜半死白头翁。
>
> 此翁白头真可怜，伊昔红颜美少年。
>
> 公子王孙芳树下，清歌妙舞落花前。
>
> 光禄池台开锦绣，将军楼阁画神仙。
>
> 一朝卧病无相识，三春行乐在谁边。
>
> 宛转蛾眉能几时，须史鹤发乱如丝。
>
> 但看古来歌舞地，惟有黄昏鸟雀悲。

刘希夷这首诗收录在《全唐诗》中，而在《全唐诗》中宋之问的众多诗篇中有一篇叫《有所思》，两相对照，让人大跌眼镜：两首诗中居然只有第二句有所区别，刘希夷诗中为"洛阳女儿"，而宋之问诗中为"幽闺女儿"，其余部分完全相同。

那么两人到底是谁剽窃谁的呢？至今是一桩无头公案。不过绝大多数人将矛头指向了宋之问，多数人认定，是宋之问剽窃了刘希夷的诗篇。

关于这段公案，唐人笔记《刘宾客嘉话录》有如下记载：

> 刘希夷诗曰："年年岁岁花相似，岁岁年年人不同。"其舅宋之问苦

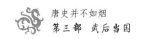

爱此两句，知其未示人，恳乞，许而不与。之问怒，以土袋压杀之。宋
生不得其死，天报之也。（言之凿凿）

按照这个说法，刘希夷这一风华绝代的诗篇之后确实藏着这样一起血案，
而凶手正是他的舅舅宋之问。

不过《大唐新语》则记载说：

诗成未周岁，为奸所杀。或云宋之问害之。（有此一说）

总之，这是一起无头公案，矛头指向大诗人宋之问。

为什么大家都愿意把矛头指向他，把脏水泼向他，究其原因，此人虽然声
名赫赫，却也劣迹斑斑，用非著名相声演员郭德纲的话说："人品太次！"

如果把宋之问的一生作一个梳理，你会发现，原本他也是一个勤学苦读之
人，他也想靠自己的学识和诗篇为自己赢得一条终南捷径。

宋之问弱冠知名，尤善五言诗，当时无能出其右者。刚进入仕途时，他与
初唐四杰之一的杨炯是同事，不久成为洛州参军，后来辗转升迁为尚方监丞、
左奉宸内供奉。

在担任左奉宸内供奉期间，他深受张易之和张昌宗兄弟赏识，张氏兄弟的
不少文章都是由宋之问代笔。宋之问以为找到了一条快速升迁之路，因为他抱
住了张易之和张昌宗的粗腿。

然而，好时光总是短暂，短暂到稍纵即逝。

公元 705 年正月二十二日，张易之和张昌宗兄弟出了点小事，事也不大，
也就是被实行兵谏的张柬之把脑袋搬了家。

宋之问的天塌了下来。

作为张易之、张昌宗的党羽，宋之问与弟弟宋之逊被赶出洛阳，贬到泷州
做一个小小的参军。泷州位于今天广东省云浮市下属的罗定市，在唐代，那里
是典型的瘴疠之地。

环境如此恶劣，宋之问心里打起了退堂鼓，难道就在这瘴疠之地坐以待
毙？难道就这样错过洛阳的花花世界？不，绝不！

不久，宋之问与弟弟宋之逊未经皇帝批准，便从泷州逃回了洛阳，宋之问
的一个名篇就是在这次逃亡路上写就：

岭外音书断，终冬复历春。

近乡情更怯，不敢问来人。

两只叫作宋之问、宋之逊的流浪狗不敢公开露面，而是躲进了张仲之家里。对于张仲之而言，这一次不是引狗入室，而是彻彻底底地引狼入室。

当时张仲之正在与驸马都尉王同皎谋划彻底铲除武三思，张仲之和王同皎情绪高昂，话语激动，他们以为是在自家私宅便不以为意，却忘记了家里多了两条姓宋的流浪狗。

宋之问在门外听得清清楚楚，里面人的谈话让他心惊肉跳，同时心潮澎湃，自己一直在等待东山再起的机会，这不就是机会吗？

用恩人的血染红你的顶子？没错！

在宋之问的授意下，宋之问的侄子宋昙火速向武三思做了密报，结果毋庸多言，张仲之、王同皎死于非命，家产被没收，所有的告密者都得到了重用。宋之问、宋之逊这两只流浪狗再也不用流浪了，从今以后，你们就在洛阳为官，加授朝散大夫，从五品，享受副局级待遇。

之后的宋之问继续着自己寻找粗腿的道路，他像一只蝴蝶，在武三思、太平公主、安乐公主之间飞来飞去，一个倒下了，再去找下一个，一个势头弱了，立刻再去找势头强的。

武三思死了，他投向了太平公主。

太平公主的势头弱了，他又投向了安乐公主。

在宋之问留下的诗篇中，有一首诗便是为安乐公主作的，题目是《宴安乐公主宅得空字》。

英藩筑外馆，爱主出王宫。宾至星槎落，仙来月宇空。

玳梁翻贺燕，金埒倚晴虹。箫奏秦台里，书开鲁壁中。

短歌能驻日，艳舞欲娇风。闻有淹留处，山阿满桂丛。

宋之问满怀深情地写下了这首诗，在他的眼前，似乎一片阳光灿烂，或许不久之后，他就能在安乐公主的庇护下更进一步，为大唐王朝发挥更多的光和热。

事实上，在中宗朝，宋之问还是做了一些事情的，中宗选拔文学之士，宋之问与杜甫的祖父杜审言一起成为修文馆学士。后来宋之问主持典举，所引拔的人才多数都是后来知名的人物，由此可见，宋之问选人还是非常有眼光的。

有如此良好的表现做基础，再加上有安乐公主这棵大树，中宗李显准备提拔宋之问为中书舍人。中书舍人为天子近臣，负责起草诏令，如果能够得到这一官职，日后登堂入室进而成为宰相也犹未可知。

金光大道就在眼前，宋之问离成功只差一厘米。

这时一个位高权重的人物站了出来，对中宗李显说道："我反对!"

说这话的人是太平公主，她因为宋之问弃她而去而怀恨在心，在这个关键时刻，她投下了反对票。

宋之问完了，他得罪了皇帝尚要礼让三分的太平公主。

太平公主反对的理由很简单：宋之问在主持典举时收受贿赂，声名狼藉。

前面便是中书舍人，宋之问却无法迈过眼前的鸿沟。世界上最遥远的距离不是生与死，而是明明在你眼前，你却始终与之差了一厘米。

中书舍人的梦破灭了，宋之问被贬作汴州长史，还没启程，新的任命又下来了，不用去汴州了，直接去越州吧。汴州在今天的开封，越州在今天的绍兴，前者离洛阳很近，后者离洛阳已远。

睿宗即位，宋之问在越州也待不住了。睿宗以宋之问曾经依附过张易之、武三思为由，将他发配钦州，钦州在今天广西的钦州，那里有防城港，那里有北部湾。

困顿在钦州的宋之问不会想到，在人生的最后时刻，他连钦州也待不住了。

李隆基登基后，除恶务尽，宋之问这个先后依附于张易之、武三思、太平公主、安乐公主的问题人物终于走到了路的尽头。

关于宋之问的最后时刻，《新唐书》如是记载：

> 宋之问得诏后汗流不止，满地乱走，不知道该怎么办。一同被赐死的冉祖雍向使者求情说："之问有妻子，请允许他们告别。"使者许之，而宋之问哆哆唆唆词不达意，什么事也没有交代成。冉祖雍怒曰："我和你都辜负了国家，按罪当死，你还啰唆什么呢?"宋之问闻言，乃饮食洗沐就死。

其实，抛开人品不谈，单就诗词成就而言，宋之问称得上初唐诗坛上的一颗巨星。

《新唐书》如是评价：宋之问、沈佺期，又加靡丽，回忌声病，约句准篇，如锦绣成文，学者宗之，号为"沈宋"。

在宋之问的身后，他的诗风深刻地影响了一个人，这个人就是他前同事杜审言的孙子——诗圣杜甫。

卿本佳人，奈何为贼？

登峰造极

如果把张氏兄弟与之前的薛怀义相比，就会发现，薛怀义跟张氏兄弟根本不在一个数量级上，薛怀义只是处于受宠的初级阶段，而张氏兄弟已经到了登堂入室的高级阶段。

公元700年六月，武则天将控鹤府改为奉宸府，同时委任张易之为奉宸令（内卫亲卫主管），张氏兄弟的地位再次上升。

从此之后，只要武则天在内殿举行宴会，张氏兄弟与诸多武姓皇族亲王一起陪坐，喝酒赌博，嬉笑怒骂，俨然皇族一员。

这时，拍马屁的人蜂拥而至，其中的极品居然奉承张昌宗是周灵王王子姬晋的转世。

为何有此说呢？

这还得从姬晋的传说说起。

传说姬晋有一次偶遇道行高超的道士，于是辞别父王周灵王跟随道士进山修道，数十年后的七月七日，姬晋得道升天，骑着白鹤缓缓从地面升起，直冲太空，远近无数人见证了姬晋升空的奇迹。

无疑，姬晋是仙人，而张昌宗就是这位仙人的转世。

这马屁拍得正合武则天的心意。

随后武则天就给张昌宗置办了一身行头，然后将张昌宗照传说中的姬晋打扮了起来。

张昌宗身穿羽毛编织成的衣裳，吹着箫，在后宫的庭院里，乘坐木制的仙鹤。在音乐的伴奏下，张昌宗俨然姬晋的化身，这副场景"打动"了诸多逢迎拍马的人，他们纷纷写诗赞美这个奇妙时刻。

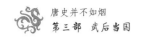

其实在我看来，形容这个时刻用两字最简练：鸟人！

当然，"鸟人"张昌宗并非总是扮演鸟人，在一些时候他还需要做一些正事，比如编撰《三教珠英》。

《三教珠英》其实就是编撰佛教、道教、儒教的精华，将三教中的精华按照门类编撰起来。之所以要编撰《三教珠英》，是武则天为了借此堵上天下人的嘴，借此表明招张氏兄弟进宫不是为了享乐，而是为了编书，同时也为张昌宗和张易之寻找立功的机会。

经过张昌宗和张易之的"努力"，经过宋之问、张说、李峤等二十六人的不断努力，一千三百卷的《三教珠英》编撰成功，张昌宗和张易之由此得到了封赏的机会。

不久，张昌宗被加官司仆卿（畜牧部部长），张易之为麟台监（皇家图书院院长）。

兄弟俩受宠之势，天下无双。

在兄弟俩受宠的同时，他们的其他兄弟也活跃起来。他们的弟弟张昌仪这时正担任洛阳县令，借着两位兄长的光，他成为远近闻名的能人，想买官的人纷纷来求他帮忙，而他也是来者不拒，反正都是无本万利的买卖。

一天在上朝的途中，他遇到了一位候补官员，他并不认识这位官员，但是他认识这个人手中的五十两黄金。

这一幕对于张昌仪来说太熟悉了，两人没有多余废话，一个交钱，一个收钱，然后张昌仪就把这位官员的申请书交到了吏部侍郎张锡的手中。

整个过程一气呵成，毫不拖泥带水，张昌仪只是扫了一眼申请书，记得那个候补官员姓薛。

没过几天，吏部侍郎张锡找来了，有麻烦了。

原来张锡不小心把候补官员的申请书弄丢了，而他又没记住那个官员的名字，这才急三火四跑来问张昌仪。

张昌仪一听，火冒三丈："你问我？我问谁去？我只记得他姓薛。我看这样得了，把所有姓薛的候补官员都安排个官当吧！"

几天后，六十多位姓薛的候补官员都被补上了实缺，这一切都是拜张昌仪所赐。

不久，张昌仪又闹出了一个段子，起因是他的新居。

在哥哥们的提拔下，张昌仪由洛阳县令升任尚方少监（宫廷供应副总监）。借着升官的喜庆，他建造了一座新居，新居的规模排场甚至超过亲王和公主的住宅，在洛阳城内很是扎眼。

没过几天，张昌仪家的大门上多了一行字："一天丝，能做几天络？"

这行字是什么意思呢？翻译过来就是："你总有一天会死，还能快乐几天？"显然这行字与《小兵张嘎》的话有异曲同工之妙，"别看今天闹得欢，就怕将来拉清单"。

看了这行字后，张昌仪有些恼火，不过也无可奈何，只能擦去了事。

没想到，第二天，这行字又不期而至。

再擦！

再写！

再擦！

再写！

反复了六七次。

最后张昌仪烦了，索性在这行字下回了一个帖：

"快乐一天就好！"

之后，整个世界安静了下来，写字的人没有再写，张昌仪随后便把这两行字统统擦去，新居的恶作剧终于告一段落。

然而，历史上的很多话往往一语成谶，张昌仪以为自己只是随便一写，不算数的，却没想到，在不经意间，他们兄弟的命运已经注定了。

他们确实不止快乐了一天，他们快乐了很多天，但是总有一天他们会死，而且是惨死！

第十四章　天平两端

左右为难

有一首流行歌曲的歌词是这样写的："站在天平的两端，一样地为难，唯一的答案，爱一个人好难。"

天平两端，左右为难，这首歌特别适合登基称帝的武则天。

传子还是传侄，这个问题在武则天登基之前已经客观存在，因为她是女儿身，就注定她要有这样两难的抉择。而当时，她正忙着登基，对于这个问题她一直无暇顾及。

如同一个急于赶路的人，一直忙于赶路，却不经意间错过了路边的风景。

现在武则天终于停了下来，她可以仔细端详路边的风景，而就在此时，"传子还是传侄"的烦恼不期而至，让她无法抉择，于是这个烦恼伴随了她很多年。

刚登基时，武则天心中的天平其实是倾向于侄子的，因为她开创了新的王朝，而且建立王朝的七座祭庙，这七座祭庙的主人都是姓武，而她自己的儿子原本姓李。此时的武则天就更倾向于侄子，武承嗣、武三思等人因此都被她推上了高位，武承嗣被封为魏王，武三思被封为梁王。对于这两个侄子，她寄予厚望。

最能说明武承嗣和武三思地位的，便是祭祀仪式。公元693年，武则天在明堂举行祭祀仪式，她本人作为第一梯次呈献祭品，紧随其后的第二梯次是武承嗣，第三梯次是武三思。此时我们不知道皇嗣武旦是第几梯次，或许在母后武则天的心里，他至少已经排到了第三位，而排在他前面的是那两位春风得意的表兄弟。

如果事情就这样一直发展下去，没有人对这个格局表示反对，或许武则天就会把宝一直押在侄子的身上。然而，关系到国家的传承大计，总是会有很多人出来说道的，李昭德就是第一个。

在前面我曾经陆续提到过，李昭德曾经旗帜鲜明地表示武则天应该传位给儿子，并因此得罪了武承嗣，最后导致了自己的身死。

李昭德针对武承嗣等人的上疏并不止一次。公元 692 年，他跟武则天还有一次面对面的对话，这次对话，吓出了武则天一身冷汗。

武则天为什么会吓出冷汗呢？因为李昭德实话实说。

李昭德对武则天说道："魏王武承嗣的权势太重了。"

武则天不以为然地回应："因为他是我的侄子，所以需要倚重他。"

李昭德接过武则天的话说道："侄子跟姑妈，儿子跟父亲，哪一个关系更亲密？历史上不乏儿子谋杀父亲的案例，更何况侄子和姑妈？现在武承嗣既是亲王，又是宰相，还是陛下的侄子，他的权势几乎与陛下相等。我担心陛下的位子恐怕很难长久地坐下去。"

武则天闻言，吃惊地看着李昭德，他的话不无道理，自己以前怎么就没想到这一层啊？武则天在心中认可了李昭德的说法，冲李昭德点了点头："你说得很对，我以前从来没有想过。"

在此之后，武则天暂时解除了武承嗣的宰相职务，把他放到了位置更高却没有实权的特进职位上，算是作一个小小的防范。

然而，解除武承嗣的宰相职务只是权宜之计，说到底她还是要指望着这个侄子的：如果儿子不能相信，侄子也不能相信，那么她还能相信谁呢？

武则天陷入空前的苦恼之中。

度 日 如 年

在武则天左右为难之际，她的两个亲生儿子却在不同的地方品味着同一个成语：度日如年。

相比之下，庐陵王李显的日子更加难过。

在公元684年二月六日被废黜之后，他就过上了被拘禁的生活，先是被拘禁在洛阳，不久就被押送到了均州，住进了一所房子。这所房子的前任主人是他的四大爷——魏王李泰，现在叔侄俩隔着时空同病相怜。

然而，均州也不是李显的最后一站，不久他又搬家了，搬迁到了房州，房州位于今天的湖北省房县，时至今日，交通依然不算发达，在唐代，就更不用提了。李显在这里过上了担惊受怕的生活，他见识过母亲的手腕，也目睹几个哥哥的前后落马，对于母亲下一步会做出什么，他的心里一直没有底。

人就是这样，最害怕的不是恐怖的结局，而是恐怖结局到来之前的过程。

这段日子里，李显的妻子韦氏成了他唯一的依靠。很难想象，如果没有韦氏，李显能否挺过那段艰难的岁月。

每次武则天派使节前往房州，李显都担心不已，生怕使节是来杀自己的，韦氏倒是表现得非常镇定："不必紧张，该来的早晚会来，不该来的永远不会来，不用自己吓唬自己。"

韦氏的话平复了李显忐忑不安的心，为了表示对韦氏的感激，他经常说一句话："如果有朝一日我们能翻身，你做什么事我都不会拦着你。"

说完，两人相对苦涩一笑，他们知道，翻身对他们而言，就是一个可望而不可即的梦。

两人苦笑时，他们的女儿李裹儿就在一边玩耍，看着女儿，李显的心再次揪了起来。如果自己还是皇帝，那么女儿就是大唐王朝贵不可言的公主，然而现在呢？她连平民的女儿都不如。平民的女儿至少还有自由，而她，要跟着父母一起受监禁，甚至在出生时连衣服都没有，还得用自己的衣服包裹起来，并由此得到乳名：裹儿。

看着窗外，洛阳遥不可及，不知道弟弟李旦在做什么，至少他比自己强一点，至少他还是皇嗣。

其实，如果哥儿俩能够隔着时空通话，武旦会对哥哥李显报以苦涩的一笑：其实我比你强不了多少。

武旦为什么会有这样的想法呢？不是贵为皇嗣吗？不是当朝仅次于武承嗣、武三思的人物吗？

贵为皇嗣不假，可你见过连自己的妻子都保护不了的皇嗣吗？

长寿二年（693 年）十一月二日，这一天对于武旦而言永远刻骨铭心，对于李成器和李隆基而言同样刻骨铭心，因为在那一天他们家发生了重大变故。

武旦的刘妃（李成器的母亲）和窦妃（李隆基的母亲）在这一天前往宫中进见武则天，然而进宫之后，两人就再也没有回来，永远地在这个世界上消失了。《资治通鉴》记载说，这次事件的幕后黑手是深受武则天宠爱的宫女韦团儿，她因为忌恨武旦，所以便从他身边的王妃下手，捏造了刘妃和窦妃祈求鬼神、大行诅咒的事实。

这段记载有些莫名其妙，一个宫女与武旦之间能有什么利害冲突呢？韦团儿对武旦的忌恨又从何而来呢？

莫名其妙。

世界上没有无缘无故的爱，也没有无缘无故的恨，在我看来，这次事件的幕后黑手还是武则天，是她看不惯自己的两个儿媳，更重要的是，她担心这两个儿媳将来会对自己不利。

于是武则天授意韦团儿处死了两位王妃，而她顺手又除掉了韦团儿。

令人心酸的是，刘妃和窦妃被处死之后不知道被埋到了什么地方，窦妃的亲生儿子李隆基登基之后曾经多方查探，却始终没有找到母亲的埋骨之处。由此可见，武则天太狠了，对待自己的儿媳，生不见人，死了，连骨头都找不到。遭逢如此大变故时，李隆基不过八岁，他的大哥李成器也不过 14 岁，他们在同一天成了没娘的孩子，凶手居然是自己的奶奶。

在此之后，我们就必须佩服武旦的心理素质了，他居然装作什么事情都没有发生，在母亲武则天面前表现得与以往一样，丝毫看不出两个王妃去世对他的影响。

不是他不想动情，而是他不能动情，因为他的脖子上始终架着一把刀，而握着刀把的那个人居然是他的亲生母亲。

武旦心中只有一个信念：忍耐，忍耐，继续忍耐。

即便如此，麻烦还是很快找上了他。

两个月后，武旦在府中接见了两个人，一位是前任宫廷供应总监裴匪躬，一位是皇宫宦官总管府总管范云仙。三个人只是进行了一个简单的会晤，没想到就是这次会晤，给裴匪躬和范云仙带来了杀身之祸。

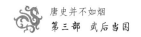
不久，裴匪躬和范云仙被腰斩，罪名是私自进见皇嗣武旦。

从此之后，三公部长级以下的官员都不准进见武旦，而即使是三公和部长级的高官，进见武旦也需要先请示武则天。

没过多久，武旦的麻烦又来了，居然有人指证他谋反！

负责审查武旦谋反的是酷吏来俊臣，他带着"有罪推定"向武旦扑面而来。

好在叫作安金藏的工人站了出来，用刀割破了自己的肚子，用发自肺腑的方式证明：皇嗣武旦没有谋反。

很难想象，如果没有安金藏的剖腹证明，武旦会遭遇什么？

不出意外的话，他很可能落得与哥哥李显同样的下场：监禁。

幸好，他的身边还有一个忠肝义胆的安金藏。

快乐的时光如水而逝，苦难的时光却度日如年，李显和武旦这对苦命兄弟在苦难中坚持着，他们不知道祖上的李唐王朝何时才能光复，也不知道母后的大周王朝将要去往何方。

如同黑夜里没有航标的航船，他们只能在黑暗中默默前行，他们不知道这样的长夜还要熬多久，在未来的路上，是否会有一个人帮他们打开指明方向的灯？

好人好官

唐朝三百年的历史上，郭子仪被视为不可或缺的"中兴名将"，其实，在郭子仪之前，还有一位"中兴名臣"。如果没有这个人的坚持，如果没有这个人的提前布局，李唐王朝光复都很难。

如果没有这个人，郭子仪的"中兴"或许就不存在了，王朝都不存在了，又何来"中兴"呢？

这个人就是好人好官狄仁杰。

狄仁杰之所以最终能说动武则天，一是他的人品，二是他的功绩。他的人品武则天早已心知肚明，而他的功绩则是在平定契丹叛乱期间逐渐建立，进而赢得了武则天的充分信任。

公元 692 年，狄仁杰因为被诬陷谋反，最终被贬到彭泽当县令，这一贬就是四年。

如果没有契丹叛乱，或许狄仁杰的一生就会定格在彭泽县令任上；公元 696 年的契丹叛乱，让狄仁杰有了东山再起的机会。

公元 696 年的契丹叛乱，起因是一场饥荒。

这一年契丹部落发生饥荒，近在咫尺的营州都督赵文翙却不给予救济，反而将契丹部落的酋长们当成奴隶一样驱使，这一下引发了契丹部落的叛乱。

契丹部落松漠都督李尽忠和归诚州刺史孙万荣举起了反叛的大旗，叛乱一发不可收拾。为了平定叛乱，武则天派出数十位将领前去，与此同时玩了一个文字游戏，将李尽忠改名为李尽灭，孙万荣改名为孙万斩，以此期盼早点平定这次叛乱。

然而战争毕竟是战争，仅仅靠给对方改名是赢不了战争的。

武则天派出的第一拨平叛大军与契丹叛军进行了连番恶战，结果大败而回，契丹的叛乱继续升级。

就在这时，幸运眷顾了武则天的周朝，刚刚闹腾了几个月的李尽忠病死了，契丹叛军从此少了一位能征善战的将领。

契丹的坏运气并没有就此结束，不久与他们接壤的东突厥出动了军队，对契丹叛军发动了突然袭击，抢走了契丹叛军的大批战略物资，契丹的叛乱遭遇了沉重的打击。不过叛乱并没有就此结束，不久他们就在孙万荣的带领下重新集结，声势又起，又开始向周朝发动攻击。

狄仁杰就是在这个时候临危受命，由彭泽县令改任魏州刺史，这里是契丹向南进犯的关键所在，对于这个位置，武则天格外看重。

狄仁杰上任伊始，便作出了一个大胆决定，将进城避难的老百姓全部疏散出城，回到他们原来的土地上。

原来，前任刺史为了省事，索性驱赶全州的老百姓进城避难，死守坚城，这样就把城外的广阔田地都拱手让给了契丹。

狄仁杰却不这么做，他让老百姓又回到了田间地头，该耕种耕种，该收割收割，敌人还远得很，何必慌张成这个样子。

底下有人问狄仁杰："万一出事了，怎么办？"

狄仁杰昂然回应："出了事，有我呢。"

事实证明，狄仁杰的办法很有效，他迅速稳定了当地的局势，安抚了人心，反而给契丹叛军很大压力。他们反倒以为狄仁杰所在的魏州早有准备，于是放弃了对魏州的进攻。

紧接着，大周王朝对契丹叛军展开了第二拨进攻，没想到这一次又是惨败。这次出征的是名将王孝杰和副总管苏宏晖，两人吃亏吃在地形不熟。

王孝杰和苏宏晖率领十七万大军与孙万荣接战，交战后不久，孙万荣撤退，王孝杰和苏宏晖不知是计，便率领精锐部队在身后紧紧追赶，一直追赶到悬崖峭壁边。

这时契丹叛军回身开始发动反击，王孝杰这才意识到自己中了埋伏。

如果此时苏宏晖和王孝杰同仇敌忾，战局还有机会挽回，然而就在这个时候，身为大军副总管的苏宏晖居然扔下王孝杰自己先跑了。

王孝杰只能孤军作战了。最终王孝杰寡不敌众，自己摔下悬崖，兵败身死，他所带领的十七万大军也随之土崩瓦解。

契丹叛军声势再起。

其实，此时离契丹叛军不远处还有一支周朝的军队，这支队伍中就有大诗人陈子昂。

带领陈子昂出征的是武则天的侄子武攸宜，他在得知王孝杰惨败的消息后居然不敢前进，索性驻军原地不动。

经过陈子昂的再三催促，武攸宜还是不出兵，陈子昂彻底寒了心，于是有了《登幽州台》：前不见古人，后不见来者，念天地之悠悠，独怆然而涕下！

形势至此，完全向着有利于契丹叛军的方向发展。就在这个时候，运气再一次眷顾了大周王朝，东突厥的部队再一次偷袭了契丹叛军的大本营。

原本孙万荣派出五名使节前往东突厥，邀请东突厥与自己一起进攻周朝，东突厥可汗阿史那默啜也痛快地答应了。

然而戏剧性的一幕随后发生了。问题出在五名使节身上。

原来这五名使节不是同一时间到达东突厥，而是阴差阳错地分成了两拨，第一拨三人，第二拨两人。

东突厥可汗阿史那默啜会见第一拨使节时答应了联合出兵，然而就在这时，第二拨的两个人到了，他们的姗姗来迟让阿史那默啜非常恼火，一声令下："推出去斩了。"

眼看脑袋不保，两个使节大声呼喊了起来："请让我们说几句话，再死不迟。"阿史那默啜喝退了手下，然后冲着两人说道："说吧！"

两个使节话一出口，阿史那默啜的眼睛亮了。

两个使节说："现在契丹的大本营防守空虚，很容易击破，你不妨出兵进行攻击，收获必定比联合出兵进攻周朝大得多。"

古往今来，开门迎敌的家贼破坏力是最大的。

事情至此，峰回路转，阿史那默啜随即改变主意，不再联合出兵，而是火速出兵攻打契丹大本营。在出兵之前，他还顺手把先到达的三位使节斩了，转而将后来的两位奉为上宾。

没有永远的敌人，也没有永远的朋友，只有永远的利益，此言不虚。

戏剧性的一幕就此发生，原定的盟友袭击了契丹的大本营，再次抢光了契丹叛军所有的家当，这一次契丹叛军再也坚持不住了。

此时，周朝的部队已经与契丹叛军再次正面遭遇，而契丹叛军已经军心涣散。雪上加霜的是，原本一起出征的奚部落这时也反水了，他们直接从侧面向契丹军队发动了攻击。

契丹叛军兵败如山倒，领头的孙万荣最终被自己的家奴杀死，他和李尽忠领导的叛乱就此告一段落。

不过，冰冻三尺非一日之寒，契丹大规模的叛乱结束了，小规模的叛乱还在继续。如果处理不得当，小叛乱很有可能演变为大叛乱。

这时，狄仁杰提出一个建议：重用契丹降将。

这是一个非常有建设性的意见，也是一个很冒险的想法，一旦契丹降将再反叛呢？对此，狄仁杰力排众议："他们能为旧主效力，也就能为新主效力，只要我们安抚得当，就一定能为我所用。"

这时旁边有人提醒："这样做可是为自己埋隐患啊。"狄仁杰却平静地回应道："只要对国家有利，就不用管对我自己是否有害了。"

在狄仁杰的坚持下，契丹降将李楷固和骆务整得到重用，李楷固被委任为左玉钤卫将军，骆务整为右武威卫将军，而原本他俩是要被处死的，因为他们投降太晚了。

幸亏他们遇到了狄仁杰。

不久李楷固和骆务整用行动回报了狄仁杰的信任，他们率军迅速平定了契

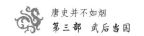
丹部落的所有叛乱。

数月后，李楷固、骆务整和狄仁杰一同出现在三阳宫的含枢殿上，李楷固因为战功得到了武则天的封赏，这个原本要处死的契丹降将被晋升为左玉钤卫大将军（从三品，副部级），封燕国公，赐姓武，这一切都是源于狄仁杰。

李楷固在心中感激着狄仁杰，同时有一个人对狄仁杰充满感激，这个人就是武则天。

宴会上，武则天冲狄仁杰举起了酒杯："这一切都是你的功劳。"

令人没有想到的是，狄仁杰却回应道："这都是陛下的声威和将士的功劳，我哪有什么功劳？"

所有赏赐一概推辞不受，功劳全推给了武则天和其他将士。

老子说，夫不争，天下莫与争。狄仁杰读懂了，也做到了。

金 玉 良 言

公元697年闰十月二十七日，狄仁杰由幽州总管升任鸾台侍郎（即黄门侍郎，副监督长）。正是在鸾台侍郎任上，他为李唐王朝的光复埋下了关键伏笔。

这时，接班人的争夺已经进入白热化，武承嗣、武三思都在多方活动，他们都想成为武则天的接班人，不过在各自藏有私心的同时，他们的目标是一致的，那就是先搞掉武旦。

两个人不断派人去游说武则天，核心的话题只有一个：古往今来，还没有让不同姓之人继承大统的。

言下之意，武旦原本姓李，跟武则天是两姓，而武承嗣和武三思却是一笔写不出两个武字，他们比武旦更有继承大统的资格。

武则天再次陷入犹豫之中，她不知该如何抉择。

不久之后，武则天与鸾台侍郎狄仁杰有了一次谈话，这次谈话对于李唐光复至关重要。狄仁杰对武则天说："太宗皇帝栉风沐雨，冒着刀林箭雨平定了天下，然后将天下传给了子孙。先帝将两个儿子又托付给了陛下，现在陛下想把天下传给外姓，这恐怕不是天意。陛下比较一下，姑姑与侄子，母亲与儿子，到底哪一个更亲？陛下立子，离开人世后会配享太庙，代代相传，直至永远。如果立侄，臣没有听说过哪个皇帝把姑姑的牌位放进太庙。"

狄仁杰把话说到这个份上，立子还是立侄，明眼人都知道。

武则天还是有些不甘心，她还在犹豫，她想暂时回避这个话题，便对狄仁杰说："这是朕的家事，你就不用干预了。"

这句话正中狄仁杰的下怀，他等的就是这句话。

狄仁杰接过话头，说道："君临天下的王者四海为家，四海之内都是陛下的奴仆和奴婢，哪一件不是陛下的家事？陛下为元首，臣为肱股，就如同一体，况且臣既然位居宰相之位，难道不应该参与这些事情吗？"

国家，国家，对于皇帝而言，家就是国，国就是家，家国已经一体，武则天还想用家事来搪塞狄仁杰，显然应付不过去。

历史就是一面镜子，照出每个人的真实面目，在皇帝家事问题上，狄仁杰与当年的托孤重臣李世勣高下立分。

李世勣在武则天立后问题上说了一句话："此乃陛下家事。"狄仁杰则在武则天传位的问题上说了另外一句话："皇帝没有家事。"

一个为私，一个为公，由此可见，李世勣尽管被称为千古名将，然而跟狄仁杰相比，私心还是太重。

不久之后，狄仁杰跟武则天又有了一次谈话，这次谈话效果更加明显。

这一天，武则天跟狄仁杰说起了自己的一个梦。在梦里，武则天看到了一只鹦鹉，可是这只鹦鹉的两只翅膀都断了，这个梦意味着什么呢？

狄仁杰接过话头，他把这个梦又扯到了传位的话题上。

"鹦鹉，武也，象征着陛下的姓，两只翅膀，就是陛下的两个儿子。陛下重新起用两个儿子，那么两只翅膀就重新振作了起来。"狄仁杰话中有话地说道。

闻听此言，武则天的心中为之一震。

这次谈话记载于《资治通鉴》之中，而在《新唐书》中，有另外一个版本：

> 武则天说："我最近做梦，打双陆（唐朝的一种赌博游戏）总是赢不了，这个梦象征着什么？"
>
> 狄仁杰回应道："这说明眼下陛下无子，如果起用两个儿子，那么打双陆就一定会赢了。"

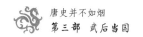

两个版本都是狄仁杰解梦，在解梦的同时却做着讽谏的事，主题都是一个，把皇位传给儿子。

几番谈话下来，武则天心中的天平渐渐向儿子倾斜。如果再在这架天平上加一个砝码，儿子这一端就会彻底胜出。

特殊砝码

狄仁杰与武则天谈话后不久，一个特殊的砝码出现了。

这个特殊砝码就是正当宠的张易之、张昌宗兄弟，他俩也站到了武则天儿子这一端。

两位面首在武则天面前陈述了传位给儿子的诸多好处，并信誓旦旦地表示，他们坚定地支持武旦和李显。这让武则天感到有些意外，什么风让他俩转向了武旦和李显呢？

武则天仔细想了一下，以张易之和张昌宗的智商是说不出这些话的，他们的背后一定藏着一个人，这个人应该就是吉顼。

吉顼就是那位力主处死来俊臣的明堂尉，此时他已经进入张易之和张昌宗领衔的控鹤府，与张易之兄弟成为无话不谈的朋友。

吉顼这个人非常复杂，相比于狄仁杰的"好官好人"，吉顼则一分为二，他是一个好官，但不是一个好人，为了达到自己的目的，有时他不择手段。

在酷吏横行的时代，吉顼也不是省油的灯。他曾经协助武懿宗审案，一下子牵连出三十六家无辜的官员，这笔血债最终记在了武懿宗头上，而吉顼在其中也扮演了重要角色。

尽管做人要打一些折扣，但是吉顼这个人大事不糊涂，他知道"立子还是立侄"关系到王朝的传承问题，因此他在心里暗作计划，张易之和张昌宗兄弟就是他计划中的关键环节。

在一次三人的宴会中，吉顼的脸色突然沉了下来，话语也沉重了许多，他对张易之和张昌宗说道："你们兄弟现在恩宠到了极点，可是并非因为品德或者功业取得，天下对你们恨之入骨、咬牙切齿的人多了，你们没有大功于天下，将来如何保全自身呢？"

吉顼的话深深刺痛了张易之、张昌宗兄弟，其实两人在心中也有这样的担忧：尽管现在恩宠无边，但是女皇年龄已高，总有一天会驾鹤西去，到那个时候，兄弟俩又该怎么办呢？

他们想过很多次，也没有想到办法，现在吉顼把话挑明了，两人倒想向吉顼讨个计策："依你之见，我们兄弟俩该怎么办呢？"

吉顼回应道："天下没有忘记李唐王朝的恩德，一直在思念庐陵王。皇上现在年龄已经很大了，江山社稷早晚要托付出去，而武氏诸王都不是女皇中意的。你们兄弟俩何不劝皇上指定庐陵王接班，以满足天下苍生的愿望。如此，不但能免祸，而且能长保富贵。"

吉顼的话深深打动了张易之和张昌宗兄弟，于是有了武则天面前张氏兄弟拥立庐陵王李显的一幕。

事情发展到这一步，武则天心中的天平再也无法保持平衡了：狄仁杰把票投给了李显，张易之和张昌宗把票投给了李显，吉顼同样也把票投给了李显，而他们的背后，还隐藏着众多支持李显的人。

想到这里，武则天不禁叹息一声，如果自己的侄子们成器，能够堵上天下人的嘴，或许就没有太多非议。而现在，武承嗣和武三思这两个侄子在朝中的口碑都不好，即使自己想立，也堵不住天下人的悠悠之口。

而如果立儿子，自己这些年又算什么呢？

武则天的心情复杂到了极点，纠结到了极点，自己追求了一辈子，奋斗了一辈子，已经成为前无古人的女皇，到头来却发现，所谓女皇，居然有这么多烦恼。

好吧，还是尊重民意吧，既然这么多人属意李显，还是把机会留给李显吧。

归　来

公元 698 年三月九日，庐陵王李显的命运发生了逆转。

在这一天，武则天对外宣称，庐陵王病了，特恩准回京医治，随后派出使节，前往房州迎接庐陵王李显回京。

为了这一天，李显已经等了十四年。

十四年前被废黜时，李显二十八岁，现在重新回京，他已经是四十二岁的中年人了。人生最宝贵的十四年，他在房州有限的天地里，被无情地磨尽了。

其实从李显的一生来看，他并不适合当皇帝。他适合当一个平安王爷，就是不适合当君临天下的皇帝。

原本，李显也没有野心，二十四岁之前，他根本没有想过自己能当皇帝。

李显出生于显庆元年十一月，这一年正月，他的大哥李弘被立为太子，从他记事起他就知道，太子就是日后的皇帝，而他将是皇帝的弟弟，一个平安王爷而已。

转眼二十多年过去了，大哥李弘死了，二哥李贤成为新太子。到这个时候，李显依然不认为自己能当皇帝，因为这时二哥李贤受到了交口称赞，二哥必定是日后的皇帝。

然而令李显没有想到的是，天有不测风云，二哥李贤居然被认定为"谋反"，太子之位便这样毫无征兆地传给了他。

都说机会只垂青有准备的头脑，对于太子之位，李显并无准备。终其一生，他都是一个得过且过的人，一个品质不坏、也没有多大追求的人。这样的人可以做一个好人，可以做一个平安王爷，就是做不了一个合格皇帝。

幸福的时光转瞬即逝，二十四岁的李显成为太子，二十七岁的他成为李唐王朝的皇帝，然而在皇帝宝座上屁股还没有坐热，就被母亲从皇帝之位上赶了下来，被赶下来时，距离他登基称帝还不到两个月。

接下来便是体会人生的巨大落差，他一下子从人生的巅峰摔到最低谷。尽管他还有一个庐陵王的头衔，然而那个头衔只不过是一块遮羞布，他这个被废黜的皇帝，比囚犯好不了多少。

十四年的大好时光就这样无情逝去，就算他原本还有一点雄心壮志，现在已经都磨没了，此时的他已经认命，既然母亲让自己回京，那就听从她的安排，至于下一步会如何，只能走哪算哪，随遇而安了。

公元 698 年三月二十八日，李显回到了阔别十四年的洛阳，随后进入母亲寝宫，被藏在寝宫的帐后。

他在帐后听见一位官员进来与母亲谈话，内容是关于自己的。

来谈话的官员是狄仁杰，此时他还不知道李显已经回到洛阳，他还在为李显求情，恳请武则天在李显回来之后正式确定李显的接班人位置。说到动情处，狄仁杰声泪俱下，他既是为李显十四年的遭遇感慨，也是在为李氏皇族力争。说到最后，武则天也有些伤感，她走到帐子外面，把帐子一掀，对狄仁杰说道："还卿储君！"

李显从帐子后面走了出来，狄仁杰的眼泪再一次流了下来。

狄仁杰快步走上前去，行君臣之礼，嘴里不断地向李显祝贺。李显在听闻刚才那一幕后，内心也感动不已，自己能有今天，便是拜狄仁杰这样的忠臣所赐。

几天后，狄仁杰给武则天上了一道奏疏："太子还宫，百姓还不知道，这样不妥，应该让百姓知道太子还宫的消息。"

武则天准奏，让李显回到洛阳南门外，以隆重的礼仪迎接回宫。这样天下人都知道了，庐陵王回来了，而且是以隆重礼仪迎接回来的。

归　位

李显回来了，有一个人却失落到了极点，这个人就是魏王武承嗣。

原本，他对自己的人生没有奢望，原本他还在岭南之地流放，没想到，爷爷原定的继承人贺兰敏之犯了事，自己这才有机会结束流放生活，回到洛阳的花花世界。

原本，他已经满足于继承爷爷的爵位，没想到姑姑武则天却开天辟地开创了新的王朝，这一下把他的心勾了起来，再也无法平复。

从姑姑于公元 690 年称帝开始，他就看到了继位的曙光：古往今来还没有一个皇帝将皇位传给异姓之人，自己这个亲侄子必定要排在第一顺位，有朝一日必定要继承姑姑的大统。

武承嗣开始对皇嗣之位望眼欲穿，这一望就是八年。这八年中，他知道武旦的皇嗣之位一直形同虚设，他受到的恩宠还不如自己，如果自己运作得当，绝对有希望成为真正的皇嗣。

他是这么想的，也是这么做的，而且苦苦努力了八年。

然而，八年之后的三月二十八日，他猛然发现，自己这八年的努力都化为

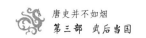

乌有，庐陵王李显又回来了，自己的皇嗣之梦就此破灭。

事实证明，武承嗣这个人确实心比天高。

这句成语的下一句话是，命比纸薄。

李显回到洛阳五个月后，心比天高的武承嗣带着遗憾离开了人世，只能到另一个世界继续做自己的皇嗣梦了。

在武承嗣死后不久，皇嗣武旦向武则天上表，坚决请求退位，将皇嗣之位让给哥哥李显。表奏上去后，武则天同意了。

公元698年九月十五日，武则天正式册立李显为皇太子，纠结八年的"传子还是传侄"终于尘埃落定，皇太子之位还是归到了之前的皇帝李显那里。

两天后，武则天任命皇太子李显为河北道元帅，征兵讨伐东突厥汗国。随后，让武则天五味杂陈的一幕出现了：全国老百姓听说李显挂帅之后，纷纷响应，没过多长时间，就集合起五万余人，而之前，每个月来投军的不足一千人，按照这个速度，凑齐五万人至少需要四年。

从这次征兵，武则天看到了天下的民心，她既欣慰，也充满了忧虑：自己这么多年苦心经营，最后能换来什么呢？

第十五章 光 复

盟 誓

李显得立为皇太子，这意味着武则天的天平最终倾向了儿子，然而侄子那一边她同样不想放弃。在她内心之中，希望儿子和侄子能够和平共处，共享来之不易的荣华富贵。

为了达到这个目的，武则天在宫中做了一个实验，她命人同时养了一只猫和一只鹦鹉，然后把它们长期放在一起，希望它们能和平相处。

做这个实验，武则天付出很大的代价，她克服了自己的心理阴影，原本她一直怕猫，因为萧淑妃的诅咒，她一直觉得猫的身上有萧淑妃的灵魂附体。

现在，为了让儿子和侄子和平相处，她愿意克服心理阴影，在宫中养猫。

经过实验，猫和鹦鹉相处得不错，武则天认为自己的实验成功了，她想把这个实验成果向大臣们展示。

令她没想到的是，就在展示的过程中，发生了意外。

原本猫和鹦鹉确实相处得不错，但前提是猫不烦躁，也不饿，只有在这种情况下，猫和鹦鹉才能和平相处。

展示开始之后，猫看到围观的人有些多，心里有些烦躁，时间一长，猫的肚子咕咕叫了，这时猫的本性露了出来，它毫不犹豫地扑向了朝夕相处的伙伴，一口咬住了它的脖子，然后将伙伴变成了美餐。

目睹这一幕的大臣一下子僵住了，他们不知道该说什么，再看武则天的脸上，更是一脸难堪。猫和鹦鹉和平共处的实验就此失败。

在此之后，武则天开始想别的办法，她想在有生之年调和儿子和侄子的矛盾，从此时起，她更加渴望长寿。

不久之后，长寿的兆头出现了。

武则天的眉毛上边又生出了眉毛，两道新出生的眉毛呈八字形，一个老寿星的形态跃然而出，文武百官一齐向武则天道贺。

或许，这就是天意吧，武则天心中有些得意。

不过得意没有持续多久，一个多月后，她患病了，而且有些严重。

这时武则天想起了少室山，她命给事中阎朝隐前去少室山祈祷，以期减轻自己的病痛。阎朝隐没有辜负武则天的信任，他在少室山上演了一出天体运动：洗澡净身之后，赤裸裸地参加祈祷仪式，然后趴在剁肉的砧板上，以自己的身体替代了祭祀用的牺牲，以此向上天乞求用自己代替武则天受罪。

老天都被感动了。

在阎朝隐祭祀之后，不知道是巧合还是药物的作用，武则天的病情缓解了。听说阎朝隐的事迹后，武则天龙颜大悦，厚赏了阎朝隐。

又过了一段时间，武则天终于想到了让儿子和侄子和平相处的方法，那就是盟誓。

公元 699 年四月十二日，洛阳的明堂上，一场隆重的盟誓仪式如期进行。

参加这场盟誓的有皇太子武显（不久前赐姓武）、相王武旦、太平公主以及定王武攸暨等武姓亲王，他们一起参加了这场隆重的盟誓仪式。

在武则天的主持下，他们一起写下盟誓，然后一起焚香祷告，然后将盟誓内容写在铁券上，藏进了国史馆。这下，武则天的心稍稍平定了一些，有盟誓的铁券在，或许儿子和侄子就能和平相处了。

此时的武则天不断向上天祷告，希望再多活一些年，如同《康熙王朝》的主题歌：向天再借五百年。

在这之后，武则天开始服用和尚胡超炼成的"长生不老"之药，服用过后，效果比较明显，病情有所减轻，随后她又将胡超派往嵩山，再次向上天祷告。

说起嵩山，值得多说一点，历代帝王都喜欢到泰山封禅，而武则天最喜欢的是到嵩山封禅。终其一生，她多次前往嵩山，而如今嵩山所在的登封，正是出自武则天的命名。

公元 696 年，武则天前往嵩山举行封禅仪式，她在嵩山顶添土祭天，在少室山开辟场地祭祀地神，随后她将年号改为"万岁登封"，同时传旨将嵩阳县改为登封县，将阳城县改为告成县，取"登封告成"之意。

这就是登封的由来。现在我们知道登封，是因为这里有少林寺。

武则天派胡超前往嵩山，便是向天祷告表示感谢，同时投递自己的金简。

金简相当于武则天递给上天的名片，由黄金制成，正面镌刻双钩楷书铭文三行总计六十一个字，内容如下：

　　　大周国主武曌，好乐真道，长生神仙，谨诣中岳嵩高山门，投金简一通，乞三官九府除武曌罪名。太岁庚子七月甲申朔七日甲寅，小使臣胡超稽首再拜谨奏。

金简的大体意思是这样的：大周国皇帝武曌信奉道教真神，在中岳嵩山向天地诸神递上这枚金简报到，请求诸位神仙除去武曌在人间的罪过。

金简投递完毕之后，胡超就回宫复命，对武则天说金简已经投递了。武则天的心安了下来，她以为上天已经收到了她的金简。

其实，上天并没有收到她的金简，时隔一千二百多年后，河南的一位叫屈西怀的农民收到了这份金简，可惜武则天没能等到他的回复。

1982 年 5 月 21 日，在嵩山太室山主峰植树造林的屈西怀无意中捡到了这份金简，起初他以为是铜条，没想到回来一鉴定，居然是黄金打造。

屈西怀捡到金简的消息传开以后，很多文物商人找上了门，开价最高的给他开出了十万人民币的天价，屈西怀还是没有答应。

这位商人随后给屈西怀写了一封"血书"，郑重承诺，先给付十万元现金，另外日后将金简销售之后，两人平分销售所得。

面对血书，屈西怀动心了，他一溜烟小跑上交给了登封市人民政府。后来登封市人民政府颁发给屈西怀荣誉匾，同时奖励人民币 1500 元，这下屈西怀的心踏实了。

登封市人民政府后来将金简送到了河南省博物院，经鉴定，屈西怀所捡的金简正是当年武则天向上天乞求"除罪"的金简。这份金简长 36 厘米，宽 8

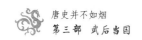
厘米,厚0.1厘米,重223克,目前是河南省博物院的镇馆之宝。

如果武则天地下有知,她会作何感想呢?她是否会把办事不力的胡超和尚痛打一顿呢?

变　脸

公元700年,武则天七十六岁了,尽管她还在追求长寿,但是她很清醒地知道,自己剩下的日子不多了。在这不多的日子里,她还是需要清理一些隐患,她不能把这些隐患留给儿子,也不能留给侄子。

武则天的脑海中,闪现过一个人,这个人就是拥立李显有功的吉顼。

此时的吉顼已经不再是一般的控鹤府官员,他已经升任天官侍郎(文官部副部长),而且参与政事,已经是宰相之一。武则天知道吉顼很有才干,因此有这样的任用,但是她脑海中一直浮现着两年前的一幕,这一幕让她挥之不去。

那是两年前的一场廷争,争辩的双方是武懿宗和吉顼,双方在争论一场战役,他们都在为自己表功。

争论的现场很热闹,身材魁梧的吉顼反应敏捷,措辞激烈,身材矮小而且还驼背的武懿宗相对口拙,被吉顼挤兑得应接不暇,疲于招架,朝堂之上的所有人都在看武懿宗的笑话。

然而,吉顼赢得了口舌之争,却丢掉了武则天的信任,从此在武则天的心里留下了阴影。对于这一幕,武则天大为恼火地说道:"吉顼在朕面前还看不起武家,一旦到了某一天,这样的人怎么能依靠?"

由此,武则天虽然继续重用吉顼,但是她心中的阴影挥之不去,总有一天会在不经意中迸发。

公元700年的一天,武则天内心的怨气终于发作了。

怨气发作之前,毫无征兆,当时吉顼还在滔滔不绝地向武则天陈述事情,他旁征博引,触类旁通,自我感觉非常好。

就在这个时候,武则天发作了:"够了,你这一套我听得太多了。"

接着武则天讲述了"狮子骢"事件,她讲这次事件,是有深意的。

武则天说道："太宗有一匹马叫作狮子骢，没有人能驾驭得了。朕作为宫女在一旁陪侍，对太宗说：'我能制服它，不过需要三样东西：一、铁鞭；二、铁锤；三、匕首。铁鞭击之不服，则以铁锤敲它的脑袋，还不服，则以匕首断其喉。'太宗对我很赞叹。"

吉顼静静地听着，以他对武则天的了解，他知道武则天下一句肯定不是好话，便竖起耳朵仔细听着。武则天提高了声音，怒喝道："今天难道你认为有资格弄脏朕的匕首吗？（想逼我杀你吗？）"

图穷匕见，杀机顿起。

这时吉顼才意识到自己闯了祸，赶紧跪在地上求饶，武则天暂时放过了他。然而事情还没有完，一直痛恨吉顼拥立李显的武三思抓住了这次机会，他想把吉顼彻底赶出朝堂，以泄心头之恨。

事实证明，只要用心找，就一定能找到政敌的破绽。不久，吉顼的破绽被武三思找到了。

吉顼的弟弟为了当官，居然伪造过证件！

这个破绽经过武三思放大，很快成为压在吉顼身上的最后一根稻草。武则天将吉顼由天官侍郎贬为安固（今浙江省瑞安市）县尉，天官侍郎为从三品、副部级，而安固县尉为从九品、副股级。

吉顼就此倒了，不过在上路之前，他跟武则天还有一次谈话，这次谈话让武则天坐立不安，手足无措。

吉顼对武则天说："臣今天远离朝廷，恐怕有生之年再无面见圣上的机会，请允许我再讲几句话。"

武则天给吉顼赐了座，说："还有什么话？说吧！"

吉顼看着武则天说："把水和泥土和在一起成为泥，它们之间有争斗吗？"

武则天回应："当然没有。"

吉顼继续说："如果把泥一分为二，一半做成佛像，一半做成道教的天尊像，他们之间有争斗吗？"

武则天点了点头说："有了。"

吉顼站了起来，一边向武则天叩头，一边说："宗室和外戚各得其所，天下就能安定。如今太子已经复位，而外戚还被封为亲王，这就是陛下逼他们争斗，他日必定两不相安。"

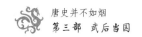

武则天纠结了起来，有些无奈地对吉顼说："朕也知道，可是已经这样了，不这样又能有什么办法呢？"

谈话过后，吉顼离开洛阳前往安固，不久便在安固病逝。

数年后，吉顼的预言成为现实，武则天毕生追求的和平共处，还是没能实现。

国老离别

同样是拥立李显，吉顼与狄仁杰的境遇可谓天壤之别：吉顼只能在安固寂寞死去，狄仁杰则在有生之年受尽了武则天的恩宠。

说到狄仁杰受恩宠，这一切都是他应得的。

公元698年八月，鸾台侍郎狄仁杰兼任侍中，礼部尚书武三思则兼任中书令。武则天这样布局，便是把狄仁杰放到了与侄子武三思平起平坐的位置上。

在这之后，武则天给每个宰相出了个小难题：每人推荐一名尚书郎。

武则天看似不动声色，实际却是暗中考察每个宰相的眼力和人品：如果眼力不行，那么推荐的人选会出问题；如果人品不行，那么推荐过程中或许就会徇私舞弊。武则天是在借这个方法考查宰相，她等着看宰相们的表现。

狄仁杰推荐的人选很快报了上来，武则天一看，有些吃惊。

狄仁杰报上来的人选名字叫狄光嗣，时任司府丞（库藏部主任秘书，从六品），狄光嗣同时还有一个身份：狄仁杰的亲生儿子。武则天吃惊正是吃惊在，狄仁杰居然推荐了自己的儿子。

半信半疑的武则天将狄光嗣委任为地官员外郎（财政部会计司副司长，从六品），这样狄光嗣的品级还是一样，不过位置更加重要了。

经过一段时间的考察，武则天发现，狄光嗣完全胜任地官员外郎的职位，这下她放心了。

为此，武则天对狄仁杰说道："你足以继承祁奚的美誉了。"

祁奚是谁？为什么武则天会这么说？

祁奚是春秋时期晋国的大夫，字黄羊，后世也有人称他为祁黄羊。这个人有一个特点：外举不避仇，内举不避亲。当晋国国君让他推荐接班人时，他推荐了解狐，而解狐跟他的关系势同水火，可以称得上仇人。不巧的是，解狐不久去世了，接班人的人选再次空缺。这时他又推荐了一个人——祁午，他的儿子。后来祁午接替父亲，果然表现出色，深得国君赏识。由此，祁奚成为知人善用的典范。

其实，狄仁杰的知人善用并不只是在自己儿子身上，他还向武则天推荐了很多人，比如开元年间著名的宰相姚崇、监察御史桓彦范、太州刺史敬晖，这些人在唐朝历史上都留下了浓墨重彩的一笔，而他们的伯乐都是狄仁杰。

基于此，诞生了一个成语：桃李满天下。

这话是武则天对狄仁杰说的。

由于狄仁杰经常向武则天推荐人才，武则天感慨地说了一句："天下桃李，都在你的门下。""桃李满天下"就是由这句话精练而来，成语的主角便是狄仁杰。就这样，狄仁杰一步步受到了武则天的信任，成为武则天最不可缺少的一位重臣。到这时，武则天已经不再称呼狄仁杰的名字，而是直接称之为"国老"，狄国老就是这么叫出来的。

不久狄国老与武则天一起外出游逛，意外发生了。

意外由一阵大风引起，狄仁杰的帽子被刮到了地上，马也受到了惊吓，惊慌地跑了起来。武则天见状，赶紧让太子武显冲上去拉住了狄仁杰坐骑的缰绳，然后从地上捡起狄仁杰的帽子递给了他，一直等到狄仁杰把帽子戴好，才松开了缰绳。

恩宠便是这样无以复加。

狄仁杰有些感到不安，况且他已经老了，已经将近七十岁了。他开始向武则天请求退休，然而武则天不同意，朝中谁都能走，狄国老不能走。

几次请求退休未果，狄仁杰只能继续留在朝中，同时也继续享受着武则天的恩宠。

每次进见时，狄仁杰还是坚持下跪，却被武则天拦住了："免了吧，我看着你下跪，我心里都难受。"除此之外，武则天还恩准狄仁杰不需要值夜班，同时警告狄仁杰的同僚："除了军国大事，不要轻易让狄国老操劳。"

在人生的最后一段日子里，狄仁杰就成了武则天的国宝大熊猫。

然而仕途千里，终有一别：公元 700 年九月二十六日，狄仁杰抵达了生命的终点，享年七十岁。

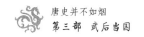

狄仁杰逝世之后，武则天说了一句话："朝堂空矣！"

一句话点出了狄仁杰的人生价值。

后来在数次朝堂讨论时，武则天都感慨道："老天为什么这么早夺走我的国老？"为官做到这个份上，人生无憾。

回想狄仁杰的一生，非常难得。有的人做得了好官做不了好人，比如吉顼，有的人做得了好人做不了好官，比如曾经推荐狄仁杰的娄师德。人在官场往往容易将公德与私德分裂，狄仁杰却将两者完美地合二为一。

对武则天，他一向忠诚，天地可鉴；对李唐王朝，他处心积虑，暗下伏笔。难得的是，他居然获得了武则天和李唐王朝的双重认可，这一点非常难得。

对上无愧于天，对下无愧于地，对中无愧于自己这一生，或许正是做到了这三种无愧，铸就了狄仁杰的无憾人生。

而在无憾人生的背后，狄仁杰也完成了身后的关键布局。

布 局

在狄仁杰身后，他在武则天的朝中埋下了一颗钉子，在未来的某个时刻，这颗钉子将发挥重要功效。

这颗钉子的名字叫张柬之。

说起来，张柬之的仕途够坎坷的。他是太学生出身，后来通过进士科考试步入仕途，辗转升迁到青城丞，后来与数千人一起参加策论考试，他排名第一，由此升任监察御史。然而从此之后，张柬之的升迁速度几乎为零。到狄仁杰推荐他时，他还只是荆州长史，而且也不再年轻了，已经七十五岁了，幸亏唐朝官员是终身制的，要是放在现在，张柬之至少已经退休十年了。

狄仁杰早就知道张柬之的能力，他便暗中为张柬之寻找机会，不过一般的机会他是看不上眼的，他知道张柬之是要做大事的人，日后李唐王朝的光复，可能就要倚仗这个人。

狄仁杰一直为张柬之留心着机会，不久，机会真的来了。

这一天，武则天跟狄仁杰闲聊，武则天说："我打算提拔一个真正的人才，你可有人选？"狄仁杰忙问："陛下要用这个人做什么？"

武则天说："用他做大将或者宰相。"

狄仁杰当即意识到机会来了，他不动声色地说："如果论文学素养，现有的苏味道等人已经足以胜任。如果陛下要找天下奇才，那么荆州长史张柬之就是，他虽然已经老了，但确实是个宰相之才。"

不久，武则天果真听从了狄仁杰的建议，将张柬之从荆州长史擢升为洛州司马，相比之下，洛州司马的位置更为重要。

然而，这还不是狄仁杰想要的结果，他还在寻找机会。

几天后，武则天又问狄仁杰："还有没有合适的人才推荐？"

狄仁杰回应说："我之前推荐的张柬之还没有用呢！"

武则天有些惊讶："我已经用了啊，不是已经委任为洛州司马了吗？"

狄仁杰说："我推荐的是宰相，不是司马。"

听了狄仁杰的话，武则天又将张柬之由洛州司马升任为秋官侍郎（相当于司法部副部长）。又过了一段时间，经过狄仁杰和姚崇的联合推荐，张柬之终于得以参知政事，成为名副其实的一员宰相，这时他已经七十九岁了。

张柬之成为宰相之后，光复李唐王朝的布局开始向深入进行，这时张柬之想起了一个人，这个人就是接替他出任荆州长史的杨元琰。

公元700年九月，张柬之由荆州长史升任秋官侍郎，杨元琰则前往荆州接替张柬之留下来的位置。两人在交接之后一起到长江泛舟，就是这次泛舟让两人的手紧紧握到一起。

船划入江心时，能够倾听他们交谈的只有不断奔流的江水，这时两人一起谈论武则天。谈到武则天颠覆唐朝开创周朝，言谈之中，杨元琰慷慨激昂，渴望光复的心喷薄而出，张柬之看在眼里，喜在心里，他庆幸又找了一个志同道合的人。

等到张柬之成为宰相之后，他便把杨元琰从荆州长史擢升为右羽林军将军，同时把狄仁杰推荐过的桓彦范和敬晖都安插进左右羽林军，成为羽林军的将军，同时被张柬之安插进去的还有倒台多年的李义府的儿子李湛。这些人一起，构成了日后光复李唐王朝的主力框架。

这些人其实都是狄仁杰推荐的人选，正是狄仁杰在不经意间布下了光复李唐王朝的主力格局。

如果说人可以拥有一双看到未来的眼，那么狄仁杰一定有这样一双。

黎明前的黑暗

公元 701 年，这一年武则天七十七岁了，然而她依然没有交权的意思，依旧把权柄牢牢地握在自己的手中，然后适当放权给她信任的人。

在侄子武承嗣憋屈死后，张易之和张昌宗兄弟成为武则天最信任的人。他们的受信任程度，已经超过了当年的武承嗣，由此，天下人议论纷纷。

在议论的人中，有三个人很是扎眼，他们是太子武显的儿子李重润、武显的女儿永泰郡主李仙蕙，以及李仙蕙的丈夫魏王武延基，武延基是武承嗣的儿子，武则天娘家的侄孙。

三个年轻人涉世未深，并不知道皇家有那么多禁忌，他们便在一起议论起二张的专权。没想到，消息很快走漏，传到了张氏兄弟和武则天的耳中。

三个年轻人的厄运从天而降。

得到消息的武则天下诏，勒令李重润、李仙蕙、武延基在家中自杀了断。

由此可以看出，武则天的心有多狠，这三个人中，李重润是她的亲孙子，李仙蕙是亲孙女，武延基是她的侄孙同时是她的孙女婿，就是这样亲密的关系，她依然勒令三个年轻人自杀。

君心似海，武则天的心更似吞噬一切物质的宇宙黑洞。

遭此重大打击，太子武显没有任何表示，跟弟弟武旦一样，他表现得若无其事。其实，他的心比谁都痛，因为李重润是他和韦氏之间唯一的儿子，他对这个儿子格外看重，日后是要继承大统的。而现在，这个儿子却死于自己的母亲之手，武显心中的痛已经无法用语言形容。

尽管痛，却只能埋在心里。

一年后，强忍悲痛的武显与弟弟武旦、妹妹太平公主一起，做了一件违心的事：上疏母亲武则天，请求给张昌宗晋封王爵。

这是武显和武旦最不愿意做的事，然而为了自己的生存空间，兄妹三人还是要去做这件令他们难堪的违心事。

没想到，第一次上疏居然遭到了母亲的拒绝。

兄妹三人决定继续上疏，几天后他们再次上疏，强烈要求晋封张昌宗王爵，这一次武则天答应了，不过打了一个折扣，王爵太扎眼了，还是公爵吧。

随后武则天封张昌宗为邺国公，武显兄妹"得偿所愿"。

显然，此时朝中的矛盾已经发生转移，已经由原来的武氏势力与李唐皇族的矛盾，转移成李唐皇族和张昌宗张易之兄弟的矛盾，而对于李唐皇族而言，这段时间，便是黎明前的黑暗。

魏元忠

身处黑暗之中，要么同流合污，要么特立独行，要么与之抗争。在武则天放权给张氏兄弟的日子，左台大夫（中央总监察官）魏元忠成为与张氏兄弟抗争的人。

说起魏元忠，他成名很早，早在他还是太学生时，就因为上疏言事得体被皇帝李治看重，后来在平定徐敬业叛乱时，他也有功劳，正是他建议采取火攻，一举击败了徐敬业的叛军。进入酷吏横行的时代，魏元忠的日子不好过了，在与张昌宗、张易之对抗之前，他曾经被判过三次死刑。

魏元忠第一次被判死刑，是因为酷吏周兴的诬告，他被判处了死刑，幸好之后死刑又改判为流刑，魏元忠躲过第一劫。

魏元忠第二次被判死刑，是因为酷吏来俊臣。他再次被判处了死刑，而且已经被押解到了法场，最后时刻武则天赦免的诏书来了，诏书还没到，传诏人的声音先到。别人听到赦免的消息后，立刻跳了起来，魏元忠依然不动，他说："还不知道真假呢，等诏书公布了再说。"

使节抵达之后，魏元忠说："请您公布诏书。"

使节照本宣科地读完诏书，魏元忠三拜九叩，然后起身，脸上毫无表情，在别人诧异的眼神中扬长而去。

魏元忠的第三次被判死刑，是因为目不识丁的酷吏侯思止。他被侯思止打进了大牢，捆住了双脚，然后拽着绳子，在地上倒拖着走。

沦落到这步田地，魏元忠依然保持幽默："唉，我只不过是运气太差，从驴身上摔下来了，脚还挂在镫子上，却还要被畜生拖着走。"

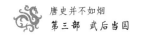

魏元忠没疯，侯思止疯了，他加快了倒拖的速度。

这时魏元忠大吼一声："侯思止，你想要我的头就拿去，何必还逼着我承认谋反！"

就这样，魏元忠被判处了第三次死刑。

不过他是属猫的，不久他跟狄仁杰一起被放了出来，只是再次被贬而已。

武则天对这只叫魏元忠的猫产生了兴趣，一次宴会上，武则天对魏元忠说："你三番两次被判死刑，到底是什么回事？"魏元忠幽默回应："臣就是一只梅花鹿，酷吏们三番两次想割我的肉做肉汤，我有什么办法？"

一句笑话便跟过去的不愉快告别，也给武则天留下了深刻的印象，魏元忠功力了得。

后来在多人的推荐下，魏元忠得到了武则天的信任，一路升迁到左台大夫，不过也由此遭遇了人生中的第四次险情。

魏元忠这一次的对手是张昌宗和张易之，较之以往的三个酷吏，这两个人更难对付。

魏元忠原本就与张昌宗有仇，而且是很深的仇。

张昌宗的弟弟张昌仪借着兄长们的势力非常狂妄，身为洛阳县令却经常不经允许便直闯洛州卫戍区总司令部的长史办公室，按照规定，原本他应该在外面等待召唤。

张昌仪一直保持着这个习惯，一直保持到魏元忠出任洛州长史。

这一天，张昌仪依旧直闯长史办公室，他发现办公室里换了一张新面孔，这个人就是魏元忠。就在张昌仪准备与魏元忠搭话时，魏元忠站了起来，一声大喝把张昌仪震住了，然后把他赶了出去。

以后不听召见，不准进来！

这是魏元忠给张昌仪立下的规矩。

张氏兄弟把魏元忠记在了心里，这个人是不给他们面子的人。

不久，张氏兄弟把魏元忠这个名字又记了一遍，因为魏元忠逮捕了他们在外行凶的家奴，然后活活打死了。

打狗还得看主人，魏元忠这是打狗给主人看。

张氏兄弟的忌恨又加了一层。

后来，张氏兄弟的忌恨再加一层，因为魏元忠又一次没有给他们面子。

有再一再二，没有再三再四。

这句话放在魏元忠的身上并不合适，在不给张氏兄弟面子的道路上，魏元忠越走越远。

本来武则天准备把张昌宗另外一个弟弟张昌期擢升为雍州长史。武则天提名张昌期后，其他宰相立刻表示同意，然而魏元忠说，我反对。

魏元忠单独觐见了武则天，给出了自己的反对意见："张昌期只是个愣头青，当岐州刺史时，百姓都跑光了，可见他没有能力。雍州长史是重要职务，怎么能交给这样的人呢？"

武则天无奈，只能放弃了委任张昌期的念头。

如果仅仅是反对张昌期升官，或许张昌宗还不会对魏元忠下死手，然而不久之后，魏元忠再次觐见了武则天，这次觐见让魏元忠与张昌宗的矛盾再也不可调和。

魏元忠对武则天说："臣从先帝在时就一直承受国家的恩德，可是我身为宰相，不能忠于职守，让一些无耻之徒萦绕在陛下身边，这是我作为宰相的过错。"魏元忠说完，武则天很不高兴，张昌宗、张易之很不高兴，后果自然非常严重。

不久，张昌宗的诬告不期而至：魏元忠与太平公主府中的高戬密谋说，皇帝已经老了，不如拥立太子继位，那样富贵才能长久。

张昌宗的诬告一下子扎进了武则天的心窝，"太子继位"已经成为她的炸点，尽管她已经确认武显为太子，但是一想到太子继位，她的头皮就会发炸。这是她不愿意想、也不愿意看到的事情，虽然不可避免，但在有生之年，她不想看到。

现在魏元忠居然有这样的密谋，武则天一下子狂怒起来。

为了坐实魏元忠"拥立太子继位"的事实，张昌宗还安排了一个托，这个托便是李隆基时期的著名宰相张说，当时他还是凤阁舍人（立法官）。

张昌宗交给张说的任务很简单：你就说你亲耳听到魏元忠说过那样的话。

作为回报，张昌宗承诺，事成之后，给他一个更高的官职。

张说同意了，他知道张昌宗说得到就办得到。

张昌宗放心了，他把已经下狱的魏元忠拉到了武则天面前，然后通知张说前来当面对质。

魏元忠一看张说，当时便吃了一惊："张说，你要跟张昌宗他们一起陷害我，是不是？"张说不以为然地看了魏元忠一眼："魏元忠身为宰相，怎么说话跟市井小民一样！"

张昌宗顾不上看两人斗嘴，忙催着张说，让他赶紧发言。

张说悠悠地看了张昌宗一眼，开始发言："陛下请看，在陛下面前，张昌宗都把我逼成这样，可以想象他在外面的气焰有多嚣张！其实我没有听到魏元忠说那些话，是张昌宗逼我来做伪证，陷害魏元忠。"

张昌宗傻眼了，自己被张说耍了，他不是来补台的，而是来拆台的。

张昌宗索性一不做二不休，喊道："张说和魏元忠一起谋反。"

问题大发了。

张说不慌不忙问道："你的证据呢？"

张昌宗整理了一下思绪，说："张说曾经形容魏元忠是伊尹、姬旦，伊尹罢黜太甲，姬旦更是自己代理大王，这不是谋反的言论是什么？"

张昌宗以为自己这一句话就把张说逼到了墙角，没想到张说借力打力，反戈一击打得他鼻青脸肿。

张说正色道："张昌宗、张易之这对兄弟啊，真的是不学无术，你们只知道伊尹和姬旦的名字，却不知道实质。伊尹和姬旦古往今来都是贤相的典范，身居高位，心怀忠诚，陛下任用宰相不正期待宰相们向这两位贤相学习吗？陛下，其实我心里很明白，今天如果迎合张昌宗，我就能马上升官，我没有迎合他，他就说我谋反，很有可能屠我全族。但我更害怕诬陷魏元忠后，他的阴魂会来纠缠我，所以我不敢做伪证。"

眼前的一幕已经演变成闹剧，武则天压抑不住内心的愤怒，她为张昌宗的无知感到丢脸，又为张昌宗被张说戏弄愤愤不平，索性将怒火发到了张说身上："张说反复无常，把他押下去和魏元忠一起审问。"

然而心底无私的人，天地总是会宽的，经历多次审问之后，张昌宗还是没有找到魏元忠和张说谋反的证据，只能草草收场。

魏元忠被贬为从九品的高要县尉（今广东肇庆），张说和高戬则被流放岭南，张昌宗导演的闹剧便这样收了尾。

魏元忠前往高要之前，他跟武则天又见了一面。如果武则天这次能听进魏元忠的劝告，或许就会避免日后的兵变，可惜，武则天没有听进去。

魏元忠不卑不亢地说："臣已经老了，这次前往岭南，恐怕是九死一生，不过陛下将来定有想起我的时候。"

武则天不解，问道："为什么？"

魏元忠指着侍立在武则天身边的张昌宗和张易之说："这两个小子，迟早会惹出祸的！"张昌宗和张易之连忙给武则天跪下，大呼冤枉，魏元忠不为所动，站在一旁冷眼旁观。

武则天看了魏元忠一眼，冷冰冰地说了一句："魏元忠，你可以走了！"

两年后，武则天果然想起了魏元忠，他的话，果然应验了。

得意忘形

穷人暴富，得意忘形，这两句话用在张昌宗和张易之兄弟身上，非常合适。

如果兄弟俩是有心机的人，或许还会有些许收敛，然而，性格决定命运，两个同样张扬的人选择了及时行乐、享受生活，于是便一步一步接近自己的坟墓。

在接近自己坟墓的同时，他们一度感觉良好，因为他们身边围绕着一批让他们心情愉悦的人。

曾经有一则经典的手机短信这样写道：一个单位里的人，就如同爬在同一棵树上的猴子，下面的人看到的永远是上面的人的屁股，而上面的人看到的永远是下面的人的笑脸。

现在张昌宗和张易之兄弟只需要看武则天一人的屁股，而回过头去，迎接他们的几乎都是笑脸。

御史中丞宋璟却是少数几个不给张昌宗、张易之笑脸的人。

在一次宫廷宴会之上，身为奉宸令（内宫亲卫管理官）的张易之位置在宋璟之上，不过张易之一直对宋璟比较敬畏，因而做出礼让的姿态，请宋璟坐自己的位置。

张易之说："先生是当代第一人，怎么能坐在我的下首呢？"宋璟平静地回应道："我的才识和能力都很一般，张卿却认为是第一，什么原因？"

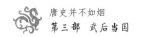

就在这时，天官侍郎（文官部副部长）郑杲走了上来，对着宋璟说道："宋先生怎么能称五郎为卿呢？"

这里需要解释一下，"卿"在唐代是有其特殊使用背景的，一般用于官职高的人称呼官职低的人，而"郎"用于身份卑微的人称呼身份高贵的人，比如奴仆称呼主人。

郑杲如此问宋璟，便是觉得宋璟对张易之不够尊重。

这时宋璟表现得依然平静，他对郑杲说："就官位高低，我是御史中丞，正四品，他是奉宸令，从六品，难道我不应该称他为卿吗？倒是你，你不是张易之的家奴，为什么要称他为郎呢？"

闻听此言，郑杲面红耳赤地走开了，旁边的官员都为宋璟捏一把汗：按官位而言，宋璟确实可以称张易之为卿，然而张易之的背后可是当今皇帝，得罪张易之便是得罪皇帝。

宋璟没有再看张易之，自顾自地坐到了自己的位置上，张易之尽管恨得牙根发痒，也只能暂且按下不表。

也幸亏宋璟有才，武则天比较爱惜，不然，几个宋璟也不够张易之收拾。

除了宋璟，朝中有骨气的官员实在不多，多数官员都向张昌宗和张易之摇尾乞怜，中书令杨再思就是其中的典范。他不仅奉承张昌宗和张易之，对二人的兄弟照样恭敬无比。

司礼少卿（祭祀部副部长）张同休是张易之的哥哥。曾经有一次设宴款待朝中高官，酒至半酣，张同休开起了杨再思的玩笑："哎，我怎么看杨先生的长相像高句丽人呢？"

高句丽在唐代被视为蛮夷，相比于唐人要显得略低一等，张同休这么说便是拿杨再思开涮，正常的人是接受不了的，这相当于人格侮辱。

杨再思"腾"地站了起来。

他随即用纸剪了一个帽子，扣在了自己的头上，然后把自己的三品紫色官袍脱下来反穿，在宴会上跳起了高句丽舞蹈，出席宴会的人看到杨再思如此滑稽纷纷大笑，张同休笑得格外开心。

跳完之后，杨再思回到座位上，这时有人奉承张昌宗长得清秀，说道："六郎面庞很像荷花。"杨再思接过话头："哎，怎么能说六郎面庞像荷花呢？要我看，却是荷花像六郎。"

人可以无耻，但不能无耻到这个地步。

试想，连中书令都无耻到这个地步，其他朝廷官员对于张昌宗、张易之兄弟会奉承到什么地步？

就此，张氏兄弟产生了错觉，他们以为眼前的一切都是应得的，他们配得上这样的场面。

真的配得上吗？

兵变前奏

公元 704 年，武则天八十岁，这一年她患病了，而且病得很严重。

形势就此微妙起来。

在武则天患病期间，宰相们已经连续几个月不能见到她，只有张昌宗和张易之兄弟往来传令，他们负责照料武则天的起居。

朝中上下对此议论纷纷。

天官侍郎崔玄暐在武则天病情稍缓时上了一封奏疏，奏疏中写道："皇太子和相王仁慈聪明，孝顺友爱，他们足以侍候陛下起居。况且皇宫事关重大，还是不让外姓人出入为好。"

崔玄暐的意思很明确，就是让武则天信任自己的两个儿子，而不是一味宠信张昌宗和张易之，毕竟儿子比外人还是更值得信任的。

然而奏疏没有取得实质性的效果，武则天只是淡淡地回应道："知道了，我理解你的厚意。"

就此按下不提。

武则天为什么宁可信任张昌宗、张易之，也不信任自己的儿子呢？

因为她心里有鬼。

总共四个亲生儿子，老大李弘莫名其妙地死掉，老二李贤被她勒令自杀，老三李显被她拘押了十四年，老四李旦被她放在冷板凳上冷了十四年。四个儿子在她的手上都过着狼狈不堪的生活，换作是你，你敢将自己晚年的生活交给儿子吗？

在中国古代，凡是皇帝病重便是政治动荡的临界点，现在武则天病重，张

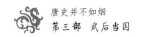

昌宗和张易之掌权，大周王朝的政治到了变革的临界点。

洛阳城上空的空气由此紧张了起来。

一方面张昌宗和张易之终于看到了自己末日的来临，他们意识到武则天将要不久于人世，他们想提前有所准备；一方面拥护李显的人也在忐忑不安，尽管李显已经是皇太子，然而连武则天的面都见不到，谁知道将来会发生什么？即使张昌宗和张易之不作乱，别忘了还有一个武三思呢，万一武则天临终变卦，把皇位传给武三思怎么办？

无数种猜测，无数种结局，究竟该怎样走出目前的困局呢？

忠于李显的官员们开动起脑筋，他们想利用规则，把张昌宗和张易之从武则天的身边赶走。

不久他们找到了机会，有人举报张昌宗曾经找法术师李弘泰看过相，而且准备在定州建造佛像，期待卦象灵验。

这个举报非常致命，如果属实，张昌宗的不臣之心已经跃然而出。

得到消息的武则天命凤阁侍郎（即中书侍郎）韦承庆、司刑卿崔神庆、御史中丞宋璟联合调查。没想到这次调查，三个人分成了两派，韦承庆和崔神庆是挺张派，宋璟是倒张派。

经过调查，韦承庆和崔神庆的结论是这样的：张昌宗确实看过相，不过已经禀告过皇上了，按照自首免刑原则，免予处罚，法术师李弘泰妖言惑众，应该法办。

这是放过阎王，拿小鬼顶罪。

御史中丞宋璟并不这样认为，他坚决地抓住了张昌宗这个阎王，给武则天上了一道奏疏："张昌宗已经得到陛下的宠爱，还要去看相，意欲何为？根据李弘泰的交代，张昌宗卜卦的结果是纯乾卦，天子之卦。如果张昌宗认为李弘泰妖言惑众，为什么当时不抓李弘泰送交官府？现在虽然张昌宗奏报圣上，但其依然居心叵测，需要继续追查。"

奏疏上去之后，武则天没有反应。

宋璟继续上奏，武则天依然维护着张昌宗，相反还要调宋璟去外地查案，将张昌宗案无限期搁置。

武则天的安排被宋璟拒绝了，宋璟还在顽强地坚持着。

与此同时，司刑少卿桓彦范也上疏武则天，要求严办张昌宗，还是被武则天拒绝了。不久之后，在宋璟的坚持下，武则天终于同意将张昌宗下狱，接受宋璟的审问。

胜利似乎只有一步之遥。

只是别高兴得太早。

就在宋璟对张昌宗开始审问不久，武则天的圣旨到了，赦免张昌宗，召张昌宗进宫面圣。闹了半天，人家是逗你玩呢。身为御史中丞的宋璟只能不断叹息：只恨没早点把那个小子的脑浆打出来，又让他给跑了。

事情发展到这一步，文斗已经陷入绝境，能够解决问题的只有兵变。

兵　变

不在沉默中爆发，就在沉默中死亡。

现在八十岁的张柬之选择爆发。

在张柬之的组织下，一些人为了同一个目标走到一起来，这些人包括秋官侍郎（司法部副部长）张柬之、天官侍郎（文官部副部长）崔玄暐、中台右丞（国务院副秘书长）敬晖、司刑少卿（最高法院副院长）桓彦范、相王府司马袁恕己，他们共同组成了兵变的核心。

五个人定下兵变计划之后，张柬之又找到了一个人，这个人对于兵变能否成功至关重要。

这个人便是右羽林军大将军李多祚。

李多祚其实不是汉人，他原本是一位靺鞨酋长，后来归顺唐朝，因为屡立战功深受李治和武则天的赏识，辗转升迁到右羽林军大将军，负责守卫皇宫。在之前的接触中，张柬之知道李多祚非常重感情，言语之中经常提及李治对自己的恩德，思慕之心溢于言表，张柬之由此认定，这是一个心向李唐王朝的人。

张柬之找到李多祚，双方交谈了起来。

张柬之问道："将军归唐多少年了？"

李多祚回应说："三十多年了。"

张柬之继续问道："将军钟鸣鼎食，尽享富贵，这些富贵是谁给你的？"

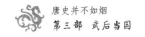
李多祚感慨地说道:"当然是先帝。"

张柬之抓住机会启发道:"现在先帝的两个儿子受姓张的两个小子欺负,难道你不想就此回报先帝的恩德吗?"

李多祚顿时明白了张柬之的意思,立刻说道:"只要有利于国家,听从宰相您的指示,不会再顾虑自己的妻子儿女。"

张柬之满意地点了点头,好,兵变已经成功了一半。

有了李多祚的加入,再加上原来左右羽林军中已经安插进杨元琰、敬晖、桓彦范、李湛,张柬之手中已经有了一支成形的兵变部队。

一切准备就绪,桓彦范和敬晖秘密进见了李显,李显同意了。

公元705年正月二十二日,兵变正式开始,张柬之兵分两路:一路由他和崔玄暐、桓彦范带领,直扑玄武门;一路由李多祚、李湛以及李显的女婿时任东宫内直郎的王同皎带领,前往东宫迎接李显。

关键时刻,李显又犹豫了,他还是有些害怕。

如果李显犹豫不出,张柬之的兵变便师出无名,很有可能无疾而终,或者中途失败,只有李显这个皇太子出面,兵变才能师出有名,而现在他犹豫了,不想出头。

这时,李显的女婿王同皎站了出来,对李显说道:"先帝把江山社稷交给殿下,不料殿下被无端废黜,对此人神共愤,至今已经二十三年了。今天禁军和高官都行动了起来,同心协力,诛杀暴徒,光复李唐社稷,还是请殿下前往玄武门,满足人们的愿望。"

李显还是有些为难:"暴徒是该诛杀,可是皇上身体欠安,可别惊动了她,我看各位不妨还是往后推一推吧,以后再谋划。"

一旁的羽林将军李湛急了,他急切地对李显说:"各位将军和宰相不顾家族安危,冒着家族被屠的危险起事,就是为了光复李唐社稷,殿下这么说,就是要把他们往油锅里推。如果要阻止他们,还是陛下亲自出面吧。"

李湛一句话点醒了李显,箭在弦上,不得不发,现在不是你犹豫不决的时候,必须当机立断。李显终于下定了决心,他也厌倦了这种提心吊胆的日子,今天该作个了结。

在李湛等人的拥护下,李显来到了玄武门前,张柬之一直提着的心终于放下了,兵变正式开始。

张柬之一声令下，兵变士兵向守卫玄武门的守军发起攻击，由于事发突然，守军猝不及防，没费多大劲，兵变部队便冲破了玄武门，直冲武则天居住的迎仙宫。

在迎仙宫长生殿的长廊下，闻讯而出的张昌宗和张易之与兵变部队遇个正着，张柬之不跟他们废话，直接下令乱刀砍死，两位倾国倾城的面首便这样香消玉殒。紧接着兵变部队包围了长生殿，被惊醒的武则天坐了起来，抬眼一看，迎面走来的是张柬之等人。

武则天急切问道："何人作乱？"

张柬之回答道："张易之、张昌宗谋反，臣等奉太子之令诛之，恐有漏泄，故不敢提前奏报。臣在禁宫中调动部队，罪当万死！"

武则天的心被狠狠地扎了一下，她意识到，自己遭遇了逼宫，她一直担心的事情，还是发生了。

武则天往张柬之的身后一看，看到了自己的儿子李显。她对李显说道："原来是你啊！现在暴徒已经诛灭了，你可以回东宫了。"

武则天在作最后的挣扎，她把宝押在儿子的软弱上，她知道这个儿子怕自己如同老鼠怕猫，如果能把他诈回去，自己还能赢得转机。

空气凝重了起来，武则天看着李显，李显也看着武则天。软弱的李显不知道何去何从，他又陷入犹豫之中，到底是走，还是不走呢？

如果李显就此返回东宫，此次政变就会徒劳无功，而参与政变的人都会遭到武则天的清算，李显明白这个道理，旁边的兵变士兵更是心知肚明。

千钧一发之际，司刑少卿桓彦范站了出来，对武则天说道："太子不能再回东宫。昔日先帝将爱子托付给陛下，现在太子年龄已经很大，却长久居住东宫，天下百姓都心向李家，朝廷官员更是不忘太宗和先帝的恩德，所以才拥护太子，诛杀奸贼。但愿陛下将皇位传给太子，以满足天下人的愿望。"

图穷匕见，水落石出，逼宫之意最终由桓彦范和盘托出。

武则天心里叹息一声，有太多不舍，但已经无可奈何，她把持多年的权柄终于要彻底交出了。她用眼扫视了一圈，想看看究竟有哪些人参与了这场逼宫，是不是自己曾经得罪过这些人。她惊讶地看到了李义府的儿子李湛："你也是参与兵变的将军？我对你们父子不薄啊，今天你这样对我！"

李湛闻言，躲到了一边。

接着武则天看到了天官侍郎崔玄晖："别人都是经过他人推荐当上宰相，你可是我亲手提拔的，你今天居然也在这里。"

崔玄晖没有像李湛一样躲到一边，相反他平静地对武则天说："我今天这么做，正是为了回报陛下的恩德。"

武则天顿时明白了一个成语：自作自受。她意识到，自己的时代结束了，结束在自己的儿子之手。

或许，也该结束了。

与武则天时代一起结束的还有张昌宗、张易之兄弟的富贵。在张昌宗和张易之被乱刀砍死之后，他们的兄弟张同休、张昌期、张昌仪也被斩首，兄弟五人的头颅被挂到洛阳的南洛水桥南岸公开示众，曾经富贵到顶，现在落魄到家。

出来混的，迟早要还的。

一天后，武则天下诏，令皇太子李显监督国政，同时赦免天下。

两天后，武则天下诏，将皇位传给皇太子李显。

三天后，五十岁的李显登基称帝，成为中国历史上少有的两次登基称帝的皇帝。岁月无情，此时距离他上次登基称帝已有二十二年。二十二年放在历史长河中只是短短一瞬，然而放在李显身上，却是整整二十二年的天差地别、冷暖自知。

无 字 碑

2008年北京奥运会上曾经有这样一幕：

柔道女子78公斤以上级决赛只剩最后的15秒，中国运动员佟文以1:10落后，如果这个比分保持到终场，日本运动员冢田真希就将获得冠军，在这个项目上实现卫冕。然而就在此时，佟文主动进攻，以一个漂亮的一本将冢田真希摔倒在地。

佟文赢了，冢田真希在最后的15秒输掉了卫冕的梦想。

在佟文兴奋地一跃而起时，冢田真希一抬头，眼神里流露出失败者写不尽的落寞。

成功与失败，有时就是在那短短一瞬间。

现在，武则天就是倒地的冢田真希，而李显便是一本成功的佟文，人们都去关注胜利者的喜悦，已经没有人再去关注失败者的落寞。

很多对历史不了解的人都会有这样的错觉：在遭遇逼宫后不久，武则天就死了。

其实不然，遭遇逼宫之后，武则天还活着，而且足足活了十个月，百感交集的十个月。

兵变后第四天，武则天被从长生殿转移到上阳宫，此时她不再是高高在上的女皇，只是一个遭到软禁的前任女皇，负责看守她的便是被她呵斥的羽林将军李湛。

在武则天移宫的过程中，多数人无动于衷，冷眼旁观，他们的精力已经集中到新任天子李显身上，对于这个过期女皇，他们已经不感兴趣了，因为她已经过了保质期。

并非所有人都喜新厌旧，还是有一个人痛哭出声，这个人就是太仆卿姚崇。

对于姚崇的痛哭，张柬之和桓彦范很不满意，大家高兴都来不及，你怎么还哭呢？姚崇回答说："我曾经长时间侍奉皇帝，今天看到她这样，心里也很难过。前些日子追随你们诛杀奸贼是做臣子的大义，今天告别昔日君主也是臣子大义，即便被认为犯罪，我也不后悔。"

尽管姚崇表示不后悔，可是他很快为此付出了代价。

当天，他被贬出洛阳，出任亳州刺史。

让你不后悔！

然而人生的祸福其实没有定数，这次被贬出洛阳反而成就了姚崇，让他躲过了武三思的清算，日后当张柬之等人遭到武三思的整肃时，姚崇安然无恙，并且一直挺到了李隆基的开元年间，成为名垂青史的名相。

福兮祸兮，福祸其实总是相依。

兵变后的第五天，皇帝李显率领文武百官前往上阳宫，为武则天奉上尊号：则天大圣皇帝。这便是武则天的由来。

"则天"是什么意思呢？

则天，效法于天地法则之意，其实是指武则天顺应天意民意将皇位传给

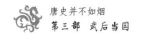

李显。

真是则天吗？

如果比照现代惯用的"被增长""被自杀""被代表"，武则天其实也是"被则天"。

与"则天大圣皇帝"有异曲同工之妙的还有一个，便是李渊的尊号。

唐高宗李治曾经给爷爷李渊奉上尊号：神尧皇帝。"尧"，意思是说，李渊有尧一样的美德，主动禅让了皇位。其实李渊跟武则天一样，都是被动的，武则天是"被则天"，李渊是"被尧"。

无论是主动"则天"也好，被动"则天"也罢，武则天的时代都已经结束了，在她被逼宫到最后去世的十个月中，发生了很多事情。

在这十个月中，太子李显继位，然后每隔十天前往上阳宫探视。

在这十个月中，李显恢复了李唐王朝，武则天一手开创的大周王朝在无声无息中覆灭。

在这十个月中，李显将郊外祭祀、祖庙祭祀、官员名称全部改回公元683年时的旧称，同时将首都从洛阳迁回长安。

武则天的痕迹正在渐渐消除，她也在渐渐被人遗忘。

回望来时的路，武则天的路配得上波澜壮阔。从公元637年到公元705年，她用68年的时间在李唐王朝的上空画了一个圈，公元637年她还只是十三岁的少女，公元705年她已经是风烛残年的八十一岁老人了。

过去的一幕幕不断在她的脑海中闪回：有公元637年的进宫，有公元651年的二进宫，有与王皇后、萧淑妃后宫争宠的一幕幕，也有与李治同治天下的日日夜夜，更让她刻骨铭心的是公元690年九月九日的登基称帝，她做到了前无古人的事情，至于是否后无来者，已经不是她关心的事情了。

恺撒说，我来了，我看到了，我征服了；或许武则天会说，我早做到了。

该如何评价武则天的一生呢？

或许一串数字可以略见一斑：

在武则天逝世这一年，全国总户数达到615万户，人口3714万，无论是比太宗的"贞观之治"还是高宗李治统治的末年，这个数字都有大幅提高。

或许一些开天辟地的事情可以略作说明：

科考在武则天时代开始真正兴旺；

考试糊名防止作弊从武则天开始；

殿试考生由武则天开始；

这些还只是武则天所有事迹的冰山一角。

公元 705 年十一月二十六日，前无古人、后无来者的女皇武则天在上阳宫去世，享年八十一岁。

她在遗诏里对后事作如下安排：去帝号，称则天大圣皇后。王、萧二族及褚遂良、韩瑗、柳奭亲属皆赦之。

同时，武则天诏令在自己的身后要立一块碑，无字碑。

有人说武则天立无字碑是因为狂妄，她自认为自己的功绩已经无法用文字书写；有人说武则天立无字碑是因为纠结，她不知道自己的一生究竟该如何总结；有人说武则天立无字碑是因为心计，她故意留下无字碑，让千古风流任后人评说；有人说武则天立无字碑并非本意，是中宗李显发泄对母亲的怨恨，故意立碑却不写已经拟好的碑文；有人说，这是一个开天辟地、名垂青史的女皇；有人说，这是一个蛇蝎心肠、手中沾满他人鲜血的恶毒女人。

千人千面，一千个人心中就有一千个哈姆雷特，同样，一千个人心中就有一千个武则天。

如今，洛阳的龙门石窟有一尊卢舍那佛，相传是武则天捐资建造，相传建造大佛时工匠在心中把武则天当成了模特。

如果这一切属实，有机会可以去一趟龙门石窟，看一看卢舍那佛，看一看，你能看到武则天的哪张脸。

第十六章　暗流涌动

有 赏 有 罚

兵变成功，参与的人得到了封赏。

张柬之升任夏官尚书（国防部部长），崔玄暐升任内史（最高立法长），袁恕己参预政事，敬晖、桓彦范出任纳言（最高监督长），以上五人全部晋封郡公。

李多祚被封为辽阳郡王，王同皎升任右千牛将军，李湛升任右羽林大将军，封赵国公，其余参与官员全部论功行赏。

有赏的自然便有罚的，殿中监（宫廷总管）田归道便是其中的一个。

说起来，田归道其实挺冤，他的冤在于对政变并不知情。

当时田归道率领千骑卫士营驻防在玄武门，事前没有参与预谋，他不知道兵变即将发生，也不知道兵变到底是支持谁，因此当参与政变的敬晖向他索要千骑卫士营时，他拒绝了。

这次拒绝，让田归道惹上了麻烦，兵变之后，敬晖要处死他。

田归道心里不服，也很委屈，便据理力争，然而争执到最后，还是被免除官职，打发回家。

就在田归道心灰意冷准备安心当一介布衣时，意外出现了，李显居然又将他召回，委任为司仆少卿（畜牧部副部长），理由是他不畏强权，关键时刻能够据理力争。

从这个任命来看，李显的脑袋有些糊涂，仅仅据理力争就是看重田归道的理由？

其实依我看，应该褒奖田归道的拒绝，这次拒绝其实是一个不知情臣子的本分，这是在忠于职守，而忠于职守是应该嘉奖的。

仅仅从这次嘉奖来看，李显是个没有领导能力的人，一个滥好人而已。

不过，即使李显是个滥好人，有些人他还是不想放过的。

在李显继位后不久，凤阁侍郎韦承庆被贬为从九品的高要县尉，正谏大夫房融被开除官籍，流放高州，司礼卿崔神庆被流放钦州，这些人都是当年依附张昌宗和张易之的人，现在他们的树倒了，猢狲也该散了。

模 仿 秀

公元705年二月十四日，李显向自己的妻子韦氏兑现了自己当初的诺言，他终于咸鱼翻身，而他的妻子也将与他共享富贵，同时不受拘牵。

这一天，李显封韦氏为皇后，追赠韦氏的父亲韦玄贞为上洛王，韦氏的母亲为上洛王妃。

追赠诏书一出，舆论哗然，此前曾经有武则天追赠武士彟为太原王的先例，现在当朝皇帝居然又追认岳父为上洛王，这本身就不符合规矩。因为历代王朝很少封外姓为王，更何况是对王朝没有任何功劳的韦玄贞。

对此，有人上疏建议，韦皇后应该主动辞让，以彰显自己谦虚的美德。然而奏疏上去了，如泥牛入海，李显不作回应，韦皇后更是心安理得。

以追赠上洛王为起点，心比天高的韦皇后开始了以婆婆武则天为原型的模仿秀，她不想再做平淡的女人，她也想做武则天那样的女人。

榜样的力量。

从李显登基之后，韦皇后便开始复制武则天的道路，而且起点比武则天高，她跳过了代为批改奏章的环节，直接到了"垂帘听政"的环节。

每次上朝，李显在前，韦皇后在后，中间设置帷帐，两人共坐于金銮大殿，李显对此习以为常，韦皇后同样心安理得，于是两圣临朝在李治和武则天

之后再次出现。

纳言桓彦范不干了，他首先表示反对，他给李显上了一道奏疏：这是"牝鸡司晨"，以阴御阳，违反天意，以女欺男，则违反人意，希望韦皇后退回后宫。

李显照样不理，又一头泥牛入了海。

要说韦皇后的模仿秀也很怪，她几乎模仿了武则天的各个环节，武则天有一位交往密切的薛怀义和尚，她同样有一个交往密切的和尚，这个和尚叫慧范。

原本慧范投靠的是张昌宗和张易之，不过同时与韦皇后保持着联系，算是脚踏两只船。后来张昌宗那条船没了，慧范就认定了韦皇后这条船，韦皇后也投桃报李，对外宣称慧范在诛杀张昌宗的过程中有功，因功擢升为从三品的银青光禄大夫，封上庸县公（天知道慧范立过什么功）。

桓彦范又忍不住了，他再次上疏，请求诛杀旁门左道的慧范，然而又遭到了李显的冷处理，海里又多了一头泥牛。

到此时，桓彦范才发现，要想让这个皇帝听进去点建议，还真难。

隐　患

论功行赏，普天同庆，众人沉浸于成功的喜悦之中，然而在喜悦的背后，其实还有隐患，最大的隐患便是武三思。

众所周知，武三思是武氏势力的代表，虽然武则天已经交出了皇位，但是武三思还在，只要这个人在，必定国无宁日。

最先看透潜在危险的是洛州长史薛季昶，早在逼宫武则天时，薛季昶就想到了武三思。在他看来，武则天和武三思就是射进李唐王朝的一支箭，逼宫武则天只是将这支箭的箭杆剪断，而武三思这个箭头依然留在王朝的体内，如果不除，迟早是祸患。

诛杀完张昌宗和张易之，薛季昶马上找到张柬之和敬晖说："二凶虽除，吕产、吕禄犹在，去草不去根，终当复生。"

薛季昶指的吕产、吕禄就是武三思等人，他的意思是索性一鼓作气，把武三思收拾掉。

然而他的建议没有被张柬之和敬晖采纳，张柬之他们以为大事已定，武三思不过是砧板上的肉，还能做什么呢？再说杀的人已经够多了，多杀没有好处。

眼看自己的建议不被采纳，薛季昶叹息说："我不知道自己会死在哪里了！"

在薛季昶之后，还有一个人看出了隐患，这个人是朝邑县尉刘幽求。在后来的岁月里，刘幽求曾经跟随李隆基参加了两次政变，都获得了成功，这说明刘幽求这个人眼光很独到，能看到别人看不到的东西。

刘幽求对桓彦范和敬晖说："武三思还在，你们这些人就注定死无葬身之地。如果不早点动手，后悔就来不及了。"桓彦范和敬晖依然不为所动，他们以为自己已经胜券在握，武三思这个落水狗还能折腾出什么呢？

有些事情一错过，便是永远。对于桓彦范和敬晖而言，这次错过，就把自己的一辈子搭进去了。

在张柬之和桓彦范这些人的眼里，武三思就是一条落水狗，失去姑姑武则天的庇护，他连条狗都不如。然而令他们始料未及的是，武三思很快活了过来，然后快速地游上了岸，因为他找到了新靠山。

他的新靠山便是炙手可热的韦皇后。

武三思搭上韦皇后这条线，得益于一个人，这个人在唐朝历史上也很有名，上官婉儿。

当年武则天诬陷上官仪谋反，上官仪和儿子上官庭芝一起被杀，而上官庭芝的女儿上官婉儿被罚没入宫，充当宫女。由于出身世家，上官婉儿的素质明显在众多宫女之上，后来便得到了武则天的垂青，成为武则天面前的红人。公元 698 年以后，武则天的很多诏书都是由上官婉儿起草。

等到李显继位之后，他继续留用了上官婉儿，而且进一步，把她正式纳入后宫，成为自己的一名婕妤。如此一来，上官婉儿又成了李显面前的红人。

李显不知道的是，上官婉儿的心里早有人了，这个人就是武三思。两个人一直保持着通奸关系，因此上官婉儿也是武三思的人。

正是通过上官婉儿铺路，武三思与韦皇后接上了头。可能是武三思很有魅力，韦皇后不久便与武三思对上了眼，两人关系发展迅速，已经超越一般关系，最后发展到武三思、韦皇后、李显三人和平相处的地步。

有时武三思和韦皇后一起玩"双陆"（赌博游戏），李显就在一边给他们算筹码，明白人知道他是皇帝，不明白的还以为他是两人的家奴。

事情发展到这一步，张柬之才意识到问题的严重性，再这么发展下去，吃亏的一定是自己。

张柬之开始给李显上疏，要求李显诛杀武三思为首的武氏势力，然而遭到了李显的拒绝；张柬之往后退了一步，要求李显降低武三思等人的爵位，继续遭到拒绝，张柬之就此束手无策。本来在兵变时可以顺手把武三思杀掉，然而张柬之担心有越俎代庖之嫌，毕竟在兵变中李显是真正的领导者，而他只是一个执行者，如果断然杀掉武三思，李显会对自己怎么看呢？

原本是避嫌，留待李显自己处理，没想到最终却是养虎遗患。

想到此处，张柬之经常抚摩座位，不停叹息，有时在愤慨之余居然把自己的手指挖出了血。对于李显，他们有些失望了，而对于自己的未来，也只能走一步看一步了。

在这之后，不断有坏消息传来，李显居然多次前往武三思的家中以示恩宠，曾经被视为落水狗的武三思彻底活了过来。

几个月后，一件令张柬之哭笑不得的事情发生了。

张柬之、敬晖、桓彦范、崔玄暐、袁恕己等人被认定为复辟功臣，赏赐铁券，有此铁券在手，可以免除十次死刑。也就是说，在李显的手下，张柬之他们每人多了十条命。

令张柬之哭笑不得的是，跟他们一样多出十条命的还有一些人，其中便有武三思和武攸暨，他们同样被认定为复辟功臣。

黑白颠倒，是非不分。

如同召开表彰见义勇为大会，见义勇为的人被公开表彰，而与他一起被表彰的居然还有行凶的歹徒。

交　锋

本来是痛打落水狗，没想到落水狗已经爬上了岸，于是正面交锋随之展开。

公元 705 年五月十五日，纳言敬晖率先发难，他率领文武百官上疏李显，要求降低武三思等武氏势力的官爵，以维护国家利益，这个奏疏再次遭到了李显的拒绝。

奏疏被拒绝，敬晖并不慌乱，他知道不能把宝都押在李显身上，关键时刻还是需要自救。

想来想去，敬晖想到了培养间谍，他希望有一个经常接近武三思的人能成为自己的间谍，从而及时反馈关于武三思的消息，自己也好提前准备。

把认识的人在脑海中过了一遍，敬晖最后选定了考功员外郎（文官部考核司副司长）崔湜，他决心把崔湜发展为自己的间谍。

崔湜痛快地答应了下来，然后开始比较敬晖和武三思。

经过比较，崔湜发现，敬晖等人已经没有前几个月红了，现在李显明显跟武三思更亲热，相比之下，武三思更红。

崔湜当即下定决心，跟更红的人走，做一个无间道。

当崔湜将敬晖的用意告知武三思时，武三思吃了一惊，不过他马上反应过来，对崔湜许下了承诺。

不久，武三思兑现承诺，将崔湜由考功员外郎提升为中书舍人，算是给崔湜的见面礼，而这一切，敬晖还蒙在鼓里。

如果仅仅靠一个崔湜，武三思是对付不了张柬之等人的。不久之后，他又意外地迎来了一个怪人，这个怪人先是哭，后是笑，把武三思搞得非常诧异，这是哪来的怪人呢？

怪人的名字叫郑愔，事实证明，武三思扳倒张柬之等功臣，靠的全是他。

说起来，郑愔此时的境遇也不好，或者可以说糟透了。

原本他投靠张昌宗和张易之，做到了殿中侍御史，后来张昌宗兄弟被杀，他作为党羽就被贬到了宣州做司士参军（工务官）。在司士参军任上没干多久，他又因为受贿贪污被审查，为了逃避处罚，他就脚底抹油溜了，一溜就溜回了洛阳，然后藏起来等待机会。

不久，他敏锐地发现，张柬之和武三思之间存在着不可调和的矛盾，他们之间的矛盾，正是自己东山再起的机会，于是便以戴罪之身来给武三思指点迷津。甫一见面，郑愔先是悲切哀哭，后是纵声大笑，弄得武三思心里直发毛，哭什么？又笑什么？

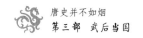

郑愔说:"我刚见大王时哭,是哀叹大王将被诛杀并且全族灭族。后又大笑,是为大王庆幸得到我郑愔的相助。"

郑愔展开了分析,他的分析让武三思冷汗直流。

通过郑愔的分析,武三思发现自己与张柬之等人和平相处已不可能,不是他们死,就是自己死,如果自己不先除去他们,自己就是早上的露珠,随时有可能消失。由此,武三思将郑愔视为心腹,并把他擢升为中书舍人,这样武三思同时拥有了两个智囊,一个是无间道崔湜,一个是怪人郑愔。

在郑愔的指点下,武三思开始出招,而且一出招就很致命。

武三思的招数是隔山打牛、借力打力,隔着韦皇后这座山,打李显这头牛,事实证明,非常有效。

在武三思、韦皇后、李显三人和平相处时,武三思和韦皇后便开始构陷敬晖等人,在他们口中,敬晖等人就成了有恃无恐的权臣,这正好刺中了李显的软弱内心。

在中国古代,兵变就是一把双刃剑,不要以为参与兵变就能得到回报,有时得到的可能是负面的回报,并因此受到君王的猜忌。

试想,兵变本身就是非法事件,今天你能造前任皇帝的反,或许明天就能造现任皇帝的反。因此当武三思指出敬晖等人恃宠专权时,正触及李显的最痒处,这是他一直担心的,也是最害怕的。

那么怎样解决敬晖等人潜在的威胁呢?

武三思给李显支了一招:明升暗降。

五月十六日,武三思的第一次出招获得成功。

张柬之等五人一起由郡公升任为王,敬晖为平阳王,桓彦范为扶阳王,张柬之为汉阳王,袁恕己为南阳王,崔玄暐为博陵王。

封王本是件高兴的事,可是张柬之等人高兴不起来,因为在封王的同时,他们被剥夺了宰相资格,同时规定只有每月的一日和十五日才能进宫朝见,这就意味着他们由之前不可或缺的宰相,已经沦为可有可无的闲人。

武三思的刀已经向他们砍下,而此时的他们已经没有反击机会,余下的时间只能不断躲闪,然而能否躲得开,还得看各人的悟性和造化。

同样参与政变的杨元琰无疑是悟性最高的,他从这次封王中已经看出了武三思的杀机,他果断地选择了自救——出家为僧。决定出家之前,杨元琰找到了敬晖，让他跟自己一起出家，没想到敬晖却跟杨元琰开起了玩笑。

由于杨元琰的胡子比较密也比较长，看起来像胡人，因此敬晖打趣道："出家？别逗了。我要早知道，一定请求皇上，直接剃光你这个胡人的脑袋，那将是多有趣的一件事情！"

杨元琰看着敬晖，有些生气地说："功成名遂，不退则危，我是真心来做这件事的，不是闹着玩的。"

杨元琰的这句话敲醒了敬晖，敬晖呆在原地，不知所措。

不久之后，杨元琰毅然决然地走了，从此跳出三界外，不在五行中。

升　级

交锋已经开始，升级随之而来。

在张柬之等五人封王之后，武三思的杀招继续进行，他要将五王一个一个剪除。

首先被打压的是博陵王崔玄暐，他先被武三思放为益州长史，又被调整到梁州（今陕西汉中）出任梁洲刺史；接下来是汉阳王张柬之，他是自己走的，八十岁的他请求退休回襄州（今湖北襄阳），李显顺水推舟将张柬之委任为襄州刺史，只拿俸禄，不需管事。

时间进入公元 706 年，武三思的打压继续进行，他把敬晖、桓彦范、袁恕己都贬出了洛阳，一一赶到了滑州、洺州、豫州担任刺史。

值得一提的是，此时的桓彦范已经叫韦彦范了，韦皇后将他列入族谱，以示恩宠。

然而所谓的恩宠都是虚的，注定抵挡不了武三思的杀招。

不久之后，武三思继续出招，除张柬之之外，四王再次遭到贬黜。

敬晖被贬为朗州（今湖南常德）刺史，崔玄暐被贬为均州（今湖北丹江口）刺史，韦彦范被贬为亳州（今安徽亳州）刺史，袁恕己被贬为郢州（今湖北京山县）刺史，四个人去的地方有一个共同特点：都是欠发达地区。

这会是四王的终点吗？

不，远远不够。

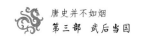

不久，洛阳城发生的一起谋反未遂案又成了武三思打压五王的理由。

这起谋反未遂案是由曾经参与过兵变的驸马都尉王同皎而起。王同皎是李显的女婿，此时正担任光禄卿（宫廷膳食部长），按说他应该对现状很满足，不会与谋反沾边，可惜他偏偏沾了边。

其实，严格论起来，王同皎是忠臣，他策划的不是谋反，而是货真价实的"清君侧"，他想清理的是武三思和为虎作伥的韦皇后。

正是因为武三思和韦皇后不断有绯闻传出，王同皎起了"清君侧"之心，便关起门来策划清理武三思。

本来是神不知鬼不觉的事情，王同皎却大意了，他忘了约定一起起事的张仲之家里多了两条流浪狗，一条叫宋之问，一条叫宋之逊，两人刚从岭南逃回洛阳，被他收留在家中。

随后，宋之问上演了"农夫和蛇"的故事，将王同皎告发，王同皎最终被处死，而宋之问和宋之逊由此平步青云（最终也不得好死）。

本来王同皎的"清君侧"跟五王没有任何关系，然而即便这样，还是被武三思扯上了关系，五王被诬告与王同皎暗中勾结，针对五王的贬黜再次升级。

公元706年六月六日，敬晖被贬为崖州（今海南琼山）司马，韦彦范被贬为泷州（今广东罗定）司马，张柬之被贬为新州（今广东新兴）司马，袁恕己被贬为窦州（今广东信宜）司马，崔玄暐被贬为白州（今广西博白）司马，五王的去处全部属于传统的岭南地区，而且被剥夺了王爵。

在被贬的同时，还有附加条件，五人此时的官职均属于编制外，永远不享有调迁的权利，也就意味着，不出意外，他们的人生就将在这五个地方定格。

同时韦彦范被剥夺了姓韦的权利，又改回来了，还姓桓！

这会是五王的最后结局吗？

还不是。

几个月后，武三思又出招了。

他偷偷地命人将韦皇后的丑闻写到一张纸上，然后把这张纸贴到了人流量最大的洛阳城南洛水桥上，在这张纸的最后还写道，要求将韦皇后废黜。

这一下触到了李显的炸点。

在被拘禁的岁月里，正是韦皇后的支持才让他挺了过来，现在他已经是君临天下的皇帝，他不能容忍任何人对韦皇后的侵犯。

气急败坏的李显下令追查，不久就得出结论：以张柬之为首的五王干的！

真的是张柬之等人干的？八十一岁的张柬之没有那么下三滥，如果张柬之真的能做出那样的事，武三思的脑袋早就搬了几回家了。

这就是一个社会怪状，有原则的人往往路越走越窄，而没有原则、没有道德底线的人路却越走越宽，这到底是为什么呢？

杀　招

韦皇后的丑闻曝光后不久，司法部门匆匆结案，最终认定以张柬之为首的五王需要对此次事件负责。

原本在武三思的授意下，主审此案的官员主张将五人灭族，然而新的问题来了，张柬之他们有免死铁券，足足有十条命，五个人加一起就是五十条命。李显恨得牙根发痒，但是碍于已经颁发过铁券，只能放弃了处死五人的念头，将他们全部判为"无期流刑"，然后通知五人继续搬家。

敬晖被流放到琼州（今海南定安县），桓彦范被流放瀼州（今广西上思县），张柬之被流放泷州（今广东罗定市），袁恕己被流放环州（今广西环江县），崔玄暐被流放得最远，去了古州，古州位于今天的越南国谅山市。

与此同时，五家十六岁以上的子弟全部流放岭南。

这会是五王的最后结局吗？

还不是，武三思还有招没出完呢。

武三思和智囊郑愔又想出了彻底的斩草除根之策：矫诏杀人。

不是有免死铁券吗？好，那就先绕过皇帝，杀了再说。

随后武三思物色到一个人，此人正担任大理正（最高法院大法官），而且与五王有着深仇大恨，这个人叫周利贞。

原来，周利贞曾经与五王不睦，并有过从洛阳贬到嘉州（今四川乐山）当司马的经历，因此与五王势不两立。现在武三思将屠刀交到他的手里，他毫不犹豫，痛痛快快地接了过去。不久，周利贞出任摄右台侍御史（地方监察官），前往岭南视察，就此拉开了报复之旅。

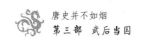

当周利贞抵达五个人的贬所时，他有些失望，他来晚了。

在他到来之前，八十一岁的张柬之已经去世了，六十八岁的崔玄暐也去世了，他们躲过了周利贞复仇的屠刀。

然而桓彦范没躲过，敬晖没躲过，袁恕己也没躲过。

周利贞走到贵州（今广西贵港市）时，正好遇到了桓彦范。周利贞的兽性顿时发作，命左右将桓彦范绑了起来，然后放在竹刺上来回拖，桓彦范的肌肉被一片片撕下，露出了白骨，这时周利贞才停下了手，然后将桓彦范乱棍打死。

接着被逮捕的是敬晖，他也很惨，他被周利贞一刀一刀剐死。

最后一个是袁恕己，他被逼喝下了有毒的野葛汁，这种东西喝下去有如铁钩钩入咽喉，痛苦万分。然而，即便喝下数升野葛汁，袁恕己还是没有死，痛苦至极的他用手不断抓地，指甲全部脱落，最后被周利贞乱棍打死。

至此，五王各有各的归宿，张柬之和崔玄暐算是善终，而另外三人则是惨死。

在这五人之外，还有一位，这位就是曾经提醒张柬之斩草除根的薛季昶，他不断地被贬，最后被贬作儋州（今海南儋州）司马。心灰意冷的薛季昶最终选择了服毒自尽，在人生的最后时刻他终于知道了自己的归宿：死于儋州。

如果将岁月的时钟向回拨转，此时距离那场光复李唐王朝的兵变，还不到两年。

五　狗

将五王一一收拾完毕，摄右台侍御史周利贞圆满完成自己的任务。返回洛阳之后，他被李显擢升为御史中丞，算是对他此次行动的奖赏。

从这个结果来看，周利贞诛杀五王，其实不是矫诏，而是在李显的默许之下。所谓的十次免死铁券其实就是五块废铁，只要李显动了杀心，一百次免死铁券也不过是一块铁。

此时我不禁要怀疑李显的人品以及智商，究竟是什么样的动机让他最终抛弃了五王？要知道如果没有五王，他能否顺利登基还是个未知数，那么他为什么这么快就恩将仇报呢?

只能归结为智商太低,人品太次。

细心的读者可能会发现,五王被整肃的过程几乎与长孙无忌、褚遂良、韩瑗的被整肃如出一辙,都是不断被贬,然后被痛下杀手。

然而具有对比意义的是,痛下杀手的武则天跟长孙无忌等人是有仇的,因为他们挡过自己的路,而张柬之等人对李显是有恩的,是张柬之为他铺平了路。武则天杀跟自己有仇的人,而李显杀对自己有恩的人,说这样的人有太宗李世民的风范,李世民答应吗?

说到底,李显是个比父亲李治更无能的人,李治最起码恩怨分明,即使有处死舅舅长孙无忌的污点,但他是出于维护皇权的考虑,而李显却没有最基本的是非观。如果时光倒流,允许张柬之重新选择,他还会拥立李显这个无能皇帝吗?

然而失望也好,痛心也罢,五王的时代转瞬即逝,现在已经进入五狗的时代。

什么是五狗?

五狗,便是武三思手下的五条狗,其中包括御史中丞周利贞、侍御史冉祖雍、太仆丞李俊、光禄丞宋之逊、监察御史姚绍之,这些都是忠于武三思的人,因此当时的人将他们称为"五狗"。

在五狗之外,宗楚客、宗晋卿等人都是武三思的党羽,他们围绕着武三思,奉承着武三思,溜须着武三思。

不知不觉中,曾经的落水狗武三思又产生了错觉,他以为又回到了无所不能的时代,他甚至口出狂言:"我不知道世间什么是好人,什么是坏人,我只知道对我好的就是好人,对我不好的就是恶人!"

赵丽蓉老师在小品中曾经有一句台词:"叫你狂!狂没有好处!"

这句话同样适合武三思。

第十七章　王朝乱象

乱

公元705年的那场兵变渐行渐远，转眼李显登基已有几年的光景，按照人们本来的预期，李显继位应该能给国家带来新气象，毕竟他代表着正统的李唐王朝。

然而渐渐地人们发现，李显辜负了他们的期望，不仅跟太宗李世民无法相提并论，就是跟武则天比也相去甚远：武则天虽然心狠，虽然手黑，但是她眼光独到，用人奇准；跟她比，李显的眼光近似盲人。

不仅用人不准，而且用人泛滥，仅仅几年的光景，在他手下就多出了数千名编制外的官员。更为可怕的是，原本宦官在唐朝后宫没有地位，经他之手，宦官中已有近一千人得到了七品以上的编制外官职，唐朝中后期的宦官之祸，从此时便埋下伏笔。

这是一个不按常理出牌的皇帝，这是一个把国彻底当成了家的皇帝，黑白不分，公私不分。

中国的语言总是很有意思，同样一个词可以有完全不同的两种解释。比如爱厂如家，这个词可以理解为大公无私一心扑在工作上，同时可以从反面理解：把厂当成了私人的家庭财产，因此也是爱厂如家。

李显就做到了后者，他爱国如家，把国彻底当成了家，国的所有一切在他看来都是家庭的私有财产。

244

至此，这个皇帝已经没救了。

公元 706 年四月，李显让天下人见识了他的浅薄。

事情由一个叫韦月将的人而起，他出于义愤，向朝廷举报武三思与韦皇后通奸，将来必定叛乱。

话是实话，李显却偏偏听不进这样的实话，他近乎偏执地袒护着韦皇后，同样偏执地对待告发韦皇后的每一个人。

"把这个人斩了！"李显冷冷地下令。

令李显没想到的是，他的命令遭到了拒绝，拒绝他的是黄门侍郎宋璟。

李显有些急了，不就是斩个人吗？你宋璟却说还需要调查，调查什么呢？

李显一下子跳了起来，连鞋都没有顾上提，鞋拖着地，头巾也没有顾上戴，就这样跑了出来，冲宋璟吼道："我以为人头都已经砍下来了，你怎么到现在还没有动手？"

宋璟的心凉了半截，皇帝怎么如此浅薄呢？

宋璟回应说："韦月将举报皇后淫乱，陛下一句话都没问就要处死他，我怕天下人会对此议论纷纷。"

李显继续怒吼道："议论什么？斩了就完了。"

宋璟摇摇头，他坚持应该先行调查。

李显依然不依不饶。

宋璟坚定地说道："如果陛下一定要斩韦月将，请先斩臣！不然，臣终不敢奉诏！"

李显被噎住了，这时他才意识到自己的失态，只好暂且放弃了将韦月将斩立决的念头。

随后御史们上奏，以时值夏日、不宜处斩为由请求放过韦月将，李显同意了，将韦月将打了一顿，然后流放岭南。

大家以为这件事情就这么过去了，他们都高估了李显的心胸。

这一年秋分过后的第二天，天刚蒙蒙亮，韦月将就被处死了，处死他的是广州都督周仁轨。

谁下的令？当然是皇帝李显。

富有四海的皇帝，心胸狭窄到如此程度，李显可以申请吉尼斯世界纪录了。

不久，李显的小心眼登峰造极，为了韦皇后，他不惜生灵涂炭。

事情还得从韦皇后的母亲崔女士说起，当初李显被废黜后，崔女士和丈夫韦玄贞也跟着倒霉被发配到钦州（今广西钦州），不久，韦玄贞去世，崔女士带着儿子和女儿一起艰难生活。

这时一段姻缘从天而降，蛮夷酋长宁承基的兄弟看上了崔女士的女儿韦七娘，想娶韦七娘为妻。

然而那个年代蛮夷低人一等，像崔女士这样的家庭是看不上蛮夷酋长的，因此就拒绝了这段姻缘，祸事就此而起。

恼羞成怒的宁承基迁怒于崔女士，索性将崔女士斩首，顺便还斩杀了她的四个儿子。

家族惨剧从此深深埋在韦皇后心底，她发誓有朝一日一定要让宁承基血债血还。

公元 705 年秋天，韦皇后通过李显下诏，命广州都督周仁轨率军两万讨伐宁承基，两万大军浩浩荡荡上路，前去为韦皇后公报私仇。

宁承基这个蛮夷酋长哪里见过这个阵势？他只能想尽一切办法开溜，他乘船逃入大海，以为有大海的庇护就能躲过一劫，然而还是没有躲过，周仁轨追了上来，将他斩首，用他的头祭奠韦皇后的母亲崔女士。

事情到这一步也说得过去，毕竟血亲复仇在封建时代是永恒的主题，然而接下来的事情就有些惨不忍睹：周仁轨一鼓作气将宁承基所在的蛮夷部落杀得几乎一人不剩，历史悠久的钦州宁家蛮夷势力就这样因为私仇在历史上彻底消失。

以一人恩怨，连累万千无辜，这就是母仪天下的韦皇后作为。

更荒唐的事情还在后面，接到周仁轨奏报，李显大喜，随即封周仁轨为镇国大将军，封汝南郡公，同时委任为五府大使，主管广州、桂州、邕州、容州、琼州五个军区。值得一提的是，唐朝原本没有镇国大将军这个职位，李显为了表示恩宠，特意增设。

不久，周仁轨进京面圣，韦皇后隔着珠帘向他致谢，此后更是以韦家叔叔的礼节相待。

周仁轨以为自己找到了靠山，从此富贵无忧。

然而周仁轨高兴得太早了，他的富贵有效期其实只有四年。

四年后，韦皇后被诛，他作为韦氏同党伏诛。

沉　默

桃李不言，下自成蹊。

一个王朝，皇帝就是社会风气的风向标，只要皇帝做出某种举动，臣子就会作出各自的选择。

面对李显的家国不分，很多人作出了自己的选择，宋璟选择孑然独立，周仁轨等人选择飞蛾扑火，而老资格的魏元忠选择了沉默自保。

在李显登基伊始，魏元忠的命运就发生了转机。李显派出政府的驿马车前往高要（今广东肇庆）把魏元忠接了回来，随即委任为卫尉卿（军械供应部长），参与政事，成为宰相团的一员。

原本在李治和武则天的时代，魏元忠是公正严明的典范，这次重新出任宰相，天下人对他寄予厚望，期待他能扭转李显朝中的不正之风。

然而，这一次魏元忠让人失望了，他不再是公正严明的典范，相反他自己亲附权豪，抛弃寒门俊士，同时也不再赏罚分明。

最让人诟病的是一次回乡祭扫。

为了这次回乡祭扫，李显特意赏赐魏元忠锦袍一领、白银千两，并给配备了千骑卫士四人，以壮行色。

李显的用意很明显，便是让魏元忠衣锦还乡，而赏赐银子一千两则是让魏元忠回乡当散财童子，既长魏元忠的脸，也散播天子的恩德。

令李显没想到的是，魏元忠把这一千两银子私吞了，愣是回乡当了一次铁公鸡，一毛不拔。

重新为相的魏元忠就是这样，只顾沉默，只顾自保，或许是宦海多次浮沉让他变得庸俗起来，或许是人到老年便把富贵看得比名声更重。

总之，这是一个陌生的魏元忠，一个让天下人深深失望的魏元忠。

不久之后，酸枣县尉袁楚客给魏元忠写了一封信，这封信让魏元忠羞愧得无地自容。

信是这样写的：

> 皇帝最近接受天命，正应推广恩德，引进君子，清退小人，振兴政治教化，在这个重要时刻，你怎么能只顾安享富贵，沉默不言呢？

今不早立太子，选择师傅进行辅佐，一错；

公主也开府任用官僚，二错；

和尚尼姑游走权门，借势纳贿，三错；

戏曲歌舞演员当官，枉取国家俸禄，四错；

有关部门选拔干部，全看对方贿赂多少，五错；

宦官升官的已有千人，必定是将来祸乱的前奏，六错；

王公贵戚，赏赐无度，竞为侈靡，七错；

大量设置编制外官员，伤财害民，八错；

先朝（李治时期）宫女，在外随便居住，随意出入皇宫，交结权贵，

九错；

旁门左道之人，蛊惑皇上，枉领俸禄，十错。

凡此十错，您不去纠正，谁去纠正！

公平地说，我们应该感谢写这封信的袁楚客，他的这封信一下子就把李显时期的政治现状揭露得淋漓尽致，由此不难发现，李显这个皇帝相当低能。

袁楚客把相当大的责任归结到魏元忠不去纠正上，其实是不对的，只要李显这个根子不正，这个王朝就不可能有希望。

魏元忠也是满腹委屈，有韦皇后和武三思这样的人在，他魏元忠除了自保还能做什么呢？

难道起兵清君侧不成？

李重俊起兵

说起兵，还真有人起兵了，不过起兵的不是魏元忠，而是太子李重俊。

李重俊是李显的第三个儿子，正常情况下轮不到他当太子，由于他的两个哥哥都发生了变故，便轮到他当太子。

李重俊的大哥叫李重润，是李显和韦皇后最中意的儿子，不出意外的话，李重润将继承李显的帝位，然而意外发生了。

公元701年，李重润、李仙蕙、武延基因为议论二张专权被武则天下诏处

死，这样李显就失去了第一个太子人选。

在李重润之下是李重福，他是李显的第二个儿子，但是并非韦皇后所生。不知道出于什么原因，韦皇后对李重福非常忌恨，李显刚登基，李重福就被赶出洛阳，前往均州（今湖北丹江口）出任均州刺史，说是刺史，其实就是被软禁的囚犯。

这样洛阳城中只剩下李重俊和李重茂，他俩都不是韦皇后亲生，只不过相比之下李重俊更年长，因此李重俊被册立为太子。

就本性而言，李重俊聪明，做事果断，如果有良师辅佐，或许能成为一代有为君主。遗憾的是，李显给李重俊配备的官员，良师寥寥，贵族子弟居多。

李重俊的太子宾客有这么两位，一位是秘书监杨璬，一位是太常卿武崇训，秘书监是皇家图书院院长，太常卿则掌管宗庙礼仪，按照常理，这两个人当太子宾客便是教太子礼仪，然而李显所托非人。

杨璬和武崇训都是青年贵族子弟，两人都是皇室驸马，能力一般，性格孟浪，让这么两个人陪伴太子，能陪出什么好呢？

眼见太子成天不务正业，太子左庶子姚珽数次上疏进谏，太子右庶子平贞慎又献上《孝经议》《养德传》讽谏，结果李重俊一概不理，拒谏派头与老爹李显如出一辙。

不过除了拒绝纳谏以外，李重俊的性格与李显有着天壤之别：相比于李显的一生软弱，李重俊的性格就是一个火药桶。

说起来，李重俊这个火药桶也是被逼出来的，如果让他选择，或许他也不愿意做火药桶。

谁把李重俊逼成火药桶呢？

名单很长，有韦皇后，有武三思，有上官婉儿，有安乐公主李裹儿，有安乐公主的丈夫武崇训（武三思的儿子），他们一起打造了这个叫李重俊的火药桶。

因为李重俊不是亲生，韦皇后看他很不顺眼，甚至十分厌恶。

因为李重俊是太子，武三思对李重俊很忌惮，也很厌恶。

因为上官婉儿与武三思私通，便站在武三思一边，而且在上官婉儿起草的诏书里，"挺武贬李"经常埋在字里行间，这让李重俊很气愤。

至于李裹儿和武崇训，则是仗势欺人，李裹儿认为自己是韦皇后的亲生骨

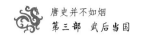

肉，因此就比李重俊高贵，在她口中，李重俊甚至成了"家奴"。

让李重俊更加无法忍受的是，安乐公主的丈夫武崇训甚至唆使李裹儿，去动员李显废黜李重俊，而把李裹儿封为皇太女。

是可忍，孰不可忍！

多种欺辱纠结在一起，李重俊选择了爆发。

公元 707 年七月六日，距离李重俊当上太子正好一年，李重俊调集羽林军起兵。

这一次他倚仗的是曾经参与逼宫武则天的李多祚，他们假传圣旨，调动了羽林千骑卫士营三百余人先冲进了一户人家，将这户人家父子以及相关亲戚朋友十多人全部砍死。

这户人家的户主叫武三思。

武三思做梦也不会想到，自己居然会被李重俊这个后生活活砍死于家中，就这么结束了辉煌的一生，太冤了。

谁让你狂？狂没有好处！

砍死了武三思，李重俊下一个目标是上官婉儿，他一定要处理掉这个武三思的情妇，不然还是后患。

李重俊兵分两路，一路由左金吾卫大将军成王李千里率领，守卫皇宫各城门，一路由自己和李多祚率领从肃章门砍门而入，进入后宫，击鼓捉拿上官婉儿。

闻听捉拿自己的鼓声，上官婉儿浑身一个激灵，她意识到自己必须与李显捆绑到一起，如果不捆绑到一起，自己只有死路一条。

上官婉儿高声喊道："看他的意思，一定是先抓我，然后抓皇后，最后就是皇上。"

一句话吓傻了一群人。

本来李显和韦皇后还有抛弃上官婉儿自保的念头，现在听她一说，马上意识到自己的危险，一群人赶忙连滚带爬地登上了玄武门城楼，而在城楼下面留下一百多人进行抵挡。

与此同时，兵部尚书宗楚客等人则率领两千余人守护在太极殿前，紧闭城门进行固守。

形势对李显相当不利。

这时李多祚先抵达了玄武门下，他想登上城楼，却遭到了守军的阻拦，李多祚犹豫了，上还是不上呢？

随后李重俊也抵达了玄武门，他也犹豫了。

如果李多祚和李重俊想捉拿李显是完全有可能的，只是他们心存幻想，还想跟李显对话。他们天真地以为，自己杀的是武三思和上官婉儿，是在清君侧。

然而是不是清君侧，他们说了不算，李显说了才算。

李多祚和李重俊的犹豫和天真，注定了他们失败的结局。

玄武门城楼上的李显被这一幕吓得瑟瑟发抖，这时一位宦官站了出来，他建议向叛军发动攻击。

李显看了一眼宦官，知道他的名字叫杨思勖，李显壮着胆子点了点头。

杨思勖瞬间出刀，他的出刀很快，在场的人还没有看清他如何出刀，他就已经将叛军前锋的脑袋砍了下来。在场的叛军全惊呆了，他们从来不知道后宫还有这样一个勇猛的宦官。

就在叛军士兵面面相觑时，李显把身子俯在城楼栏杆上开始对叛军士兵喊话："你们不都是我的宿卫士兵吗？怎么会跟随李多祚谋反呢？只要你们能斩杀叛乱者，就不用担心自己的富贵。"

形势就此急转直下，看到富贵馅饼的叛军士兵瞬间倒戈，将领头的李多祚等将领砍落马下，兵变部队就此瓦解。

几乎与此同时，另外一路由成王李千里率领的兵变部队也失败了，他们原本想杀死宗楚客等人，结果是被杀死。

李重俊的兵变就这样，刚开头就结了尾，他本人则在一百多名骑兵的护卫下逃往终南山，一路上人越跑越少，跑到今天的陕西户县时，身边只剩下几个人。

穷途末路，人心思变。

在李重俊还想往前跑时，他再也跑不了了，身边的士兵起身将他诛杀，为他的短暂人生画上了一个休止符。

早知如此，何必当初。

李重俊死后，在宗楚客的建议下，他的头颅被割下，放到武三思和武崇训的灵柩前祭祀。

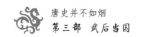

太子宫的所有官员都自动与李重俊划清了界限，他们都怕惹祸上身，只有一个小人物走上前去，脱下自己的衣服包住了李重俊的头颅，放声大哭。

这个人叫宁嘉勖，时任永和（今山西永和）县丞。

随后宁嘉勖被贬，从永和县丞被贬为兴平（今广东高明）县丞。

古往今来，做一个有情有义的人真难。

李重俊的起兵匆匆而起，又匆匆而终，唯一的收获就是让不可一世的武三思提前退出历史舞台，而李重俊自己却落得个兵败身死的结局。

在李重俊起兵失败之后，有两个人成为受益者，一位就是快刀宦官杨思勖。

杨思勖这个宦官值得好好说，他的身上有几个唐朝第一：第一个出任三品高官的宦官，第一个率军出征的宦官。

原本在贞观年间，李世民对内侍省作出明确规定，宦官中不设三品官，最高只能是四品。这个传统一直延续到武则天时代，到李显时，传统被打破了，而打破传统的就是杨思勖。

因为平定李重俊叛乱有功，杨思勖被越级擢升为从三品的银青光禄大夫，成为唐朝历史上第一位官居三品的宦官。

杨思勖本姓苏，后来被宫中一位姓杨的宦官收养，便改姓了杨，这一点跟高力士有点像，高力士原来也不姓高，而姓冯。

不管姓苏还是姓杨，总之杨思勖开了唐朝宦官担任高官的先河，在随后的岁月里，他又开了宦官领兵的先河，跟后来宦官监军不同，杨思勖出征，他自己就是主将。

在李隆基的开元年间，杨思勖先后四次作为主将外出平叛，全部大获全胜。他不仅打仗很猛，而且下手很黑，凡是落到他手里的俘虏，只有一个结局：惨死。

开元年间，牛仙童接受贿赂，李隆基命杨思勖将牛仙童处死，杨思勖把牛仙童绑起来晾了几天，然后探取其心，截去手足，割肉而食之，其残酷由此可见一斑。

开元二十八年，杨思勖病卒，时年八十余岁。

说完杨思勖，该说下一个受益者了，这个人是谁呢？

时任兵部尚书的宗楚客。

宗 楚 客

宗楚客这个人在前面已经多次提及，这个人在《全唐诗》中还有一席之地。《全唐诗》收录了他的六首诗，辞藻华丽，对仗工整，功底不俗。

不过在有唐一代，诗人确实太多了，如果不是诗人，可能都不好意思跟别人打招呼。

宗楚客另外一个身份值得一提，其实他还算外戚，他的母亲是武则天的堂姐，因此武则天对宗楚客以及宗楚客的哥哥宗秦客、弟弟宗晋卿都高看一眼。

不过，宗楚客步入仕途还是靠自己的努力，他通过进士考试步入仕途，然后辗转升迁，成为宰相的一员。

不过宗楚客的仕途并非一帆风顺，恰恰相反，遭遇了很多波折，先是因为跟兄长宗秦客一起贪赃被流放岭南，宗秦客不久就死在那里，而宗楚客一年后回到洛阳开始第二次奋斗，不久升任吏部侍郎，成为宰相团的一员。

好景不长，宗楚客又犯事了，因为与武懿宗不和，再加上建造府邸时有奢侈过度之嫌，被贬为播州司马，然后又开始了三次奋斗。

经过奋斗，宗楚客又做回了吏部侍郎，同时出任宰相，然而没过多久又出事了，因为娶妻的问题又被贬为原州都督。

后来宗楚客搭上了武三思这条线，总算再次东山再起，在李重俊起兵时，他已经官居兵部尚书。

李重俊杀死了武三思，就此给了宗楚客机会。本来就依附于韦皇后的宗楚客迅速上位，顶替了武三思留下的空缺，成为韦皇后最得力的干将，再加上太府卿（库藏部长）纪处讷，他们一起成为韦皇后的死党，时称"宗、纪"。

哲学上说，矛盾无处不在，这句话用在李唐王朝身上再合适不过。

仅从武则天执政开始，矛盾就如影随形，先是武承嗣与李显的皇嗣之争，后是李显与张昌宗、张易之的明争暗斗，等到李显登基之后，又是武三思和五王的矛盾。

现在武三思死了，矛盾消失了吗？

不，又转移了，转移到韦皇后与李旦、太平公主之间。

宗楚客向韦皇后献的一份大礼就是陷害相王李旦。

在审查李重俊兵变时，有人的口供提到过相王李旦，只不过负责审查的官

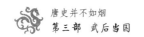
员认为并不属实也就放了过去。现在这份口供又被宗楚客和李裹儿利用起来，他们想借此扳倒李旦和太平公主。

在宗楚客的授意下，侍御史冉祖雍给李显上了一封奏疏：相王李旦、太平公主与李重俊通谋，请收付制狱。

矛头直指李旦和太平公主。

李显这个低智商皇帝居然一看奏疏就相信了，他把调查李旦和太平公主的任务交给了吏部侍郎兼御史中丞萧至忠，如果萧至忠是周兴和来俊臣那样的酷吏，李旦和太平公主难逃一劫。

好在萧至忠对李唐皇室很有感情，他容不得别人离间皇帝的骨肉亲情。

萧至忠哭着对李显说："陛下富有四海，不能容一弟一妹，而使人罗织害之乎！相王昔为皇嗣，固请于则天，以天下让陛下，累日不食，此海内所知。奈何以祖雍一言而疑之！"

听了萧至忠的话，李显这才醒悟，便把这件事搁置下来。

眼看陷害相王李旦出师不利，宗楚客掉转了矛头，他把矛头对准了资格很老的魏元忠。

穷 追 不 舍

魏元忠做梦也不会想到，自己韬光养晦，沉默自保，还是有人要置他于死地，或许他这一生注定了就是一只被人追逐的梅花鹿。

原本宗楚客没有机会陷害魏元忠，不料李重俊起兵过程中的一个插曲让宗楚客抓住了把柄。

在李重俊起兵时，魏元忠的儿子太仆少卿魏升正好与李重俊的兵变部队撞个正着，李重俊顺手胁迫魏升一起参与兵变。

等到李重俊兵败身死，魏升也被乱兵杀死，魏元忠因此也被牵连了进来。

羁押了几天之后，李显念及魏元忠以往有功将他无罪释放。

魏元忠以为这件事就这么完了，但在宗楚客看来，这事没完。

不久宗楚客和死党太府卿纪处讷一起做证：魏元忠与太子通谋，请夷其三族。然而这次做证并没有得到李显的认可。

事情发展到这一步，魏元忠意识到宗楚客和纪处讷要对自己下手了，与其被人背后下黑手，不如以退为进，索性退休回家吧。

在魏元忠的请求下，李显批准魏元忠辞去尚书右仆射职务，仍旧保留特进、齐公爵，每月一日、十五日仍进宫觐见。

事情到这一步结束了吗？

还早。

几天后，宗楚客又命人弹劾魏元忠，这次弹劾很致命。

这个人在弹劾奏疏中写道：

> 侯君集是社稷元勋，及其谋反，太宗就群臣乞其命而不得，竟流涕斩之。其后房遗爱、薛万彻、齐王祐等为逆，虽都是皇亲，皆从国法。魏元忠功不及侯君集，身又非国戚，与李多祚等谋反，儿子名列逆徒名单，就应该全族屠灭。但是他的朋党编造理由营救，蛊惑圣听，陛下仁慈宽厚，就想遮掩他的过错。臣所以犯龙鳞、忤圣意，正是因为此事关系到帝国命脉。

奏疏一上，果然致命，魏元忠先是被关进大理寺监狱，然后被贬为渠州（今四川省渠县）司马。

到这里算结束了吗？

还早。

不久宗楚客又指使给事中冉祖雍上奏："魏元忠既犯大逆，不应再到渠州上任。"

这一次李显总算有了准主意，没有同意。

不过李显这个人不经夸，没过多久他又没有准主意了。

宗楚客又指使监察御史袁守一弹劾魏元忠："重俊乃陛下之子，依然根据刑法加刑；元忠既非功勋又非外戚，怎么能让他漏网呢？"

这次弹劾得到了李显的批准，魏元忠随后又从渠州司马贬为务川（今贵州沿河土家族自治县）县尉。

到这里算结束了吗？

还早。

监察御史袁守一再次弹劾魏元忠："则天皇后昔日在三阳宫身体一度不好，

狄仁杰奏请陛下监国，元忠密奏以为不可，这就证明魏元忠心怀不轨已经很久，请加严诛！"

事实证明，宗楚客指使的弹劾一次比一次致命，如果这一次弹劾被李显认可，魏元忠将难逃一死。

幸好，在最后关头，李显的智商经受住了考验，他反倒认为狄仁杰是在树立自己的私恩，魏元忠的做法并无过失。

就此给魏元忠谋反事件画上了一个句号。

其实给魏元忠画上句号的还是他自己，他给自己的一生画上了句号。

当魏元忠走到重庆涪陵时，他的生命走到了尽头，在涪陵去世，享年七十余岁。

从此他不再是一只梅花鹿，再也没有人四处围捕要吃他的肉了。

得意忘形

解决掉魏元忠后，宗楚客跟当年的武三思一样，产生了错觉，他以为自己可以掌控一切，不久在错觉的指引下他收了一笔贿赂，然后引爆了一场边境之战。

这场边境之战发生在突骑施部落与大唐王朝之间，起因便是宗楚客收受贿赂，然后对突骑施部落言而无信。

事情的起因是这样的，突骑施部落（今伊犁河中下游）新任酋长娑葛继承了父亲的酋长之位，而父亲的旧部阙啜忠节心中不服，两人之间的征战连年不断。阙啜忠节渐渐落于下风，不能支撑，索性转头投靠唐朝。

镇守边境的唐军统帅认为阙啜忠节可以用于皇宫侍卫，便把他推荐到京城担任皇宫侍卫，另外对突骑施部酋长娑葛进行安抚。

原本一切就这样平稳进行，没想到临近唐朝边境时，阙啜忠节经人指点，又变卦了，他不满足于仅仅担任一个皇宫侍卫，他想借助唐军的势力对突骑施部酋长娑葛发动攻击，这样既能公报私仇，又能抢回自己的失地。

按理说，这种替别人打工的活唐朝是不会干的，然而有宗楚客和纪处讷在，替别人打工的活接下来了。

收到贿赂的宗楚客和纪处讷上疏李显，力主对突骑施部进行讨伐，李显同意了。

事有凑巧，就在唐朝上下决定出兵对突骑施部进行讨伐时，突骑施部的使节正在长安出访，原本他的任务是向唐朝献马。

现在马也顾不上献了，使节马不停蹄地返回了突骑施部，将这个惊人的消息传递给了部落酋长。

酋长娑葛马上调兵，向唐朝边境的守军发动攻击，守军猝不及防，伤亡惨重，随后娑葛派使节携带奏章前往长安，索要宗楚客的项上人头。

宗楚客崴到泥里了。

随后娑葛给唐朝边境守将写了一封信："我与贵国本无仇恨，只是恨阙啜忠节那个家伙，而宗楚客接受阙啜忠节的黄金，竟要发兵攻打我，可恨。"

后来，边境守将把这封信转给了李显，宗楚客受贿就成了天下人皆知的秘密。

然而即便如此，李显还是信任宗楚客，不久上演了更加荒唐的一出。

公元709年二月九日，监察御史崔琬上疏弹劾兵部尚书宗楚客、侍中纪处讷收受贿赂导致边境战事，恳请李显给予处罚。

按照惯例，官员在受到弹劾时需要低头哈腰退出金銮大殿，以保证弹劾的效果，然而这一次宗楚客却没有遵从惯例，他反而挺胸抬头，口中念念有词地表白自己的功劳，死不认错。

这时李显作出了一个让人大跌眼镜的决定："你俩都别吵了，我看你们就结为异姓兄弟，和为贵吧！"

和事天子李显，你把自己当成调解群众矛盾的居委会大妈了吧？

自此以后，宗楚客的势头不可阻挡，他的红一直持续，持续到李隆基的第一次兵变，然后戛然而止。

第十八章　如此母女

出　身

在中国历史上有一个现象值得注意，一个王朝如果开国皇帝是苦出身，那么这个王朝的开国皇帝一般为人很苛刻，对待功臣会痛下杀手，比如西汉的刘邦、明朝的朱元璋；而厚待大臣的皇帝往往是贵族出身，比如东汉光武帝刘秀、唐朝开国皇帝李渊、北宋宋太祖赵匡胤等。

由此是否能得出结论：一个皇帝的出身或许就能决定他的执政风格。

细想一下也可以理解，像刘邦和朱元璋这样的苦出身，他们的内心已经在岁月的磨砺中成为铁板一块，因此在捍卫王朝利益时就会不择手段；而刘秀和赵匡胤这些人出身相对不错，而且受过良好教育，在内心深处反而留有仁慈的一面，两相比较，执政风格便是千差万别。

由皇帝说到皇后，如果说开国皇帝的出身影响一个王朝的执政风格，那么皇后的出身是否也会对这个王朝有所影响呢？

令人记忆最深刻的是明朝的万历皇帝，他的姥爷原本是自耕农，后来为了生计跑到北京当泥瓦匠，这个人最大的特点就是贪财，后来贪财的习惯就通过万历皇帝的母亲传给了万历皇帝。

终万历皇帝一生，他都是一个贪财的皇帝，而他的子孙，多数也跳不出这个圈。

由此可见，皇后的出身真的会影响一个王朝。

韦皇后的出身同样影响了李显的王朝。

从韦皇后的出身来看，她跟之前的几位皇后没法比：窦皇后出身贵族，长孙皇后出身贵族，王皇后出身豪门大族，武则天的父亲也官至工部尚书，而韦皇后呢？

她的祖父不过是贞观年间的曹王府典军，父亲韦玄贞之前不过是晋州参军，如果算是地主阶级，也顶多算寒门地主，跟武则天的出身都没法比。

当然，并不是唯出身论，只是从出身来分析韦皇后，从其出身以及之后的表现来看，她是一个目光短浅、急功近利的浅薄女人，同时她把这种浅薄遗传给了安乐公主，然后一家人浅薄到了一起。

李显为什么会有后来的祸事？在我看来，这就是穷人乍富的结果。没有受过良好教育的韦皇后和安乐公主承受不了从天而降的富贵，就像有些人承受不了从天而降的彩票巨奖一样。民间一直有"坐不住福、压不住财"的说法，尽管有些迷信，其实有一定的道理。

总而言之，韦皇后的出身决定了她的眼界，而她的眼界又决定了她的命运。

邯郸学步

小时候曾经学过一篇课文，课文里有这样一首小诗：

> 砍头不要紧，
>
> 只要主义真。
>
> 杀了夏明翰，
>
> 还有后来人。

这是革命烈士夏明翰写的小诗，说明在革命的号召下，自然会有千千万万个夏明翰站出来。

与夏明翰烈士的效应有点像，武则天这个古今少有的女皇也产生了特有的效应，以至于她的儿媳亦步亦趋，向着她的高度，邯郸学步。

公元705年十一月二日，文武百官向李显奉上尊号：应天皇帝。向韦皇后奉上尊号：顺天皇后。随后李显与韦皇后一起祭祀了宗庙，告谢受尊号的意义。

这是韦皇后学习武则天的开始，她也试图走出一条属于自己的路。

公元707年八月，尊号再次升级，这次上尊号非常有意思，程序如下：

韦皇后率领文武百官向李显奉上尊号：应天神龙皇帝；

之后，宗楚客率领文武百官向韦皇后奉上尊号：顺天翊圣皇后。

整体过程如同抛砖引玉，用李显这块砖，引出韦皇后这块玉，而这一切的总导演则是韦皇后。

到了公元708年，韦皇后登峰造极，她的胃口再次调高，已经开始追求祥瑞了。

这一年的二月二十七日，后宫传来消息：韦皇后衣柜的裙子上有五色云冉冉升起。

得知消息后，李显命令画师将这一幕记录下来，然后拿给文武百官参观。

不久李显昭告全国，这下天下百姓都知道皇宫出现祥瑞，韦皇后的裙子上有五色云彩冉冉升起。

真的有五色云彩吗？

上坟烧报纸——糊弄鬼呗。

不久右骁卫将军、知太史事（代理天文台长）迦叶志忠也来凑热闹，他上奏说："昔日高祖未受命时，天下歌《桃李子》；太宗未受命时，天下歌《秦王破阵乐》；高宗未受命时，天下歌《侧堂堂》；天后未受命时，天下歌《武媚娘》。应天皇帝未受命时，天下歌《英王石州》；顺天皇后未受命时，天下歌《桑条韦也》。这说明上天认为顺天皇后最适合当国母，主持桑蚕大计以安天下，谨奉上《桑条歌》十二篇，请编入乐章之中，待皇后祭祀蚕神时演奏。"

忽悠死人不偿命。

看完奏疏，李显非常高兴，高兴之余对迦叶志忠加以赏赐。看来在母亲的影响下，他已经完全接受了皇后干政的现实，似乎皇后不干政，他反而不高兴。

相比于父亲李治的"妻管严"，李显更严重，而且病入膏肓，无药可医。

在他的纵容下，韦皇后在王朝政治中越陷越深，不能自拔。

一年后，一场关于韦皇后应不应该参加祭天仪式的争论在朝堂上展开。

争论由国子祭酒（国立贵族大学校长）祝钦明和国子司业（国立贵族大学副校长）郭山恽而起，他们建议李显：祭天仪式，皇后应该参加，担任助理。

由此可以推测，在以往并没有皇后参与祭天仪式的惯例，否则祝钦明不必专门建议，只需要按照惯例执行。

祝钦明的建议遭到了一些大臣的反对，他们认为祭天仪式并不需要助理，因而皇后不能参加。

争论到最后，由尚书右仆射韦巨源作出裁定：皇后可以参加祭天仪式，担任第二梯次的主祭。

随后祝钦明趁热打铁，准备由安乐公主李裹儿担任祭天仪式最后主祭，这个建议遭到了反对。没有办法，李显只能和稀泥，由尚书右仆射韦巨源担任最后主祭。

看似一场平常的争论，实际却是韦皇后政治欲望的反映，连只应由皇帝参加的祭天仪式都要掺和，还有什么她不想掺和呢？

安 乐 公 主

在韦皇后追求权力的过程中，有一个人一直与她并肩作战，这个人就是她最小的女儿安乐公主李裹儿。

韦皇后一共为李显生下一个儿子、四个女儿，其中李裹儿最小，也是李显和韦皇后最疼爱的。

说起来，李裹儿最惨，她一出生就成了囚犯。由于出生时没有衣服，李显就用自己的衣服把她包裹了起来，这就是乳名裹儿的由来。

李裹儿出生于公元 684 年，她跟随父母一直被监禁到公元 698 年，在监禁中度过了整整十四年，即便公元 698 年父亲得立为皇太子，她的际遇也没有得到彻底改观，依然只能夹着尾巴做人。

就这样，一直压抑到公元 705 年，李裹儿的生活翻天覆地，此时她已经二

十一岁了，到这时才真正享受到当一个公主应有的快乐。

有的时候，人就像一根弹簧，压抑得越久，反弹得越大，于是穷人乍富的安乐公主在生活中肆意反弹，要把过去失去的东西全找回来。

公元706年闰正月一日，李显下了一道诏书：允许太平公主、安乐公主等七公主开府。这在唐朝的历史上是开天辟地的，因为此前从来没有公主开府的先例。这次下诏允许公主开府，主要是为了安乐公主，其余六个公主都是陪安乐公主读书。

在所有开府公主中，安乐公主的采邑排名第二，排名第一的是太平公主，采邑五千户，安乐公主采邑三千户，长宁公主二千五百户，宜城、定安非韦后所生，采邑只有二千户。与亲王府略有不同的是，公主府不设长史（政务秘书长），其余配置完全一样。

至此安乐公主已经成为拥有采邑三千户的公主，较之前的公主已是天壤之别，她还会不满足吗？

当然会。

她还想当皇太女。

这个称呼很罕见，自古有皇太子、皇太弟，皇太女在历史上非常罕见，安乐公主就想当那个开天辟地的皇太女。

然而皇太女的请求一经提出就遭到了魏元忠的反对，这让安乐公主非常不高兴："魏元忠，他能谈论什么国事？阿武子尚为天子，天子女有不可乎？"

在她的口中，祖母武则天被叫成"阿武"。

家教啊！

尽管不情不愿，安乐公主还是非常识时务地放弃了"皇太女"的想法，转而做起了生意：卖官。

卖官从她的公主府开始，公主府的很多官员原来都是屠夫贩卒，后来交了钱就摇身一变，成了公主府的官员。

公主府的职位就不够卖了，她开始卖朝中的职位，只要肯花钱，就能买到一个官职。经她手买的委任书有一个特点，都是用黑笔书写，然后将委任书斜封，这种方式的诏书叫作"黑诏"，这样委任的官叫"斜封官"。

经过安乐公主、韦皇后、上官婉儿等人的不懈努力，李显朝中的"斜封官"每年达到了数万人，平均每个"斜封官"的售价为三十万钱。

为什么安乐公主卖出的"斜封官"如此之多呢？这是因为她有独特的法宝：有时她自己写完诏书，然后找李显签署，李显签署时她用手捂住诏书，不让李显看到诏书的内容，即便如此，李显也只是笑笑，然后签署同意意见。

在李显的"关爱"下，安乐公主的销售事业越做越大。

不久，她又向李显索要一件东西，这一次却遭到了拒绝。

这一次她要的是昆明池。

当时的昆明池非常大，附近的老百姓全靠到昆明池打鱼过活，李显考虑到昆明池负载着这么多的百姓生活，便拒绝了。

安乐公主有些生气，她没想到父亲这么小气，索性不要了，自己再挖一个。

随后她圈起了大片农田，然后在这片农田上生生挖出了一个池塘，她把这个池塘叫作定昆池，取"超越昆明池"之意。

在她的指挥下，定昆池果然规模庞大，据记载，定昆池方四十九里。

安乐公主总算出了一口气。

除了定昆池给安乐公主挣足了面子，安乐公主的一条裙子也惊艳绝伦：这条裙子纯粹手工编织而成，价值一亿钱，上面的花鸟鱼虫，小得像米粒，从正面看，侧面看，白天看，晚上看，颜色都不一样。

如果能传至后世，必定是稀世珍宝。

至此，一个素质低下的"富二代"跃然而出，穷奢极欲，穷得只剩钱了。

荒 唐 一 家

孤独的人是可耻的，荒唐的人同样是可耻的，李显的一家，就构成了荒唐的一家。

公元708年十一月二十一日，皇宫举行了一场盛大的婚礼，从规模来看，应该是皇后的婚礼，因为这等规模的婚礼仪仗按照惯例只有皇后才能使用。

其实，使用这套皇后仪仗的是安乐公主李裹儿。

这一次她是二婚。

原本她嫁给了武三思的儿子武崇训，不料武三思父子在李重俊兵变中都挂

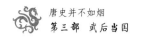

掉了，李裹儿一下子就成了寡妇。

不过李裹儿并不孤独，她心中早就有人了，这个人就是武承嗣的儿子武延秀。

李裹儿与武延秀在宫廷宴会中经常相见，武延秀的容貌和风姿都深深吸引着她。武崇训健在时，她就对武延秀情有独钟，现在李重俊兵变让她实现了换夫的梦想。

在盛大的仪仗队的护送下，李裹儿开始了与武延秀的幸福生活，也就此开始了纵容家奴掠夺平民当奴仆的步伐。

没过多久，安乐公主和姐姐长宁公主纵容家奴掠夺平民当奴仆的事情曝光，御史将她们的家奴绳之以法，全部判刑。

然而判了也是白判，不久李显手令到了："放人！"

御史不服，上疏李显："陛下纵容家奴抢夺平民子女充当奴仆，何以治理国家？"

李显照旧不理，放人不误。

只要公主们高兴就行，其他的不需管。

其实李显不仅放纵公主，也放纵自己。

公元709年二月二日，皇宫玄武门前的空地上，一场别开生面的拔河比赛正在进行，绳子的一端是宫女，另一端也是宫女。

李显和韦皇后亲临现场，兴致勃勃地观看了这场拔河比赛。这场比赛有可能是李唐王朝有史以来的第一场宫女拔河比赛，从活跃后宫气氛而言，无可厚非，然而在很多大臣眼中：不成体统。

如果说拔河比赛还可以理解，接下来李显的举动就让人有些捉摸不透。

他下令在内宫设立街道，开设商店，由宫女经营，朝中高官充当买家前往交易。在交易的过程中，要有讨价还价，要有争议，要有吵闹，如果有点儿市井粗话那就更好了。

商街开办以后，李显和韦皇后前去观光，喜悦之情溢于言表。

从这些表现来看，只能说李显进错了门，投错了胎，在错误的时间错误的地点，从事了一个错误的职业。

女怕嫁错郎，男怕入错行，李显错入了皇帝行。

如果他不是皇帝，或许他是一个不错的生活家。

如果他不是皇帝，或许他能与自己的家庭成员一起品味着亲情的其乐融融。

只可惜，他是皇帝。

他的诸多行为放在一般人身上都可以理解，然而放在一个皇帝的身上便是荒唐。

历来，荒唐皇帝的结局一般都不好。

李显能逃过这个宿命吗？

疑　案

公元710年，李显五十四岁，感觉良好的他丝毫没有意识到，这一年是他人生的最后一年。

在这一年里，李显的生活情趣依然盎然。正月十四，他与韦皇后微服出宫，前往长安城的大街小巷观赏花灯，与此同时，他放出数千名宫女外出观灯，让她们也能体会到节日的快乐，结果很多宫女一去不回。

三个月后，李显前往长安的隆庆池，他是为了隆庆池的王气而来。

隆庆池原本在长安并不存在，到了武则天的周王朝，一户居民家中的水井突然涌出了水，水源源不断，无法堵塞，渐渐淹没了附近的居民区，成为一个数十公顷的小湖。因为这个湖位于隆庆坊以南，因此称为隆庆池。

在公元710年这一年，会望气的术士告诉李显：隆庆池那个地方王气很重，最近愈发强烈。

李显由此动了前往隆庆池的念头，于四月十四日到达隆庆池，在池上搭了一个平台，设宴款待文武百官，然后在池中泛舟，并且观看了大象表演。

李显此举便是想应验此地的王气，他以为这里的王气属于自己，其实他并不知道，他已经没有王气了，剩下的只有"亡气"。

那么隆庆池的王气究竟属于谁呢？

在隆庆池北的住宅里住着五个王，分别是寿春王李成器、衡阳王李成义、临淄王李隆基、巴陵王李隆范、彭城王李隆业，你说王气属于谁？

当然属于李隆基。

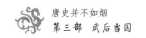

古往今来到底有没有王气呢？

从唯物主义角度说，没有；从唯心主义角度说，这个可以有。在我看来，这个或许有。每一个成就辉煌大业的人，其背后一定有一种不可抗拒的力量，或许这就是王气。

现在李显的王气用到了尽头。

巡幸隆庆池后，李显的心情原本非常不错，然而好心情没有持续多长时间，不久他又被烦恼包围。

定州人郎岌给李显上了一道奏疏，奏疏中写道："韦皇后、宗楚客将叛逆作乱。"

又是针对韦皇后，又是即将叛乱，李显心中的火气又上来了，为什么这些人总是针对皇后呢？

乱棍打死！

打死郎岌之后，李显以为自己耳根清净了，没想到又来了一个人，这个人是许州（河南省许昌市）司兵参军（政府军务官），名字叫燕钦融，他也给李显上了一道奏疏。

李显一看奏疏，又是针对韦皇后的，奏疏写道："皇后淫乱，干预国政，家族强盛；安乐公主、武延秀、宗楚客阴谋危害国家。"

李显的头又大了。

不过这一次李显压住了怒火，他把前后两封奏疏联系了起来，为什么这么短的时间内会有两封弹劾皇后和宗楚客的奏疏呢？难道这其中真的有隐情？

不妨把燕钦融叫来问问。

燕钦融来到李显面前，跪了下来，表情平静，言谈有理有据，一番交锋下来，燕钦融依然有说不完的话，李显却默然了，他不知道该如何处置燕钦融。

他比谁都清楚，燕钦融说的话很多都是事实，皇后和宗楚客这段时间确实有些过分，他们的很多行为在外人看来就是谋反的前兆。

李显陷入了两难。

如果强词夺理驳斥燕钦融，自己就是睁眼说瞎话；如果认可燕钦融，那就等于承认皇后和宗楚客谋反的事实。

就在李显还犹豫不决时，宗楚客走了上来，声称奉皇帝旨意扑杀燕钦融。宗楚客一声令下，飞骑营卫士冲上来将燕钦融抬了起来，然后一下子扔到庭院的石头上，燕钦融脖子折断，当场身亡。

这时宗楚客大喊一声："痛快！"

李显被眼前这一幕惊出了一身冷汗，他没想到宗楚客居然敢当着自己的面矫诏杀人，杀完人还大喊痛快，这个人实在是太放肆了。

李显当即沉下了脸，宗楚客这才发现皇帝的脸色不对，他也出了一身冷汗，意识到自己把皇帝得罪了。

李显沉着脸离开了，宗楚客的心里开始打鼓，随后他忐忑不安地把事情的来龙去脉告诉了韦皇后，韦皇后的心里也开始打鼓。韦皇后知道自己这个丈夫虽然软弱，虽然能力不强，但他是一个正常人，同样心明眼亮，有些事瞒不过他的眼睛。

自此韦皇后开始暗自担心，她担心自己会像当年的王皇后一样被废黜，虽然李显承诺过对她百依百顺，但是君心似海，谁能保证皇帝的内心不起风浪呢？

韦皇后的忧愁情绪逐渐在同党中传染，她的同党们有了末日来临的感觉，散骑常侍马秦客、光禄少卿杨均也体会到了这一点。

原本马秦客和杨均都是泛泛之辈，只是凭借特长赢得了李显的赏识：马秦客精通医药，杨均烧得一手好菜，他们因此可以自由出入皇宫。在受到李显赏识的同时，也受到韦皇后的宠爱，绯闻就在所难免。

在马秦客和杨均之外，有两个人也被忧愁的情绪感染，这两个人就是安乐公主和她的丈夫武延秀。他们在听说李显不悦的消息后也非常担心，他们担心韦皇后被废，从而波及自己。

忧愁，无边的忧愁，但忧愁和欲望交织到一起，邪恶就此产生。

在韦皇后的心里，一直有一个比肩武则天的梦。

在宗楚客的心里，一直有一个位极人臣、登峰造极的梦。

在安乐公主的心里，一直有一个皇太女的梦。

在武延秀的心里，却深藏着一个光复大周王朝的梦。

现在四个人的四个梦想纠缠到一起，他们把矛头对准了一个人，李显。

在四个人的手下，恰好还有两个天然人选——精通医药的马秦客，烧得好菜的杨均，如果把两个人的特长合二为一呢？

会是什么效果？

公元710年六月二日，李显神秘地死于神龙殿，享年五十四岁。这个能力

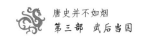

平平甚至低下的平庸皇帝就这样告别了自己的皇帝生涯。

李显是怎么死的,《旧唐书》《新唐书》《资治通鉴》在前后细节上有所区别:

> 《旧唐书》:时安乐公主志欲皇后临朝称制,而求立为皇太女,自是与后合谋进鸩。六月壬午,帝遇毒,崩于神龙殿。

> 《新唐书》:六月,皇后及安乐公主、散骑常侍马秦客反。壬午,皇帝崩。

> 《资治通鉴》:散骑常侍马秦客以医术,光禄少卿杨均以善烹调,皆出入宫掖,得幸于韦后,恐事泄被诛;安乐公主欲韦后临朝,自为皇太女,乃相与合谋,于饼中进毒。六月,壬午,中宗崩于神龙殿。

无论是哪一种说法,"李显不是善终"都是铁一般的事实。无论哪种说法都提到韦皇后和安乐公主,由此可见,李显应该死于恶妻恶女之手。

或许有人会说,没准儿,李显就是自己突然暴病身亡。这个说法有没有道理呢?我认为没有,我坚定地认为李显是死于恶妻恶女之手。这一点可以从改年号的细节中看出端倪。

在李显死后两天,他的年号被改了,由景龙改为唐隆。

改年号就意味着不正常吗?

对,不正常,很不正常。

我们不妨看看李显之前的一些皇帝是如何对待先帝年号的:

隋炀帝杨广于隋文帝仁寿四年继位,次年改元大业。

唐太宗李世民于唐高祖武德九年继位,次年改元贞观。

唐高宗李治于唐太宗贞观二十三年继位,次年改元永徽。

李显于唐高宗弘道元年继位,次年改元嗣圣。

李显于武则天神龙元年继位,光复唐朝之后非但没有立即更改年号,而且沿用了两年。

而在李显死后,他的年号被火速改为唐隆,这又意味着什么呢?

历史总是有惊人的相似,在一些历史悬案里面,年号扮演着相同的角色。

与这一次改年号相似的还有一起:

宋太祖开宝九年十月十九日,太祖赵匡胤去世,两天后赵光义继位,随即改年号为太平兴国,而此时距离年末只有70天。

匆忙改元的背后，隐藏着一起千古迷案：烛影斧声。

那么李显之死是否也是疑案呢？答案在每个人的心中。

布　局

日子就是一个问题接着一个问题，只要日子继续，问题就不断出现。

这时韦皇后也发现了日子里的问题，本来她以为解决了李显就解决了问题，现在她发现，解决了李显是解决了问题，但是新的问题随之而来：她如何控制住局势？

李显在时，她从来没有考虑过这个问题，因为李显就是为她挡风的墙，现在墙不在了，她就要独自在窗口受风。

想来想去，只有利用外戚这一条路可以走，幸好，她早有准备。

在这之前她已经把自己的哥哥、族弟、族侄安排进了朝廷，同时还把两个家族子弟发展为自己的女婿，现在到了起用他们的时候。

公元 710 年六月三日，韦皇后对外封锁李显的死讯，同时召集宰相到内宫开会，会议决定征召全国府兵五万人进入长安戒备，这五万人全部交给韦氏子弟掌管。

驸马都尉韦捷（娶成安公主）、韦灌（娶定安公主）、卫尉卿韦璿、左千牛中郎将韦锜、长安县尉韦播、郎将高嵩在这个时候走上前台。当然还有一个重要人物，礼部尚书同时也是宰相之一的韦温，他是韦皇后的亲哥哥。

或许有人要问，里面怎么还有一个高嵩？

高嵩也不是外人，他是韦温的外甥，也算韦皇后的自己人。

这样，五万府兵部队就牢牢掌控在韦皇后的手里，这是她的底牌。有了这张底牌，稳定局势看起来并不难。

与此同时，李显的遗诏也在紧张的起草之中。

诏书的起草工作由上官婉儿承担，太平公主在一旁协助，经过两人的商议，诏书的草稿拟成，大体内容如下："立温王李重茂为皇太子，韦皇后主持政事，相王李旦参谋政事。"

这个权力布局比较对太平公主和上官婉儿的胃口，她们都想把相王李旦拉

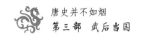

进后李显时代的权力格局：太平公主出于亲情和自己的利益考虑，上官婉儿则是向李旦示好，为自己的将来留条后路。

然而两个人的如意算盘没有打成，诏书的草稿很快被宗楚客否决。

宗楚客看完诏书草稿，马上找到礼部尚书韦温，语气严重地跟他说："相王辅政，于理不宜；且他跟皇后，是叔嫂关系，按照古礼，叔嫂不能说话，那么他们同时出现在朝堂之上，该怎么相处呢？"

所谓的"叔嫂不能说话"，只是宗楚客的说辞，他有自己的私心，把李旦排除出去，那他跟韦温就有了辅政的机会。

说到底，是为他们自己。

在宗楚客和韦温的游说下，韦皇后把相王李旦从辅政的位置上拉了下来，改为闲职：太子太师，相当于顾问，顾得上就问，顾不上就不问。

事情到了这一步，韦皇后认为差不多了，该是向天下公布李显死讯的时候了。

六月四日，李显的灵柩从神龙殿迁往太极殿。韦皇后召集文武百官向天下公布了李显的死讯，然后登上金銮宝殿，临朝摄政，赦免天下，改年号为唐隆。在六月四日之前为景龙四年，在六月四日之后为唐隆元年。

历来改年号都是皇帝的事情，而临朝摄政的韦皇后却自作主张改了年号，这只能证明，这是一个浅薄至极、愚蠢到家的女人。

她想用改年号的方式将李显这一页快速翻过去，却没有意识到，有些事情太过刻意了，便是欲盖弥彰。

改完年号后，韦皇后开始收买人心，她将相王李旦委任为太尉，这是位列三公的职位，不过也是虚职，形式大于内容。与相王李旦一起被任命的还有李守礼和李成器，李守礼是现存的武则天年龄最大的孙子，李成器则是相王李旦的长子，两人都被封王，李守礼为邠王，李成器为宋王，他们跟相王李旦一起陪韦皇后读书。

在这三项任命之外，韦皇后有一项重要任命，任命韦温为总知内外捉兵马事（全国警备及武装部队总监），这才是所有任命中最关键的。有了这个任命，韦皇后就把全国的兵权抓在了手中。

抓紧了吗？看上去抓紧了。

在韦皇后改元三天后，十五岁的太子李重茂登基称帝，尊韦皇后为皇太后，此时的他已经无年号可改，因为三天前韦皇后已经改过了。

别的皇帝都是先登基后改年号，唯独韦皇后导演下的皇帝先改年号后登基，因此怎么看这个皇帝都不是正版，而是山寨版。

而一般情况下，山寨版的寿命都不长。

现在韦皇后已经是高高在上的皇太后，她该满意了吧？

不，她还不满意，她还想比肩武则天。

历史经验证明，君子在某些朝代可能绝种，而小人在所有朝代遍地都是。

在武则天进行朝代更替时，君子不多，小人遍地，现在这个现象再次出现，一群小人开始为韦太后鼓吹呼喊。

小人的名单很长，核心人员有兵部尚书宗楚客、太常卿武延秀、司农卿赵履温、国子祭酒叶静能以及诸多韦氏子弟，他们一起劝说韦太后仿效武则天的先例，在南北禁军和政府机关中任用韦氏子弟掌管，同时发展党羽，京城内外连成一片。

韦太后马上点头同意，这正是她想要的结果，既然大家都这么说，那就开始执行吧。

随后宗楚客又给韦太后上了一道奏疏，在奏疏中他引用了一个图谶，这个图谶表明，韦太后应该革唐命，开创新的王朝。

要了亲命了。

如果韦太后成功，李唐王朝就被腰斩两次，前一次是因为武则天，后一次则是因为韦太后。

在宗楚客的奏疏中，还提到了三个人，一个是登基称帝的李重茂，一个是相王李旦，另外一个是太平公主，这三个人是韦太后前进道路上的绊脚石，而绊脚石始终是要被搬开的。

不久，宗楚客、韦温、安乐公主又纠缠在一起，他们开始密谋，针对的便是三块绊脚石，只有搬开这三块绊脚石，他们才能达到自己的目的。

随后安乐公主的丈夫武延秀也加入了进来，他也想清除这三块绊脚石，不过他还有更深层的目的，因为有人跟他说过：你应该中兴大周王朝。

同床异梦，各怀鬼胎。

螳螂捕蝉，黄雀在后。

那么黄雀的背后又是什么呢？

第十九章　唐隆政变

李　隆　基

公元 710 年的李隆基，已经是二十五岁的有志青年了。

从小，他就让祖母武则天刮目相看。

在一次进宫进见时，六岁的李隆基装束整齐，庄重威严，正当红的武懿宗想杀杀他的威风，故意挡住了李隆基的路。

李隆基知道武懿宗正当红，但是他依然没有给武懿宗面子，大喝一声："我家朝堂，干你什么事，竟敢挡我的马！"

武懿宗被小孩子大喝，很是没有面子，正想反驳，武则天走了上来，她正好看到了这一幕。

武则天非但没有怪罪李隆基，相反，她对这个孩子刮目相看。

事实证明，武则天看人的眼光一向精准。

不过，这次刮目相看没有给李隆基带来太大的好处，在武则天统治的时代，他跟父亲李旦都活得非常憋屈。八岁那年，他的亲生母亲被武则天处死，而他和父亲都是敢怒不敢言。

在武则天统治的后期，李隆基的境遇有所改观，他开始步入仕途，并且曾经外放到潞州（今山西长治）出任潞州别驾（政府总秘书长）。

此时的李隆基在官场并不得意，但这并不影响他广交朋友。年轻时的李隆基非常会笼络人，每到一地都会结交很多朋友，在潞州时他的朋友很多，回到长安，他的朋友更多。

一个仇人就是一堵墙，一个朋友就是一条路，李隆基的众多朋友成就了他日后的路。

在李隆基的朋友之中，有一类朋友他很看重，这类朋友就是京城的万骑卫士。

说起万骑卫士，历史就悠久了，需要追溯到太宗李世民时代。

贞观年间，李世民特意从犯罪被判刑的人家以及外族人家挑选了一些精锐子弟，这些子弟的共同特点就是感恩而忠诚。经过训练，李世民让他们身穿画有老虎的衣服，跨坐画有豹子的马鞍，每次李世民外出打猎，他们都一起跟随，护驾的同时还负责射杀飞禽走兽，后来李世民把他们命名为"百骑卫士"。

到了武则天时代，"百骑卫士"扩编到一千人，于是改称"千骑卫士"，隶属于左右羽林军。

到了李显时代，"千骑卫士"改成"万骑卫士"，而这些万骑卫士中就有很多与李隆基交心的朋友。

日后的事实表明，正是这些万骑卫士朋友，为李隆基赢得了一生的荣耀。

事　变

命有三尺，难求一丈，然而欲壑难填的韦皇后不这样认为，她已经得到了三尺，还想追求一丈。

在韦皇后的指使下，宗楚客开始密谋，他顺手拉了一批人一起从事这项有意义的密谋事业，这批人中就包括兵部侍郎崔日用。

宗楚客把崔日用当成知己，崔日用也把宗楚客当成知己。然而时间一长，崔日用发现，宗楚客的胆子太大了，他做的都是冒险的事，如果密谋成功，那么富贵无忧，一旦失败，所有参与的人必定死无葬身之地。

瞻前想后，崔日用怕了，他害怕遭遇失败的结局，于是开始思考自救的办法。

把认识的人在脑海中过了一遍，崔日用决定把宝押在李隆基身上，他知道
这个人虽然在仕途上还不显山露水，但在关键时刻，这个人可以做大事。

崔日用派宝昌寺和尚普润秘密拜见李隆基，通报了宗楚客的密谋，这下宗
楚客的密谋被提前泄露出来，给了李隆基准备兵变的时间差。

李隆基的第一反应并不是向自己的父亲李旦汇报，而是找姑姑太平公主商
量。太平公主一听密谋也吓了一跳，她马上意识到，如果说武家和李家还能和
平相处的话，那么韦家与李家已无和平相处的可能。

既然不能和平共处，那就兵戎相见吧。

在太平公主的支持下，李隆基开始了小规模的串联。经过他的串联，太平
公主的儿子卫尉卿薛崇简、苑总监钟绍京、尚衣奉御王崇晔、前任朝邑县尉刘
幽求、利仁府折冲麻嗣宗都加入李隆基的小圈子，他们都准备跟李隆基起兵。

然而，即便这些人都支持李隆基起兵，李隆基依然没有足够的底气，他知
道他们这些人说白了就是一群散兵游勇，如果真刀真枪与禁军对抗，根本没有
胜算。

到哪里找一批管用的兵呢？

李隆基正盘算着，管用的兵自己送上门来了。

上门拜访李隆基的是征兵府果毅（副司令）葛福顺和陈玄礼，他们是来
找老朋友李隆基诉苦的。

原来，这两天葛福顺和陈玄礼正处于郁闷之中，起因是新上任的长官韦播
和高嵩经常无缘无故打人，打人没有理由，就是想树立自己的权威，想以此镇
住禁军的局面。

李隆基静静地听着葛福顺和陈玄礼的抱怨，他知道千载难逢的契机正在从
天而降。

等葛福顺和陈玄礼诉完苦，李隆基陪着他们抱怨了一番，然后话里话外透
出诛杀韦家势力的意思。聪明人说话一点就透，葛福顺和陈玄礼一对视，顿时
明白了李隆基的意思。

其实，如果韦播和高嵩一直镇守禁军，葛福顺和陈玄礼这些人并不敢轻举
妄动，因为对方根基已深，然而韦播和高嵩偏偏都属于韦皇后临时任命的空降
干部，在禁军之中没有根基，也就注定无法服众。

听完李隆基的策划，葛福顺和陈玄礼一下子跳了起来，李隆基说出了他们

一直想却不敢做的事情，以前只是在心里盘算有朝一日狠狠殴打韦播和高嵩一顿，现在要做就做个彻底。

在策反完葛福顺和陈玄礼之后，李隆基趁热打铁又策反了万骑卫士营的朋友。万骑卫士营副司令李仙凫也加入李隆基起兵的阵营。

万事基本俱备，这时有人提醒李隆基：是否应该通报相王？李隆基摇了摇头，不用了。

李隆基说："我们发动兵变是为了江山社稷，事成了，大福归相王；不成，我们自己承担，也不连累他。今天如果通报给他，就是连累他，如果他不同意，反而破坏我们的大计。"

李隆基说得冠冕堂皇，其实在心中他早就把父亲李旦看透了。知子莫若父，这句话反过来说也成立。

在李隆基眼中，父亲守成可以，冒险却难，以父亲的性格必定做不了这种冒险的事情，那么就索性不通知他。

想一想也很讽刺，一代天骄李世民选择李治继承自己的帝位，却没有想到李治软弱，又把软弱传递到下一代。李治的八个儿子除李贤外，都是能力平平之辈，唯一出挑的李贤，反而被武则天处理掉了。前面我们已经说过，为什么武则天处理李贤，是因为他有能力，危险性大；为什么不除掉李显和李旦，因为他俩过于平庸，没有多大危险性。

冯小刚导演的贺岁电影《没完没了》中，已故著名演员傅彪饰演包车的老板阮大伟，葛优饰演开车的司机韩冬。韩冬为了索要自己的车钱"绑架"了阮大伟的女友，阮大伟死活不相信是韩冬"绑架"了女友，他说了一句话："韩冬能好成什么样我不知道，他能坏成什么样，我太知道了！压根就不可能！"

韩冬被阮大伟看扁了，同样李显和李旦也被武则天看扁了。

幸好，李旦还有李隆基这么一个儿子，不然李唐王朝可能被再次腰斩。

公元710年六月二十日中午，李隆基开始行动，他和刘幽求等人一起来到了皇家林苑。皇家林苑位于皇城以北，这里离皇城北门玄武门非常近，同时非常隐蔽，而且这里还是苑总监钟绍京的地盘。

然而，就在这千钧一发之际，钟绍京反悔了，他想打退堂鼓。

李隆基站在钟绍京的宿舍外面，钟绍京则在里面来回踱步，犹豫不决，他

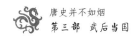
有些害怕，万一起兵失利呢？那么自己不但将失去现有的一切，而且还会死无葬身之地。

犹豫不决的不仅仅是钟绍京，李隆基的家奴王毛仲做得更彻底，他索性脚底抹油溜了，到起事的时候，死活找不到他。

李隆基可以不理会王毛仲，但是他必须争取钟绍京。按照他的计划，他们将在这里潜伏到二更时分，如果钟绍京变卦，他们不仅无法潜伏，甚至有可能提前暴露。

幸好，钟绍京的妻子站了出来。古人总说女人头发长见识短，然而钟绍京的妻子头发很长，见识却不短。

钟绍京的妻子说道："舍身救国，神灵也会保佑，况且你已经参加了预谋，你以为今天不参加起事，将来就能免祸吗？"

这句话一下子点醒了钟绍京：是啊，此时就算反悔，也是五十步笑百步，将来如果追查，还是难逃一死，那就不如索性搏一把。

钟绍京这才打开房门把李隆基迎了进来，李隆基握住他的手，用力地握了握，他要用这个方式把自己的信心传递给钟绍京。

夜色来临，葛福顺和李仙凫如约来到皇家林苑与李隆基相见。他们告诉李隆基，一切正跟李隆基预想的一样，他们所在的左右羽林军正好驻守在玄武门，今晚从这里他们可以搅动天下。

众人在等待中熬到了二更时分（晚上9点到11点），李隆基抬头看天，他发现今夜的星空有些特别，天上的星星向四周散落，一片洁白，明明是夏夜，却有着冬季雪夜的感觉。

这时刘幽求说话了："看来天意如此，我们机不可失。"

这句话，在关键时刻很提气。

李隆基向葛福顺和李仙凫使了个眼色，两人心领神会飘然而去。看着两人的背影，李隆基心中暗暗祈祷。

葛福顺和李仙凫熟门熟路回到玄武门，一直闯入羽林军大营，手起剑落，韦播、韦璿、高嵩三颗人头应声落地，就此拉开兵变的序幕。

葛福顺拿起三颗人头，冲着惊起的羽林军士兵说道："韦后毒害先帝，危害社稷。今晚一同诛灭韦家势力，比马鞭高的韦家人一个不留！事成后拥立相王以安天下。敢有三心二意助逆党者，罪及三族！"

同事先设想的一样，羽林军士兵群起响应。

这一切还是因为韦皇后根基太浅，她以为将韦氏子弟安插进羽林军就抓住了兵权，其实她什么都没抓住。

堡垒就这样从内部攻破。

在皇家林苑等候消息的李隆基看到了韦播等人的人头，他知道葛福顺已经得手了。一声令下，李隆基和刘幽求等人一起冲出了皇家林苑的南门，在他们的身后是钟绍京调集的二百多名园丁和工匠，他们操着斧子和铁锯也参加了兵变。

李隆基等人逼近了玄武门，他们在等待葛福顺的下一步消息。

玄武门内，葛福顺等人将羽林军兵分两路，一路攻打玄德门，一路攻打白兽门，双方约定，最后在凌烟阁前会师。

三更时分，李隆基听到宫城内喊杀声起，随即带领人马从玄武门入宫，此时驻守玄武门的羽林军早已都站在李隆基一边，李隆基如履平地一般进入宫中。

与此同时，在太极殿为李显守灵的士兵也披上铠甲参加战斗，他们也被李隆基事前策反了。

天无绝人之路，这句话或许适合每一个人，但偏偏不适合韦皇后，因为她的路已经到了尽头。

被惊醒的韦皇后一路飞奔，跑到了飞骑卫士营，以为逃进了避风港，却没想到，背后就遭羽林军士兵飞起一刀，就此结束了她心比天高、命比纸薄的一生。

韦皇后的一生是悲剧的一生、浅薄的一生，李显的第一次皇帝生涯戛然而止，就是因为她的浅薄，若不是她急于火箭般提拔自己的父亲，武则天一时间还找不到废黜李显的借口。正是因为她的浅薄、她的急于求成，结果导致了李显的被废，也导致了自己与李显长达十四年的监禁生活。

遗憾的是，十四年的监禁生活非但没有增加她的生活阅历，反而让她更加浅薄，如同一个曾经挨过饿的人，当遭遇美食之后便止不住暴饮暴食，在暴饮暴食的同时却忘记了，饿，可以饿死人，而撑，同样会撑死人。

韦皇后的前半生被物质和权力饿坏了，所以她想在自己的后半生拼命补偿，她看到了武则天的高高在上，却忽略了武则天在高高在上之前已经有数十

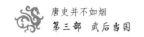
年的蛰伏与酝酿，就像看别人登顶珠峰的瞬间，只看到别人的脚登绝顶，却对别人脚下的 8848 米视而不见。

从皇后到女皇，武则天走了三十五年，而韦皇后，从二度当皇后到李显驾崩，前后不过五年。以自己的五年想比肩武则天的三十五年，这注定是一场大跃进，看起来似乎追上了，其实下面全是泡沫。

武则天的聪明在于，即使已经大权在握，她依然保留着李治这道挡风的墙；韦皇后的愚蠢在于，大权还没有真正在握，却急匆匆地拆掉了李显这道看似多余的墙。

政治法则与自然法则其实一脉相承，如果韦皇后知道"兔子换毛"的寓言故事，或许她会如梦方醒。

兔子换毛的故事是这样的：

每到冬季，野兔都会换上长毛，这样有利于它们过冬。有一年，气温降得特别早，兔子就换上了长毛。

不料气温骤降只是假象，冬天并没有真正来临，提前换上的长毛反而格外扎眼，让它们成为猎人的活靶子，不少兔子倒在了猎人的枪口之下。

冬天终于过去了，气温回升，这时兔子们以为春天已经来临，纷纷蜕去了长毛，不料这次还是假象，春天没有真正来临，兔子们又遭遇了"倒春寒"，不少兔子死于严寒之中。

这个故事告诉我们，无论什么时候，都不要被假象迷惑。

韦皇后的事实证明，她被自己营造的假象迷惑了，她的墙拆早了。

在韦皇后之后，遭殃的是她的女儿安乐公主。兵变士兵冲进她的房间时，她还在对着镜子描眉，三更半夜描眉，莫非是想扮鬼？

不用扮了，你就是！

兵变士兵手起刀落，安乐公主从此只能在另外一个空间做自己的"皇太女"梦了。

随后遭殃的是安乐公主的丈夫武延秀，他听到兵变的消息，不知所措，结果在肃章门外被兵变士兵结束了他的一生，中兴大周王朝的梦也随之破灭。

接下来倒霉的是上官婉儿，原本她有求生的机会。

其实，上官婉儿倒向太平公主和相王李旦已经有些日子了——在李重俊兵变之后，上官婉儿意识到自己的危局。从李重俊起兵来看，他对自己恨之入骨，推而广之，或许李唐皇族中有很多人仇恨自己，这可不是一个好现象。现在武三思已经不在了，自己也没有必要再站在武家一边了。

从此之后，上官婉儿倒向了太平公主一边，与韦皇后也若即若离，她想用这种方式为自己的将来留一条后路。在起草李显遗诏时，她更是不遗余力，竭力想把相王李旦推到辅政的位置上。

然而天不遂人愿，上官婉儿的努力被宗楚客无情扼杀，最终还是没有送上这份人情。

不过上官婉儿早有准备，她把遗诏的草稿一直保留着，以备将来不时之需。

现在，草稿真的派上了用场。

李隆基和刘幽求一起查看了草稿，发现正如上官婉儿所说，起初遗诏确实有让相王李旦辅政的意思，说明上官婉儿确实心向相王，只是最终没有做成而已。

刘幽求看着李隆基，眼神变得柔和了一些："要不，就把她放了？"

李隆基摇摇头："不行，她以前做的坏事太多了。"

斩！

到头来，上官婉儿还是没有躲过被斩的结局。

一失足成千古恨，再回头已是百年身。

各得其所

宫城中的刀光剑影渐渐平息了下来，在太极殿守灵的皇帝李重茂心情却无法平复。一幕幕惨剧在他面前上演，时时冲击着他那只有十五岁的心灵，原本他不应该承受这一切，是韦皇后非要把他推上皇位，然后让他来面对这一切。

刘幽求走了进来，看到了待在原地的李重茂。心直口快的刘幽求大喊一声："咱们今晚不是说好拥立相王吗？为什么不早点拥立？"

话音刚落，李隆基走了过来，冲他使了个眼色：着什么急，追查余党要紧。

刘幽求是聪明人，一看李隆基的眼神就明白了，转身出去继续追杀韦皇后

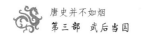

的余党。

一夜在不平静中度过。

六月二十一日一早，李隆基出宫向父亲李旦报告了兵变的消息。李旦第一反应是震惊，第二反应是欣慰，他早知道这个儿子能做大事，没想到昨晚真的做成了大事。

李隆基流下了眼泪，请求老爹原谅自己没有提前通报。李旦心里很明白，换作自己，自己是没有胆量做这件大事的。他安慰李隆基说："国家和朝廷都没有支离破碎，这还不都是你的功劳吗？"

父子二人简短交谈之后，随即一起进宫，他们知道，还有残局等待他们收拾。

李隆基这边胜券在握，韦氏一党则是大祸临头。在大祸临头之际，韦氏余党各有各的表现，他们的表现构成了人性百态。

最先倒霉的是宰相、太子太保韦温，兵变之前，他还高高在上，手握全国兵权，然而仅仅一个晚上过去，他的兵权就作废了，他自己则被公开处斩。

韦温之后，倒霉的是之前跳得最欢的宗楚客。

由于李隆基已经下令关闭城门，宗楚客便进行了一番乔装改扮，穿上一身丧服，骑着一头青驴，扮成奔丧的人晃晃悠悠向长安城的通化门走去。

如果是一般人，或许在丧服和青驴的掩护下就能混出城，然而宗楚客演砸了，守门的士兵居然把他认了出来。

士兵大喊一声："你是宗尚书！"随即一把扯掉了宗楚客用来伪装的头巾，真相更加大白。

就在通化门前，红极一时的宗楚客和弟弟宗晋卿被斩首示众，结束了自己向"更高更快更强"奋斗的脚步。

看来人太出名了，有时也不是一件好事。

宗楚客之后，倒霉的是司农卿赵履温，在鼓动韦皇后改朝换代的名单中，有他的名字。

说起这个赵履温，这是小人中的小人，极品中的极品。

原本他跟五王之一的桓彦范有亲戚关系，他是桓彦范的大舅哥。由于这层姻亲关系，桓彦范在短暂得势期间拉了他一把，声称他曾经参与过诛杀二张的行动，把他列入功臣名单。因为这次并不存在的功劳，赵履温由易州刺史升任司农少卿。

为了感谢桓彦范，赵履温给桓彦范送了两个婢女以示感谢。然而好景不长，桓彦范落难了，从宰相的高位上摔了下来。这时赵履温又来了，向桓彦范提了一个要求：把我送给你的两个婢女还给我吧！

就这样，送出去的婢女，又被赵履温要了回来。

桓彦范倒台之后，赵履温投靠了安乐公主，安乐公主的宅邸、定昆池都由赵履温经手。为了打造宅邸和定昆池，赵履温几乎掏空了国库。为了表示对安乐公主的效忠，身为三品高官的他把自己的紫袍掖到腰间，然后抻着脖子给安乐公主拉牛车，明白人知道这是三品高官帮忙拉车，不明白的还以为安乐公主家的紫牛成精了，学会直立行走。

现在安乐公主倒了，赵履温马上意识到自己的危机，同当年桓彦范倒台时一样，他紧急行动了起来，抓紧一切时间补救。

听说相王李旦和皇帝李重茂登临安福门，赵履温一溜烟小跑来到安福门下，随即三拜九叩，高喊"万岁"。然而万岁还没喊完，赵履温就再也没法喊了，相王李旦命令万骑卫士砍下了他的人头，他只能到另外一个地方接着喊了。

这时平常受赵履温奴役驱使从事劳动的百姓围了上来，他们恨透了这个为非作歹、欺压百姓的家伙，连吃了他的心都有。

心动不如行动。

不一会儿，行动起来的老百姓把赵履温的肉割光了，他们真的把他吃掉了。

与赵履温相比，另外两个韦后余党的表现更让人不齿。

秘书监李邕原本娶韦皇后的妹妹崇国夫人为妻，御史大夫窦怀贞娶韦皇后的乳娘为妻。曾经他们无比陶醉于自己的政治婚姻之中，现在则到了跟这段婚姻一刀两断的时候。

李邕和窦怀贞不约而同地向自己的妻子举起了刀，然后把妻子的首级送给了李隆基，战国时白起杀妻求将，现在这两个人杀妻解套。

高尚的人各有各的高尚，无耻的人却一脉相承。

相比于这些人的无耻，尚书左仆射韦巨源的表现倒是很有风范。

韦巨源也是韦后余党，听到事变，他没有跑，反而主动走了出来。他还想

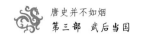
尽自己的职责收拾残局，他对家里人说："我位列大臣，怎么能听到朝廷有难不去救援呢？"

说完，韦巨源从容走出了家门，前往政府所在地。可惜走到半路，就被兵变的士兵杀害，享年七十九岁。

尽管他是韦后余党，但他忠于自己的职守，而每一个忠于自己职守的人都应该受到我们的尊重，无论他是我们的同伴，还是对手。

在韦巨源之后，韦后的余党——遭到了清算，精通医药的马秦客、烧得好菜的杨均、国子祭酒叶静能、与宗楚客合称"宗、纪"的纪处讷，这些曾经最红的人，全部追随韦皇后而去。

至于之前红极一时的武家和韦家，全部遭遇灭顶之灾，武姓家属几乎全部被诛或流放，而韦姓更惨，在无间道崔日用的带领下，韦姓所居住的韦曲（韦家庄）连怀抱的婴儿都没有躲过这场劫难。值得一提的是，与韦曲相邻的杜曲也跟着遭殃，因为有一部分韦氏子弟住进了杜曲，结果他们的邻居也被当成了姓韦的，遭遇横祸。

兵变，本身并无正义可言；在兵变之下，姓韦还是姓杜，有时分得不是那么清楚。

皇位更迭

经过一天的整肃，长安城终于平静了下来，这时皇帝李重茂遵从李旦的意思下诏："逆贼首领已经伏诛，自此余党一概不问。"这纸诏书算是为兵变画上了句号。

兵变虽然结束，还有很多事情需要去处理。

六月二十二日，正在太极殿镇守的刘幽求接待了一些宦官和宫女，他们是来替李重茂的生母说情的，他们求刘幽求帮忙，让皇帝李重茂册立生母为皇太后。这个请求被刘幽求断然拒绝，刘幽求说道："国有大难，人情不安，先帝还没有安葬，怎么能急于册封太后呢？"

话音刚落，李隆基再一次制止了刘幽求："这些话不要轻易说出口！"

刘幽求一看李隆基的眼神，马上意识到自己又说错话了。本来说好要拥立相王李旦，一旦拥立相王李旦还有李重茂什么事啊，还有太后什么事啊，因此刚才自己说的话有毛病，有大毛病。

刘幽求在心里暗骂自己一声，以后还是少说话吧。

六月二十三日，兵变后的第三天，此时的局势已经与兵变之前有着天壤之别，李隆基父子以及太平公主将兵权牢牢抓在自己手中。

在彻底执掌兵权之前，相王李旦先是辞让了一件东西：皇位。

皇位是太平公主带来的，她说，奉皇帝李重茂之命，将皇位禅让给相王李旦。闻听此言，李旦奋力摆了摆手，坚决辞让，太平公主一看哥哥辞让得如此坚决，也不再勉强，还是先把兵权抓到手再说吧。

随后，兵权在李隆基父子和太平公主的主持下进行了分割：

平王李隆基出任殿中监（宫廷总管）兼任宰相；

宋王李成器出任左卫大将军；

衡阳王李成义出任右卫大将军；

巴陵王李隆范出任左羽林大将军；

彭城王李隆业出任右羽林大将军；

光禄少卿李微出任摄理右金吾卫大将军；

太平公主的儿子薛崇简出任右千牛卫大将军。

至此，禁军中的兵权全部被李隆基父子和太平公主分割。李重茂成为名副其实的光杆皇帝，以前他的背后还有韦皇后，现在他的背后还有谁呢？

看到这个布局，很多人已经心知肚明，参与了兵变的刘幽求比别人更明白，他意识到，是时候把相王李旦推上皇帝的宝座了。

刘幽求找到了宋王李成器和平王李隆基说："相王当过皇帝，众望所归，现在人心未安，家国事重，相王怎么还能拘泥于小节、不早点登基以安天下之心呢？"

李隆基回应道："相王生性淡定，本来是皇帝还要让出去，况且现在的皇帝是他兄长的儿子，他怎会取而代之？"

刘幽求依然没有放弃："人心不可违背，就算相王想独善其身，那么江山社稷怎么办？"

李隆基和李成器相互看了一眼，他们知道应该敦促父亲登基称帝了。

经过李隆基和李成器的劝说，李旦答应了，他也要跟兄长李显一样，第二

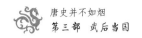

次登基称帝。

时间进入六月二十四日，一切已经准备就绪。

太极殿上，皇帝李重茂在东厢，面对着西方，李旦则站在兄长李显的灵柩之前，太平公主和李隆基等人则在一旁站立。

这时太平公主先开口了，她朗声说道："皇帝想把皇位让给叔叔，可不可以啊？"

话音刚落，刘幽求站了出来，跪下说道："国家多难，皇帝仁孝，效仿圣人尧舜，把皇位让给叔父是出于一片诚心。相王登基之后，对侄子的关爱也必定会非常深厚。"

太平公主赞许地点了点头，再看众人也没有反对意见，便把李重茂让位的诏书交给了李旦。

一切的一切都是在演戏，李隆基是演员，李旦是演员，太平公主是演员，刘幽求更是演员，他们都在演戏给李重茂这个小孩子看。

世上从来没有免费的午餐，同样也没有免费的戏，既然李重茂看了这场戏，他就必须为这场戏买单，买单的代价就是他的皇位。

戏演完了，每个人都应该回到自己生活中的角色，这时李重茂偏偏还没有回过味来，他还坐在金銮宝座上。姑姑太平公主走了上来，对他说道："天下已经归心相王，这个位置不是你这个小孩子坐的。"

没等李重茂反应，太平公主揪着李重茂的衣领把他揪了下来，到这个时候，李重茂的皇帝生涯宣告结束。如果从韦皇后改元算起，他当了二十天皇帝，如果从他登基算起，他的皇帝生涯不过十七天。

从始至终，他最无辜，十七天前，他被当成木偶放上了皇帝的宝座；十七天后，他被当成木头从皇帝的宝座搬了下来。十七天对他而言如同做了一场梦，而他却要为这十七天用自己的一生买单。

在"被禅让"之后，李重茂就过上了被拘禁的生活。即便这样的生活也没有持续多久，四年后，李重茂出任房州刺史，不久就将自己短暂的人生定格在那里。

李重茂后来的人生被定格，而李旦的皇帝人生才刚刚开始，这个前半生两让皇位的皇帝，终于当上了真正的皇帝。

在他的前半生中，他先是把皇位让给了自己的母亲武则天，当然不让也不行；后来在当皇嗣的过程中，他又主动让出了皇嗣的位置，等于让出了未来的皇位，当然不让可能也不行。

生活注定要跟李旦开一个玩笑，明明已经安排了他当皇帝，却又让他的皇帝生涯一波三折。前半生两让皇位已经够传奇，不过这样的传奇还不够，传奇一般要数到三的。

不过，我们还是先来隆重记录李旦的第二次登基称帝吧。

公元710年六月二十四日，李旦登基称帝，成为与兄长李显一样的两次登基称帝的皇帝。

册立太子

李旦登基称帝时，已经四十八岁，如果说别的皇帝登基之后可以不急于立太子，那么李旦这个年纪是必须立太子了。古代人的平均寿命都短，古语说，人生古来七十稀，具体到李唐王朝的前几位皇帝，平均寿命更是不长。

开国皇帝李渊活了六十九岁，太宗李世民活了五十一岁，高宗李治活了五十五岁，中宗李显活了五十四岁，他们的寿命都不算长，尤其是后三位皇帝，李治的五十五岁已经算高龄了。

寿命这种事情，在一个家族中经常会在无形之中作比较，有些家族甚至会有一个年龄坎，很少有人闯过那道坎，为什么会这样呢？一是身体原因，二是心理暗示。

现在李旦也在无形中意识到自己的寿命问题，因而册立太子显得尤为关键。

问题随之而来，册立谁呢？

如果按照立嫡立长的原则，嫡长子宋王李成器是天然人选，然而李旦心里很清楚，自己的皇位不是顺理成章、水到渠成的，而是三子李隆基冒着天大的干系换来的，不立他为太子合适吗？

就在李旦左右为难之际，宋王李成器先表态了，他辞让道："国家安定，则遵照嫡长子优先的原则；国家危难，则要先考虑立有功勋的皇子，此次如果处置不当，必定会失去天下人心，臣不敢居于平王李隆基之上。"

别人对皇位抢都来不及，李成器却坚决辞让，而且一连几天，痛哭流涕，

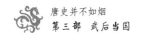
辞让的态度非常决绝。

看到李成器如此决绝，朝中的诸多高官也认为应该立李隆基为太子，毕竟他在兵变中的功劳最大，太子非他莫属。

这时，刘幽求又出现了，这段时间他实在是非常活跃。

刘幽求对李旦说："臣听说能铲除天下大祸者，就应当享天下之福，平王李隆基拯救社稷，同时让君王免于危难，论功最大，论德最厚，陛下就不需再犹豫了！"

听完刘幽求的话，李旦点了点头，刘幽求的说法正代表了诸多大臣的想法，看来他们都站到了李隆基一边。

公元710年六月二十七日，李旦下诏，立李隆基为太子。李隆基随即上疏，请求将太子之位让给大哥李成器，李旦没有批准，由此李隆基被册立为太子。

如果不了解历史，很多人会对李成器和李隆基的"兄友弟恭"大加赞赏，那么我要告诉你，别急着赞赏，这一切也是演戏。

李成器真的看着皇位不眼热吗？当然不是。

他同样眼热，但是他很清楚自己的实力，跟羽翼已经丰满的弟弟相比，自己就是一个光杆司令。即便也出任了左卫大将军，但那也只是一个名头而已，真正的兵权已经抓在了弟弟李隆基的手中。

如果说李成器曾经还有幻想，那么看到刘幽求出面后，他就知道自己的幻想该破灭了，那些刀尖上饮血的将领眼中只认李隆基一个主子，而不会认自己这个主子的哥哥。

为什么李隆基要推辞呢？

因为他要顾忌礼法，同时要顾忌那些潜在的支持李成器的人。李成器看似孤零零一个人，但他的背后还是会隐藏着一些拘泥于礼法、热衷于"嫡长子继位"的人。

所谓礼让，所谓"兄友弟恭"，其实都是政治游戏。

只要记住下面这句话，我们就能随时揭开皇族亲情的伪装。

亲情，在皇族是奢侈品。

第二十章　暗礁出没

平　反

公元 710 年六月二十四日，李旦登基称帝，李唐王朝从此恢复正统。

虽然在公元 705 年李显二次登基称帝，但李显依然活在武则天的阴影下。武则天引进的武氏势力虽然受到削弱，依然分享着李唐皇族的权力，再加上后来居上的韦氏，李显的政府更像是李家、武家、韦家三家的联合政府。

现在李旦称帝，猖狂一时的武家和韦家彻底退出历史舞台，李唐王朝的正统正式恢复。

登基不久，李旦便把母亲武则天的"则天大圣皇后"恢复为旧有称号"天后"，由此拉开平反的序幕。

"则天大圣皇后"，"天后"，看起来差别不大，其实相去甚远。

如果一直保留"则天大圣皇后"，那就等于承认武则天的周朝也是正统，武则天的所作所为是合法的，而回归"天后"，是把武则天的人生后期清零，她在此期间的所作所为，已经不再被后人认可。

迈过了这道坎，李旦着手给一些人平反。

他首先平反的是二哥李贤，他追赠李贤为章怀太子，这便是"章怀太子"的由来。

在李贤之后，起兵失败的李重俊也被恢复了位号，追赠为节愍太子，而被

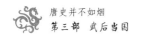
武三思迫害致死的敬晖、桓彦范、崔玄暐、张柬之、袁恕己全部恢复名誉，参与李重俊起兵的成王李千里、左羽林大将军李多祚也得以在身后恢复名誉。

在这些人之后，还有一个悲剧人物在时隔二十六年后终于被恢复名誉和生前官爵，这个人就是李治的托孤重臣裴炎。

裴炎的案子一度被武则天办成了铁案，在数次赦免中都特别强调，裴炎一族不在赦免之列。现在，裴炎终于得见天日，此时他已经长眠地下二十六年。

如果说裴炎被恢复名誉让人感慨，那么裴炎侄子裴伷先的经历则让人唏嘘。

裴伷先原本受裴炎牵连流放岭南，趁看守官员不注意，他从岭南跑回了洛阳。裴伷先以为就此躲过了处罚，没想到不久之后就被抓获，被打了一百棍后又被流放到北庭，北庭位于今天的新疆吉木萨尔县。

在北庭，裴伷先开始经商，由于他头脑灵活，交际广泛，买卖做得很不错。不过在经商的同时，裴伷先经常派人到洛阳打探消息，身为惊弓之鸟的他比谁都关心朝廷的动态。

不久，他得到一个惊人的消息：政府要大规模处决像他这样的流放犯人。裴伷先的汗毛顿时立了起来，他意识到不能在这里等死，随即开始向北逃命，一直逃到了游牧部落。

普天之下，莫非王土，跑到天边也能把你抓回来，不久裴伷先被抓了回来，等待他的只有死路一条。

鉴于他的经历比较特殊，北庭官员成立了裴伷先专案组，在裴伷先供认不讳后，专案组专门上疏武则天，请示如何处理这个特殊的犯人。

这时负责处决流放犯人的钦差已经到达北庭，除裴伷先之外，其余流放犯人基本都被处决，裴伷先因为等待女皇批示，因此暂且羁押，暂缓处理。

这一缓就缓出了裴伷先一条命。

没过多久，武则天向全国下达新的诏书，还没有处决的流放犯人一律赦免，这样裴伷先又捡回了一条命，他被释放回洛阳，重新当起平头百姓。

现在裴炎被恢复名誉，李旦主持的朝廷开始寻找裴炎的后人，找来找去，只剩下裴伷先一人，李旦就把恩宠落在裴伷先一人头上，委任他为太子詹事（太子总管府主任秘书），品级正六品，正处级。

此时的裴伷先经历了二十六年的沉浮，也经历了二十六年的人间冷暖，所谓宠辱，所谓去留，都不过是生命中的匆匆过客。在他的心中，或许早有一副对联：宠辱不惊，看庭前花开花落；去留无意，望天空云卷云舒。

李重福起兵

天下之大，千差万别，南方春意盎然，北国千里冰封，自然界如此，人类社会同样如此。

就在天下人感受李旦的恩泽时，却有人不领他的情，相反在暗中谋划推翻李旦，然后自立。

这个人是谁呢？李显的次子——谯王李重福。

说起来，李重福也是个可怜孩子，他的一生就是诸多皇子悲剧的缩影。

李重福刚出生时，和其他皇子皇孙一样，含着金钥匙出生，四岁那年他的父亲登基称帝，他由皇孙升级为皇子。然而皇子的生涯仅仅持续了几十天，不久他的父亲被废黜，他又由皇子变成囚犯，从此在囚禁中度日。

直到李显被立为皇嗣，李重福兄弟几个才被解除监禁，过上了正常的日子。

五年后，他时来运转，他的父亲李显终于被扶上了帝位，他再度成为皇子。

然而，好日子注定与他无缘，他还没有来得及分享父亲登基的喜悦，就被贬出洛阳，成为有名无实的均州（今湖北丹江口市）刺史。

李重福知道，这一切都是韦皇后捣的鬼。这个女人非要把大哥李重润被害算在自己的头上，非要说是自己向张昌宗和张易之告的密。

诬蔑，无边的诬蔑。

公元709年，李显在长安南郊祭天，随后大赦天下，然而李重福不在此列，他依然只能待在均州，做那个可有可无的刺史。为此李重福专门给李显上了一道奏疏，恳请父皇允许自己回到长安，然而奏疏上去，又如泥牛入海。

从此二十九岁的李重福对韦皇后充满了仇恨。

事有凑巧，也是在公元709年，一位同样怀恨韦皇后的人出现在李重福面前，这个人就是武三思迫害五王时的智囊——郑愔。

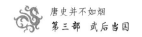

郑愔因为收受贿赂、贪赃枉法由吏部侍郎贬为江州司马。郑愔心里知道，所谓收受贿赂只是表面原因，真实原因是自己被韦皇后抛弃了，如今在韦皇后面前当红的是宗楚客，自己则是可有可无的人。

孔子说，唯女子和小人难养也。郑愔就是孔子说的小人，请注意这里说的小人就是我们传统意义上的小人，而不是《于丹论语心得》所解释的：小人，小孩的意思。（要了亲命）

可有可无的郑愔开始仇恨韦皇后，路过均州时，便专程拜访了李重福，两人相约起兵，讨伐以韦皇后为首的韦家势力。

与郑愔和李重福一起谋划起兵的还有一个人，这个人叫张灵均，洛阳人，相比于郑愔，他更加积极，而且更有谋略。

计划总是赶不上变化，没等李重福起兵，韦皇后就被李隆基收拾了。听到长安兵变的消息，李重福比谁都失落，为什么自己起个大早却赶了个晚集呢？

郁闷！

郁闷中的李重福迎来了调令，李旦将他由均州调往集州（今四川省南江县），李重福叹了口气，准备接受调令，前往集州。

这时，洛阳人张灵均来了，他的一席话改变了李重福一生的命运。

张灵均对李重福说："大王，您是先帝的嫡长子，自应继位为天子，相王虽然有讨平韦氏的功劳，但怎么能越次占据皇位呢？如今东都洛阳的百官和百姓，都期待着大王到来，大王您如果秘密前往洛阳，就如从天而降，派人杀掉东都留守，即可拥有大军，向西可以占据陕州，向东可以占据黄河以北，天下大事，挥旗可定！"

李重福被张灵均描绘的前景深深打动，身上的血顿时热了起来。三十岁的他已经厌倦了仰人鼻息的日子，现在他想按着张灵均的蓝图奋斗一回。

然而他似乎忘了一句话，冲动是魔鬼。

随后张灵均与郑愔取得了联系，同时招募了几十位勇士，这些勇士将跟随李重福前往东都洛阳，去开创争夺天下的基业。

得到消息的郑愔也没有闲着，此时的他又倒霉了，刚升任秘书少监（皇家图书院副院长），屁股没坐热就被贬为沅州刺史。现在他下定决心，与李重福一起开始自主创业。

郑愔原本应该从长安赶往沅州（今湖南省洪江市）上任，然而走到洛阳，郑愔停了下来,他要在这里等待李重福的到来。

等待的过程中,郑愔也没有闲着,他草拟了两份诏书,一份是李显的遗诏,一份是李重福登基昭告天下的诏书,同时把要改的年号都想好了,就叫"中元克复"。

在郑愔的策划中,李重福登基之后的权力布局是这样的,尊李旦为"皇季叔",封已经退位的李重茂为皇太弟,任命郑愔为左丞相,掌管全国文官,任命张灵均为右丞相,掌管全国武官。权力划分就这么简单。

乍一看像小孩过家家,仔细一看,其实还是小孩过家家。

在郑愔准备诏书的同时,李重福和张灵均已经从均州来到了洛阳,一路上凭借伪造的政府文书,坐着政府的驿马车,一路畅通地来到了洛阳。

在李重福进入洛阳之前,郑愔已经给他安排好了落脚点,这个落脚点就是驸马都尉裴巽的家。

裴巽这个人在历史上并没有多少作为,不过倒留下一个段子,关于他被老婆宜城公主"整蛊"的。

宜城公主是李显的女儿,不过并非韦皇后所生,不如安乐公主受宠,但这也不影响宜城公主在家里扮演悍妇的角色。

有一次裴巽在家里与婢女偷情,被宜城公主捉奸在床,这下麻烦大了。

宜城公主一不做二不休,从宫里找来了最好的刀手,生生把与裴巽偷情的婢女毁了容。本来她还想顺手把裴巽阉了,考虑到裴家也是望族,这才免去了这一刀。

事情到这一步还没完,宜城公主又看了裴巽一眼:好吧,就让他享受跟曹操一样的待遇吧。顺手把裴巽的头发割了,算是割发代首。

后来,宜城公主还把这起家务事闹到了父亲李显面前,结果夫妻俩双双被贬,过了好一阵子才恢复了原来的地位。

现在李重福就是进入这个裴巽和宜城公主家里,他以为自己做得神不知鬼不觉,然而还是走漏了风声。

公元710年八月十二日,洛阳县令带领衙役前往裴巽家,他们想验证一下传言的真伪,看看李重福是否真的已经到了洛阳。

在裴巽的家中搜了一圈,没有发现李重福的身影,看来是误传。

就在县令准备放弃搜捕、打道回府时,李重福突然出现在裴巽家门口。县

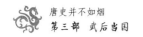

令当即打了一个寒战，趁李重福的人还没有反应，县令一不做二不休——夺门而逃。

逃跑的县令并非急着逃命，而是急着去报官，他一口气跑到了洛阳留守府，报告了留守长官。听到他的报告后，几乎所有的官员都作了同一种反应——夺路而逃，唯独洛州长史崔日知挺身而出，带着一队人马前去迎战李重福。

几乎与此同时，李重福带领着人马向洛阳屯军大营赶去，他的身后已经有数百人，一旦这些人进入屯军大营，李重福再拿出先帝"遗诏"，形势将一发不可收拾。

李重福还是晚了一步，有人比他提前一步到了屯军大营。

比李重福提前一步赶到的是杀妻解套的李邕，此时他正担任留台侍御史。他恰巧在洛阳城南洛水桥看到了李重福，随即飞奔，比李重福提前一步进入了屯军大营。

李邕气喘吁吁地对士兵说："李重福虽然是先帝之子，然而在先帝健在时已经犯过罪，这次无故进入洛阳，必定是作乱。我们受朝廷委派在这里镇守，自当尽职尽责，平定叛乱，以期富贵。"

李邕一句话就给李重福定了调，再想调动屯军大营的士兵已是痴人说梦。

不久，李重福抵达屯军大营，正想公布李显"遗诏"，却发现自己受到了屯军大营的热烈欢迎——他们居然用热情洋溢的箭雨来招待自己。

屯军大营没戏了，只能再到洛阳留守府碰碰运气，那里也有部队，如果能够调动，还可以起兵。

人到背运的时候，喝水都能呛个半死，李重福很快发现，自己太背了，洛阳城的城门都已经关闭，想去留守府已经没门了。

气急的李重福冲到了左掖门下，想用火烧开左掖门的城门，然而还没等他烧，城门自动打开了，一队凶神恶煞的骑兵向他冲了过来。

李重福知道自己的起兵梦就此破灭，只能先保住命再说。

李重福拨转马头，从防守不甚严密的上东门冲出了洛阳城，一路飞奔跑进附近的山谷，借着夜色的掩护躲藏起来。

战战兢兢熬过一夜之后，李重福本来以为会迎来第二天的浪漫日出，却没想到映入眼帘的是密密麻麻的搜山部队。

结束了，一切都结束了，梦想是夺取东都底定天下，现实是天地之大却已无藏身之处，或许这就是梦想与现实的差距。

心灰意冷的李重福纵身跳入河中，将自己的一生交给了无情的河水，时年三十岁。

李重福随水而逝后，他的同盟军郑愔和张灵均的路也走到了尽头。

原本郑愔还在寻求自救，起兵失败后，他更换了发型，然后换上一套女装，梦想用男扮女装的方式蒙混过关。然而这个方法没有奏效，搜捕的士兵还是把郑愔揪了出来，跟张灵均一起拘押审问。

相比之下，张灵均倒是很有风度，他不慌不忙，从容应对，丝毫看不出起兵失败的窘迫。而此时的郑愔却已经战战兢兢，牙齿相碰，连一句完整的话都说不出来。

张灵均不屑地看了郑愔一眼，叹息一声："跟这样的人一起起兵，活该我失败!"

随后两人被公开处斩，结束了开创天下基业的春秋大梦。

在人生的最后时刻，张灵均是从容的，郑愔却是心有不甘，几十年来，他在仕途浮沉，像一个小蜜蜂一样飞来飞去，换来的却是这样的结局。

郑愔不断回想着自己的仕途，自己先是投靠来俊臣，凭借来俊臣的推荐走上仕途；来俊臣倒台之后，又投靠张易之；张易之倒台后，又投奔韦皇后；韦皇后倒台后，又投奔李重福；而现在，两手空空，一刀两断。

别人都是"跳并快乐着"，而他，跳，摔死了!

原来跳槽也要讲究智商!

皇子的悲剧

李重润被处斩，李重福跳河，李重俊起兵被杀，李重茂被禅让，中宗李显名下总共四个儿子，结果四个儿子的人生都是悲剧。

其实李显名下皇子的悲剧并非个例，这样的悲剧早已在李唐皇室蔓延，无论是李渊的皇子，还是李世民的皇子，亦或是李治的皇子，悲剧都是永恒的主题。

或许有人会说，怎么会呢? 不都是金枝玉叶吗?

要命就要命在金枝玉叶上。

我们不妨花一点时间，理顺一下前几任皇子的人生命运，看一看他们各自的人生结局，相信会让你对皇子产生新的认识。

李渊二十二个儿子，命运如下：

隐太子建成，高祖长子，死于玄武门之变。

次子世民，高祖次子，登基称帝。

卫王玄霸，高祖第三子，早薨无子。

巢王元吉，高祖第四子，死于玄武门之变。

楚王智云，高祖第五子，太原起兵时，李建成和李元吉逃走时没有通知他，结果被官府扭送长安公开问斩，时年十三岁。

荆王元景，高祖第六子，永徽四年，坐与房遗爱谋反赐死。

汉王元昌，高祖第七子，贞观十七年，卷入李承乾谋反，被勒令家中自杀。

酆王元亨，高祖第八子，贞观六年薨，无子。

周王元方，高祖第九子，贞观三年薨。

徐王元礼，高祖第十子，咸亨三年薨。

韩王元嘉，高祖第十一子，垂拱四年被牵连谋反，伏诛。

彭王元则，高祖第十二子，永徽二年薨。

郑王元懿，高祖第十三子，咸亨四年薨。

霍王元轨，高祖第十四子，垂拱四年，被牵连进李贞起兵事件，徙居黔州，坐着囚车行至陈仓而死。

虢王凤，高祖第十五子，永隆二年薨。

道王元庆，高祖第十六子，麟德元年薨。

邓王元裕，高祖第十七子，麟德二年薨。

舒王元名，高祖第十八子，永昌年，为丘神勣所陷，被诛。

鲁王灵夔，高祖第十九子，垂拱四年，被牵连进李贞起兵事件，配流振州，自缢而死。

江王元祥，高祖第二十子，永隆元年薨。

密王元晓，高祖第二十一子，上元三年薨。

滕王元婴，高祖第二十二子，文明元年薨。（江南名楼滕王阁正是由他所建）

如果把早薨也算作正常去世，李渊二十二个皇子中，有九位皇子是非正常死亡。

再来看李世民十四个皇子的命运：

李承乾，太宗长子，贞观十七年太子身份被剥夺，两年后卒于黔州。

楚王宽，太宗第二子，早薨。

吴王恪，太宗第三子，永徽四年，被诬会同房遗爱谋反，被诛。

濮王泰，太宗第四子，永徽三年，薨于郧乡，年三十有五。

庶人佑，太宗第五子，贞观十七年谋反伏诛。

蜀王愔，太宗第六子，永徽四年，坐与恪谋逆，黜为庶人，徙居巴州，后改为涪陵王。乾封二年薨。

蒋王恽，太宗第七子，上元元年，有人诬告李恽谋反，惶恐中自杀。

越王贞，太宗第八子，垂拱三年七月起兵失败饮药而死。

高宗治，太宗第九子，登基称帝。

纪王慎，太宗第十子，垂拱年间被牵连进李贞起兵事件，被改姓虺氏，载以槛车，流放岭南，至蒲州而卒。

江王嚣，太宗第十一子，贞观六年薨。

代王简，太宗第十二子，贞观五年薨。

赵王福，太宗第十三子，咸亨元年薨。

曹王明，太宗第十四子，永隆元年，因与庶人李贤交往，降封零陵王，徙于黔州，后被逼迫自杀。

如果把争储失败、郁闷一生的李承乾和李泰也算善终的话，李世民十四个皇子，非正常死亡六人。

再来看李治八个皇子的命运：

燕王忠，被许敬宗诬告与上官仪谋反，赐死，时年二十岁。

悼王孝，早薨。

泽王上金，载初元年，被诬告谋反，狱中自杀。

许王素节，载初元年，被诬告谋反，在洛阳城门南被缢死。

孝敬皇帝弘，上元二年，从幸合璧宫，中毒薨，时年二十三岁。

章怀太子贤，文明元年，武则天授意酷吏，迫令自杀。

中宗李显，两次登基称帝，公元710年被毒身亡。

睿宗李旦，两次登基称帝，三让皇位，让母，让兄，让子。

对于李治皇子的命运，我的总结是七个悲剧加一个准悲剧。

当然相比于李显的皇子，李治还是有骄傲资本的，至少自己还有李旦这个儿子，至少自己还有李隆基这样的孙子。

李显呢？

四皇子命运如下：

长子李重润，因议论二张专权，被武则天处死。

次子李重福，公元710年起兵失败，投河身死。

三子李重俊，公元707年起兵失败，被杀身死。

四子李重茂，公元710年被禅让，四年后卒于房州。

四个皇子，四出悲剧，经历不完全相似，悲剧的主题却一脉相连。

到这时，你还羡慕皇子的身份吗？

当个凡人挺好！

暗　礁

公元710年十一月二日，皇帝李旦将兄长李显安葬于定陵，奉上庙号：中宗。自此，李显盖棺定论，无论是委屈还是不服，他的一生就定格在"中宗"这个庙号之上。

心比天高的韦皇后没能随葬定陵，她已经被废为庶人，没有资格陪葬，混了一辈子，到最后连陪葬的资格都混丢了，这辈子真是白混了。

那么谁来顶替韦皇后的空缺呢？大臣们想到了当年被武则天活活饿死的王妃赵女士，她可以光明正大地陪葬。

新的问题随之而来，没有人知道赵女士埋在哪里，就像李隆基不知道自己生母埋在哪里一样。

没有办法，大臣们只能用衣服替代，他们找出了赵女士当年参加祭祀时穿过的衣服，然后举行了招魂入棺仪式，中宗李显就这样与赵女士的衣服长眠于地下。

从这时起，李唐王朝完全走进李旦时代，太子李隆基也在享受着自己的太子生活，对于眼前的一切他很满意。

如果不是祖母武则天打乱了李唐王朝的正常秩序，父亲李旦这个排行最小的儿子怎么会继承大统呢？如果不是祖母颠覆了正常的纲常，自己这个排行第三的皇子怎么可能成为太子呢？看来生活中的变化也未必是坏事，至少自己和父亲就是生活的受益者，只是受益的背后，付出的代价太大了。

过去了就过去了，人还是要活在当下。

在李旦和李隆基的努力下，李唐王朝的秩序基本恢复，而李旦起用的姚崇和宋璟已经表现出良相的潜质，短短几个月内他们已经清退了大量的"斜封官"，官场风气大为改观，看来还是事在人为。

一切的一切都在向好的方向发展，李隆基只是有些隐隐担忧。父亲这个皇帝当得还是没有底气，每逢宰相向他汇报，他居然先问与太平（公主）商量没有，然后再问与三郎（李隆基）商量过没有，一点都没有自己的主见。

想到这里，李隆基叹息一声，性格真的是与生俱来，靠后天的改变实在太难。

李隆基不再去想父亲，他转而想起了姑姑太平公主。自从父亲登基以来，姑姑在朝中越来越红，朝中宰相甚至都由她指定，七个宰相有五个出自她的推荐，她是不是对朝政太热衷了？

或许姑姑身上有祖母的遗传，所以她想学习祖母，然而毕竟时代不同了，祖母和韦皇后的时代已经过去了，难道姑姑还想还原那个时代？

不行，绝不行！

天下是李家的天下，天下是高祖太宗底定的天下，李唐王朝的皇权绝不允许他人染指。

或许，我应该做点什么了，李隆基暗自对自己说。

请看下部《开元盛世》。